ICVE 智慧职教

高等职业教育新能源汽车类
新形态一体化教材

U0728056

新能源汽车底盘构造与检修

主编　王旭斌　王顺利

参编　戴建营　和豪涛

主审　贾广辉

Electric

高等教育出版社·北京

内容简介

　　本书是高等职业教育新能源汽车类新形态一体化教材，参照相关专业课程标准及教学条件，主要针对国产新能源汽车底盘及其典型技术，按照结构、原理、识别、检查、拆装及维修进行系统介绍，重点培养学生对部件的认识及拆装，对原理的理解及运用。本书主要内容包括 6 个项目，其中包括新能源汽车底盘的认识、拆检设备的认识、减速驱动桥的拆检、自动变速器的拆检、机械转向系统的拆检、电动助力转向系统的拆检、车轮与轮胎的拆检、悬架的拆检、车轮定位、鼓式制动器的拆检、盘式制动器的拆检、制动液压系统的拆检、电动真空助力系统的拆检、驻车制动系统的拆检、电子控制制动系统的拆检、再生回馈制动系统的认识共 16 个任务。

　　本书提供了丰富的教学、学习资源，包括电子教案、电子课件、微课视频等，微课资源可通过扫描书上的二维码在线学习，全部资源可通过智慧职教平台（www.icve.com.cn）上的"新能源汽车底盘构造与检修"在线课程进行学习，详见"智慧职教服务指南"。

　　本书可作为中、高职院校汽车类专业的教学用书，也可作为相关维修技术人员学习、培训用书。

　　授课教师如需要本书配套的教学课件等资源，可发送邮件至邮箱gzjx@pub.hep.cn索取。

图书在版编目（C I P）数据

　　新能源汽车底盘构造与检修 / 王旭斌，王顺利主编
. -- 北京：高等教育出版社，2019.11（2024.9 重印）
　　ISBN 978-7-04-051609-8

　　Ⅰ . ①新… 　Ⅱ . ①王… ②王… 　Ⅲ . ①新能源 – 汽车 – 底盘 – 结构 – 高等职业教育 – 教材②新能源 – 汽车 – 底盘 – 检修 – 高等职业教育 – 教材 　Ⅳ . ①U463.1 ②U472.41

　　中国版本图书馆 CIP 数据核字（2019）第 042182 号

XINNENGYUAN QICHE DIPAN GOUZAO YU JIANXIU

策划编辑　姚　远	责任编辑　姚　远	封面设计　赵　阳	版式设计　童　丹
插图绘制　于　博	责任校对　陈　杨	责任印制　高　峰	

出版发行　高等教育出版社	网　　址	http://www.hep.edu.cn
社　　址　北京市西城区德外大街 4 号		http://www.hep.com.cn
邮政编码　100120	网上订购	http://www.hepmall.com.cn
印　　刷　北京汇林印务有限公司		http://www.hepmall.com
开　　本　787mm×1092mm　1/16		http://www.hepmall.cn
印　　张　15.75		
字　　数　370 千字	版　　次	2019 年 11 月第 1 版
购书热线　010-58581118	印　　次	2024 年 9 月第 9 次印刷
咨询电话　400-810-0598	定　　价	44.80 元

本书如有缺页、倒页、脱页等质量问题，请到所购图书销售部门联系调换
版权所有　侵权必究
物 料 号　51609-00

智慧职教服务指南

　　基于"智慧职教"开发和应用的新形态一体化教材，素材丰富、资源立体，教师在备课中不断创造，学生在学习中享受过程，新旧媒体的融合生动演绎了教学内容，线上线下的平台支撑创新了教学方法，可完美打造优化教学流程、提高教学效果的"智慧课堂"。

　　"智慧职教"是由高等教育出版社建设和运营的职业教育数字教学资源共建共享平台和在线教学服务平台，包括职业教育数字化学习中心（www.icve.com.cn）、职教云（zjy2.icve.com.cn）和职教云学生端（APP）三个组件。其中：

　　● 职业教育数字化学习中心为学习者提供了包括"职业教育专业教学资源库"项目建设成果在内的大规模在线开放课程的展示学习。

　　● 职教云实现学习中心资源的共享，可构建适合学校和班级的小规模专属在线课程（SPOC）教学平台。

　　● 云课堂是对职教云的教学应用，可开展混合式教学，是以课堂互动性、参与感为重点贯穿课前、课中、课后的移动学习 APP 工具。

　　"智慧课堂"具体实现路径如下：

　　1. 基本教学资源的便捷获取

　　职业教育数字化学习中心为教师提供了丰富的数字化课程教学资源，包括与本书配套的电子课件（PPT）、微课、动画、教学案例、实验视频、习题及答案等。未在 www.icve.com.cn 网站注册的用户，请先注册。用户登录后，在首页"高教社专区"频道"数字课程"子频道搜索本书对应课程"新能源汽车底盘结构与检修"，即可进入课程进行在线学习或资源下载。

　　2. 个性化 SPOC 的重构

　　教师若想开通职教云 SPOC 空间，可在 zjy2.icve.com.cn，申请开通教师账号，审核通过后，即可开通专属云空间。教师可根据本校的教学需求，通过示范课程调用及个性化改造，快捷构建自己的 SPOC，也可灵活调用资源库资源和自有资源新建课程。

　　3. 职教云学生端的移动应用

　　职教云学生端对接职教云课程，是"互联网＋"时代的课堂互动教学工具，支持无线投屏、手势签到、随堂测验、课堂提问、讨论答疑、头脑风暴、电子白板、课业分享等，帮助激活课堂，教学相长。

配套资源索引

前　言

　　党的二十大报告提出加快建设制造强国以及推动现代服务业同先进制造业深度融合，同时也指出要努力培养造就更多大国工匠、高技能人才。汽车产业作为我国重要的制造业产业，大力发展新能源汽车是我国从汽车大国走向汽车强国的必由之路，需要不断提高新能源汽车的制造和售后服务水平。近年来，新能源汽车的飞速发展，也带来了大量的对新能源汽车生产、销售及检修等方面技术技能人才的需求。为此，职业院校须加快提高人才培养质量，适应产业发展需求，并同时满足典型工作岗位、职业技能大赛、"1+X"职业技能等级证书考核及职业培训等的各项要求。本书为满足上述需求编写而成。

　　汽车的底盘决定汽车的行驶性能，良好的底盘技术状况是安全行驶的保证。为更好地培养掌握新能源汽车底盘构造知识和检修技能的高素质高技能人才，提高其社会交往和职业发展能力，本书基于德技并重的教育培养理念以及项目引领、任务驱动的教学模式编写，强调劳动态度、基本素养、工匠精神及责任意识等的教育培养。本书在内容选取方面省略过时和意义不大的传统技术，突出新能源汽车底盘的新技术、新技能；简化对传统技术的理论讲解，突出实训的应用性和规范性；对新技术，详细其介绍结构与工作原理，在实训上突出新技术相关的认知和检修；内容层次上根据各系统相关性，对项目和任务进行划分和排序。

　　本书由河南交通职业技术学院王旭斌、王顺利主编，河南交通职业技术学院戴建营、和豪涛参与编写，河南交通职业技术学院贾广辉作为主审。本书的视频类数字化资源由南京中邦智慧教育科技有限公司提供。

　　新能源汽车技术处于快速发展阶段，各品牌汽车相关技术差异较大，某些技术还不成熟，并且技术更新较快，范围较广，加之作者水平有限，难免会有错漏之处，恳请读者不吝指正。在编写本书的过程中，作者参考了相关教材和技术资料，已列于参考文献中，在此向相关人员表示感谢。

编者

2023 年 4 月

目　录

项目 1 ▶▶▶

新能源汽车底盘概述与拆检设备

● 安全与环保 ●

确保安全是从事任一活动的基本要求。安全意识和安全操作是活动安全的必要保证。与本书相关的学习和实践中，安全隐患主要体现在触碰到高压电、举升机突发故障、工具使用不当、部件拆装时跌落、部件拆装时砸伤或划伤、电路检修的错误操作以及维修质量不合格等。张师傅是一家维修站的维修班长，在一次举升车辆检测减速器漏油状况时，接听一个紧急电话，忘了对举升机其中一侧的解锁，使得车辆降落时，车辆倾斜，幸好有组员的紧急提醒，才未发生车辆侧翻跌落，造成重大事故。事故的发生有其偶然性，也有其必然性，只有在活动时集中精力，不麻痹大意、不侥幸，才可避免。

与本书相关的学习和实践中，环保方面主要涉及减速器油液、制动油液及半轴润滑脂的处理；废旧护套、密封件及机械电子部件的更换处理、工作场地的清洁等。按环保技术要求对它们分类处理是技术人员必须重视和完成的。

任务 1 新能源汽车底盘的认识

任务引入

新能源汽车的发展已成为时代标志，特别是电动汽车的使用和发展出现了前所未有的高潮。新能源汽车的底盘部分在传统燃油汽车技术的基础上呈现出不同的结构与性能特点。本任务将介绍新能源汽车底盘四大系统的基本构造与工作原理，为后续详细学习各系统建立基础框架。

知识链接

按照 GB/T 3730.1—2001《汽车和挂车类型的术语和定义》，由动力驱动，具有四个或四个以上车轮的非轨道承载的车辆称为汽车。该标准将汽车分为乘用车和商用车两大类，然后按照车辆的结构进一步给出不同种类车辆的术语和定义，汽车的分类如图 1-1-1 所示。

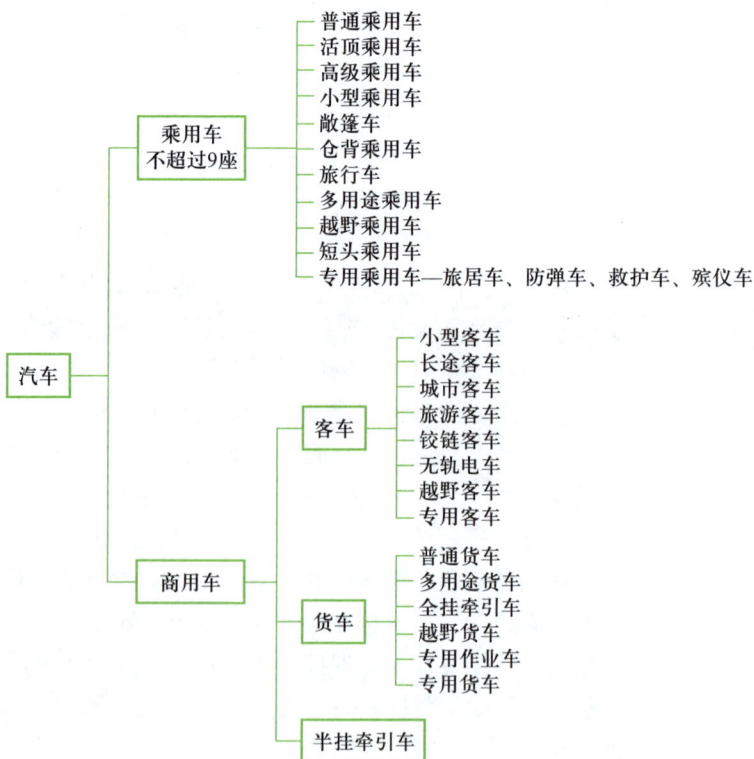

图 1-1-1 GB/T 3730.1—2001 有关汽车的分类

我国于 2017 年 7 月 1 日正式实施了《新能源汽车生产企业及产品准入管理规定》，明确指出：新能源汽车是指采用新型动力系统，完全或者主要依靠新型能源驱动的汽车，包括插电式混合动力（含增程式）汽车、纯电动汽车和燃料电池汽车等。

按供电和驱动方式分类，电动汽车主要有三种类型：纯电动汽车（BEV）、混合动力汽车（HEV）和燃料电池汽车（FCEV）。

纯电动汽车即由电机驱动的汽车，电机的驱动电能来源于车载可充电蓄电池或其他能量储存装置。

混合动力汽车指能够至少从下述两类车载储存的能量中获得动力的汽车：一是可消耗的燃料；二是可再充电能 / 能量储存装置。

燃料电池汽车是以燃料电池作为动力来源的汽车。燃料电池的化学反应过程不会产生有害物质。近年来，燃料电池技术取得重大进展，很多燃料电池汽车正在试验或作为示范项目。

底盘的主要功能是支撑整车的质量，将发动机 / 电动机发出的动力传给驱动车轮，同时还要传递和承受路面作用于车轮的各种力和力矩，并缓和冲击、吸收振动，以保证汽车的舒适性，并能够比较轻便和灵活地完成整车的转向及制动等操作。沿用传统燃油汽车结构划分方式，也可将电动汽车分成发动机 / 电动机、底盘、车身和电气四部分。底盘又可分为传动系统、转向系统、行驶系统、制动系统四部分。

1.1.1 传动系统

传动系统的基本作用是将发动机或电机的动力（转矩）按要求传递到驱动轮上，使地面对驱动轮产生驱动力，汽车能够在起步、变速及爬坡等工况下正常行驶，并具有良好的动力性和经济性。

传动系统的组成因驱动形式和发动机（或电机）安装位置而异。驱动形式是指发动机（或电机）布置方法及驱动轮的数量、布置的形式。

1. 纯电动汽车的传动系统

（1）分类

根据驱动系统的组成和布置形式，纯电动汽车分为机械传动型、无变速器型、无差速器型及电动轮型四种。

① 机械传动型纯电动汽车。

机械传动型纯电动汽车的结构如图 1-1-2（a）所示。它是以燃油汽车发动机前置、后轮驱动的结构为基础发展而来的，保留了内燃机汽车的传动系统的布置方式，不同之处是将内燃机换成了电机。这种结构可以保证纯电动汽车的起动转矩及低速时的后备功率。对驱动电机要求低，所以，可选择功率较小的电机。

② 无变速器型纯电动汽车。

无变速器型纯电动汽车的一种结构如图 1-1-2（b）所示。该结构的最大特点是取消了离合器与变速器，采用固定速比减速器，通过控制电机来实现变速功能。这种结构的优点是机械传动装置的重量轻、体积小，但是对电机的要求比较高，不仅要求电机具有较高的起动转矩，而且要求具有较大的后备功率，以确保纯电动汽车的起步、爬坡、加速等动力性能。

无变速器型纯电动汽车的另外一种结构如图 1-1-2（c）所示。这种结构和传统燃油汽车的发动机横向前置、前轮驱动的布置方式相似。它把电机、固定速比减速器以及差速器集成为一个整体，两根半轴连接驱动车轮。这种结构在小型电动汽车上应用非常普遍。

③ 无差速器型纯电动汽车。

无差速器型纯电动汽车的结构如图 1-1-2（d）所示。这种结构采用两台电机，通过固定速比减速器来分别驱动两个车轮，能够实现对每个电机转速的独立调节。所以，当汽车转向时，可以通过电机的电子控制系统控制两个车轮的差速，从而达到转向的目的。但是，这种结构的电机控制系统相对来说非常复杂。

④ 电动轮型纯电动汽车。

电动轮型纯电动汽车的一种结构如图 1-1-2（e）所示。这种结构将电机直接安装在驱动轮内（也称轮毂电机），可以进一步缩短电机至驱动轮之间的动力传递路径，减少能量在传动路径上的损失，但想要实现纯电动汽车的正常工作，还需添加一个减速比较大的行星齿轮减速器，将电机的转速降低至理想的车轮转速。

电动轮型纯电动汽车的另一种结构如图 1-1-2（f）所示。这种结构将低速外转子电机的外转子直接安装在车轮的轮缘上，去掉了减速齿轮，所以电机和车辆的驱

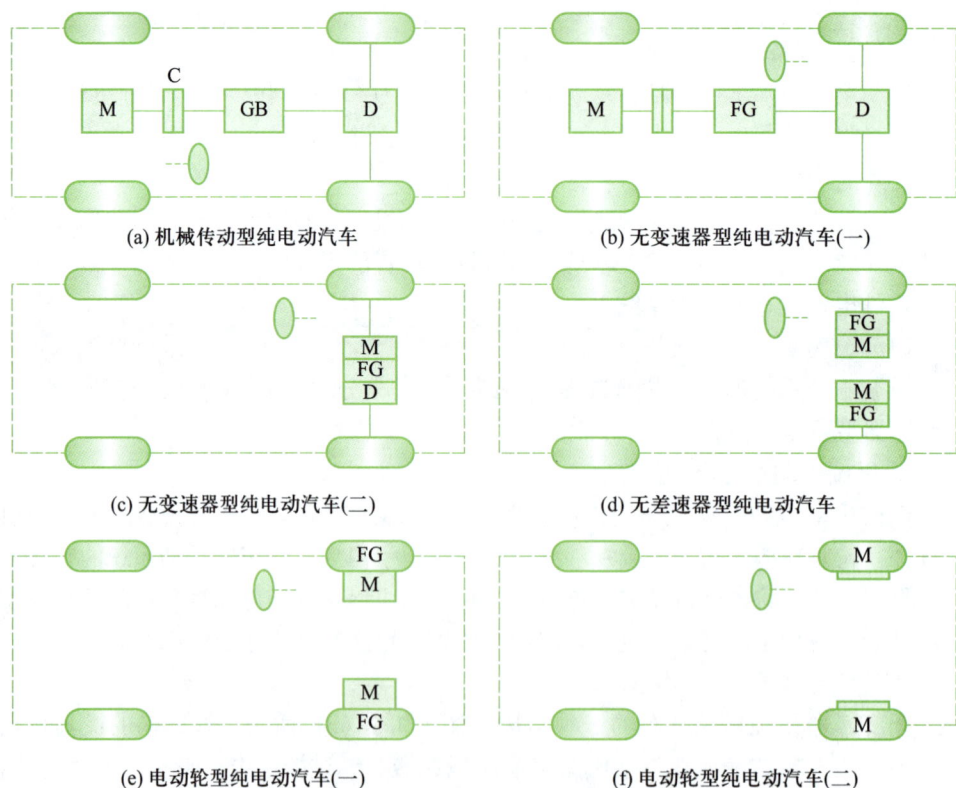

(a) 机械传动型纯电动汽车

(b) 无变速器型纯电动汽车(一)

(c) 无变速器型纯电动汽车(二)

(d) 无差速器型纯电动汽车

(e) 电动轮型纯电动汽车(一)

(f) 电动轮型纯电动汽车(二)

C—离合器；D—差速器；FG—固定速比减速器；GB—变速器；M—电机

图 1-1-2　驱动系统的组成和布置形式

动车轮之间没有任何机械传动装置，无机械传动损失，能量传递效率高，空间利用率大。但是这种结构对于电机的性能要求较高，要求其具有很高的起动转矩以及较大的后备功率，以确保车辆可靠工作。

（2）驱动方式

纯电动汽车的驱动系统由驱动电机和驱动操纵系统共同组成，其结构形式不同，采用的驱动系统也不同。纯电动汽车的驱动系统有集中驱动方式和轮毂驱动方式两种。任何一种电机都可以与不同的传动系统组合成集中驱动方式或轮毂驱动方式，并组成不同形式系列化的纯电动汽车。

① 集中驱动方式。

集中驱动方式纯电动汽车主要由电机、变速器和差速器等组成。它采用单电机驱动代替内燃机驱动，而其他都采用传统内燃机汽车零部件及结构不改变，故设计制造成本低，但传动效率低，一般用于小型电动车辆。按有无变速器它又可分为传统型和电机驱动桥型，而电机驱动桥型又可分为电机驱动桥组合型和电机驱动桥整体型两种。

a. 传统型。

传统型驱动系统主要由电机、变速器、差速器、半轴等组成。它用电机替代发动机，但仍然采用内燃机汽车的传动系统，包括离合器、变速器、传动轴和驱动桥等总成，结构复杂，效率低，不能充分发挥电机的性能。传统驱动模式有电机前置、驱动桥前置，电机前置、驱动桥后置等多种形式。其结构如图 1-1-3 所示。

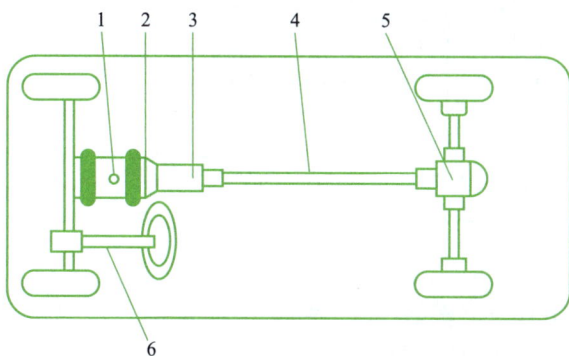

1—驱动电机；2—离合器；3—变速器；4—传动轴；5—差速器；6—转向装置

图 1-1-3　传统型驱动方式示意图

b. 电机驱动桥型。

电机驱动桥组合型驱动方式也称为"平行式电机－传动装置组合式驱动系统"。它是在电机输出端的外壳下部，安装减速器和差速器，动力经过左右两个半轴来驱动车轮，其结构如图 1-1-4 所示。这种平行式电机－传动装置组合式驱动系统结构紧凑，安装、使用和维护都十分方便。它有电机前置、驱动桥前置，电机后置、驱动桥后置等驱动模式。

电机驱动桥整体型驱动系统又可分为同轴式驱动系统和双联式驱动系统。同轴式驱动系统的电机是一种包含特殊的空心轴电机，在电机一端的外壳中安装传动装置的减速齿轮和差速齿轮。差速器带动左右两个半轴，其中右半轴是通过电机的空心轴与车轮相连，左半轴通过左端外壳与车轮相连接，如图 1-1-5 所示。电机与传动装置组合成一个整体驱动桥，形成"机电一体化"的驱动桥的传动系统，使纯电动汽车的传动系统更加紧凑，非簧载质量大大减轻，有利于提高车辆的平顺性。

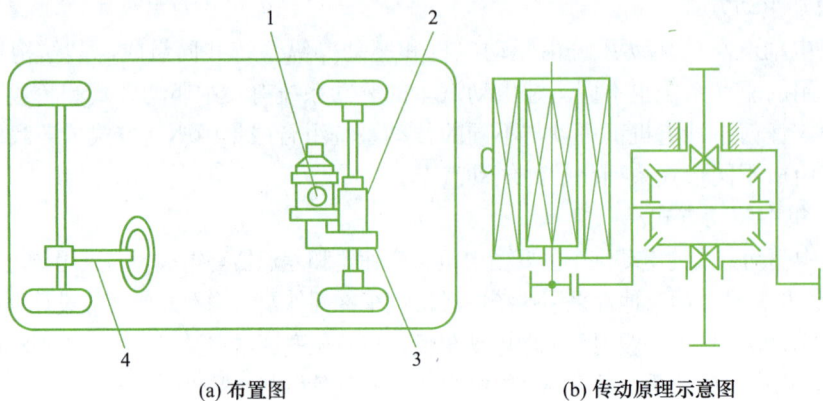

(a) 布置图　　(b) 传动原理示意图

1—驱动电机；2—差速器；3—减速器；4—转向装置

图 1-1-4　电机驱动桥组合型驱动方式示意图

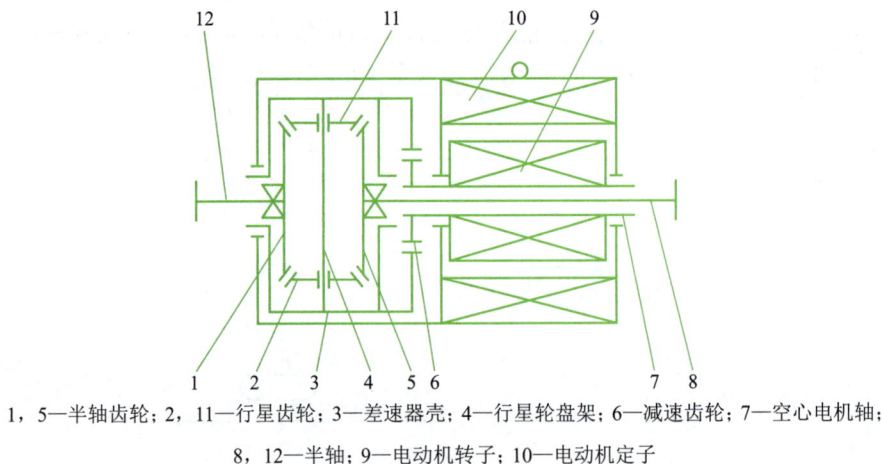

1，5—半轴齿轮；2，11—行星齿轮；3—差速器壳；4—行星轮盘架；6—减速齿轮；7—空心电机轴；

8，12—半轴；9—电动机转子；10—电动机定子

图 1-1-5　同轴式电动机传动装置组合式驱动桥

双联式驱动系统取消了齿轮传动机构，完全实现"机电一体化"的传动方式。它由左、右两个永磁电机直接通过半轴带动车轮转动。左、右两个电机由中央控制器的电控差速模块控制，形成机电一体化的差速器，使驱动系统的结构简化，质量明显降低，它要比一般机械式差速器可靠和轻便。图 1-1-6 所示为由两个永磁电动机组成的双电机驱动系统的结构示意图。双电机驱动桥传动系统与相同功率的单电机驱动桥传动系统相比较，电机的直径要小得多，因此可以将双联式电机驱动桥布置在纯电动汽车的地板下面，这样更加有利于车辆的整体布置。但双联式电机的轴向长度要长一些。

② 轮毂驱动方式。

电动轮驱动系统可以布置在纯电动汽车的两个前轮、两个后轮或四个车轮的轮

毂中，成为前轮驱动、后轮驱动或四轮驱动的纯电动汽车。

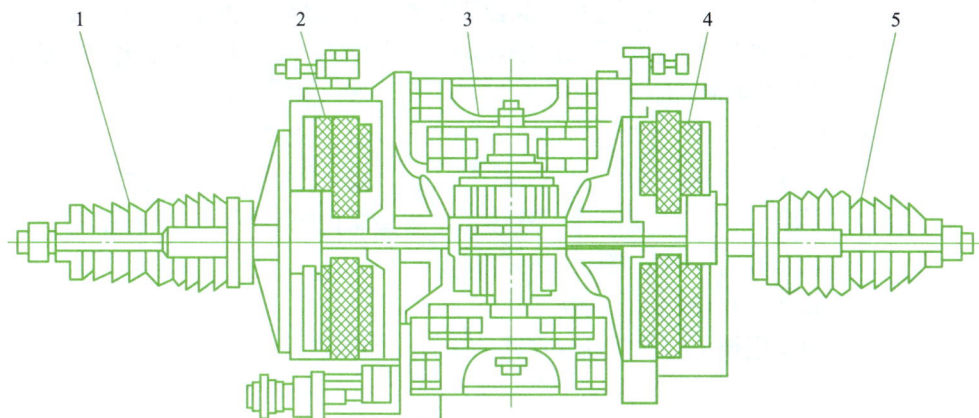

1—左半轴；2—左驱动电机；3—电控差速器；4—右驱动电机；5—右半轴

图 1-1-6 双电机驱动系统的结构示意图

轮毂电机驱动方式有两种结构：一种是内定子外转子结构，其外转子直接安装在车轮的轮缘上，由于这种结构没有机械减速机构实现减速，因此通常要求电机为低速电机；另一种就是一般的内转子外定子结构，其转子作为输出轴与固定减速比的行星齿轮变速器的太阳轮相连，而车轮轮毂与其齿圈连接，这样能提供较大的减速比，放大其输出转矩。两种结构的轮毂电机的结构示意图如图 1-1-7 所示。

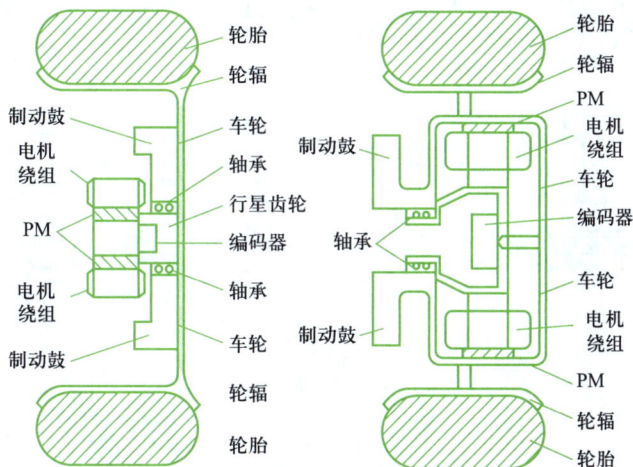

图 1-1-7 轮毂电机驱动系统的基本结构示意图

（3）增程式纯电动汽车

增程式纯电动汽车是一种配有外接充电和车载供电功能的纯电动汽车（也有一种说法将其归类于混合动力汽车）。装载的电池满足日常行车的动力需要，当超出了电池电力供应范围时，其他动力源为电池组充电继续驱动车轮行驶。电池组可由地面充电桩或由车载发动机充电。整车运行模式可根据需要工作于纯电动模式和增程模式。

增程式纯电动汽车的工作模式与插电式混合动力汽车非常类似，两者都可以工作在纯电动模式下，电池组都具有外接充电方式和发动机充电方式。增程式纯电动汽车和插电式混合动力汽车的主要区别：混合动力汽车以内燃机为动力源行驶，电力只是补充，无法依靠纯电动行驶太远；而增程式纯电动汽车，动力来源都是电力，发动机作用只是为电池充电增加续航。

2. 混合动力汽车

混合动力汽车传动系统组成可根据动力系统结构形式分类看出，相对于纯电动汽车，混合动力汽车传动系统增加了变速器，与传统内燃机汽车传动系统相差不大。混合动力汽车按不同的分类标准有多种类型。

（1）按照动力系统结构形式分类

混合动力汽车根据动力系统结构形式分类可分为串联式、并联式、混联式和复合式四类。

① 串联式混合动力汽车（SHEV）。

图 1-1-8 所示为串联式混合动力汽车动力系统结构。

车辆的驱动力只来源于电动机，主要由发动机（内燃机）、发电机、电池组（带逆变器）、电动机、减速机构和驱动轮等组成。结构特点是发动机带动发电机发电，电能通过电动机控制器输送给电动机，由电动机驱动汽车行驶。另外，动力电池也可以单独向电动机提供电能驱动汽车行驶。这种混合动力系统在城市公交车上使用较多。

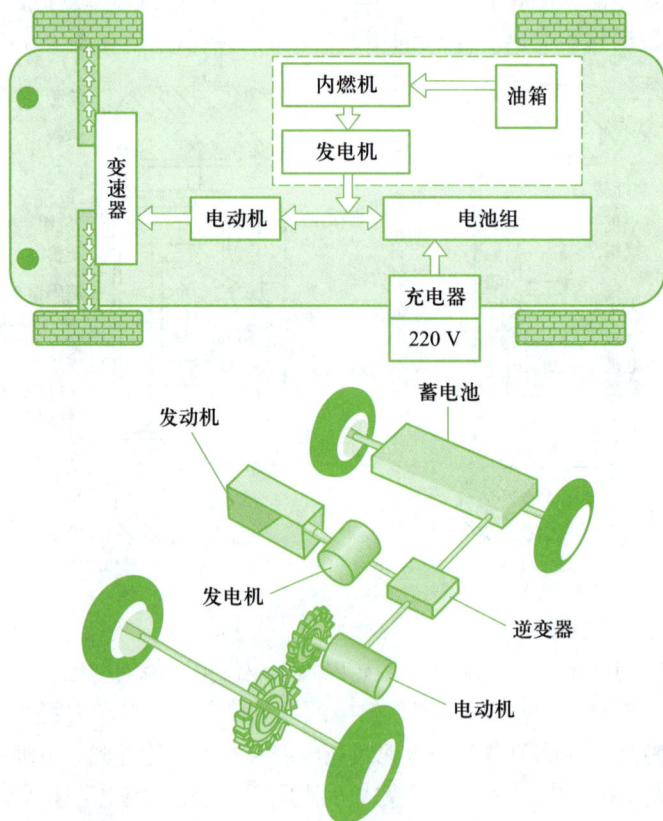

图 1-1-8 串联式混合动力汽车动力系统

② 并联式混合动力汽车（PHEV）。

并联式混合动力汽车动力系统结构如图 1-1-9 所示，车辆的驱动力由电动机及发动机同时或单独供给，主要由发动机、电池组（带逆变器）、电动机 / 发电机、减速机构、变速器和驱动轮等组成。它的结构特点是可以单独使用发动机或电动机作为动力源，也可以同时使用电动机和发动机作为动力源驱动汽车行驶。

并联式混合动力系统结构简单，成本低，适用于多种行驶工况，尤其适用于复杂的路况，所以在轿车上应用较多。

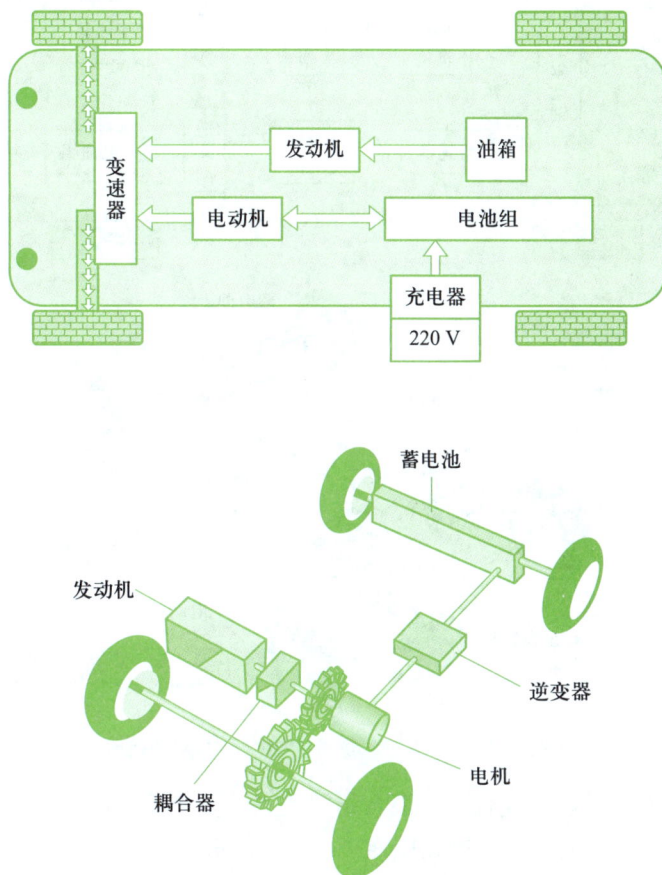

图 1-1-9 并联式混合动力汽车动力系统

③ 混联式混合动力汽车（CHEV）。

混联式混合动力汽车同时具有串联式、并联式驱动方式，如图 1-1-10 所示。它的结构特点是可以在串联混合模式工作，也可以在并联混合模式下工作，同时兼顾了串联式和并联式的特点。由于这种类型混合动力系统可以设计成用发动机驱动前轮，用电动机驱动后轮，所以适用于四轮驱动的车辆，目前在丰田普锐斯车型上应用较多。

④ 复合式混合动力汽车。

如图 1-1-11 所示，复合式混合动力汽车结构更复杂，难以把它归于上述三种中哪一种。其结构似乎与混联式混合电动汽车相似，因为它们都有起发电机和电动机作用的电机，两者的主要区别在于复合式混合动力汽车中的电动机允许功率流双向流动，而混联式混合动力汽车中的发电机只允许功率流单向流动。双向流动的功率流可以有更多的运行模式，这对于采用三个驱动动力装置的复合式混合动力汽车而言是可能达到的。复合式混合动力汽车同样具有结构复杂、成本高的缺点。不过，现在有些新型的混合动力汽车也采用双轴驱动的复合式系统。

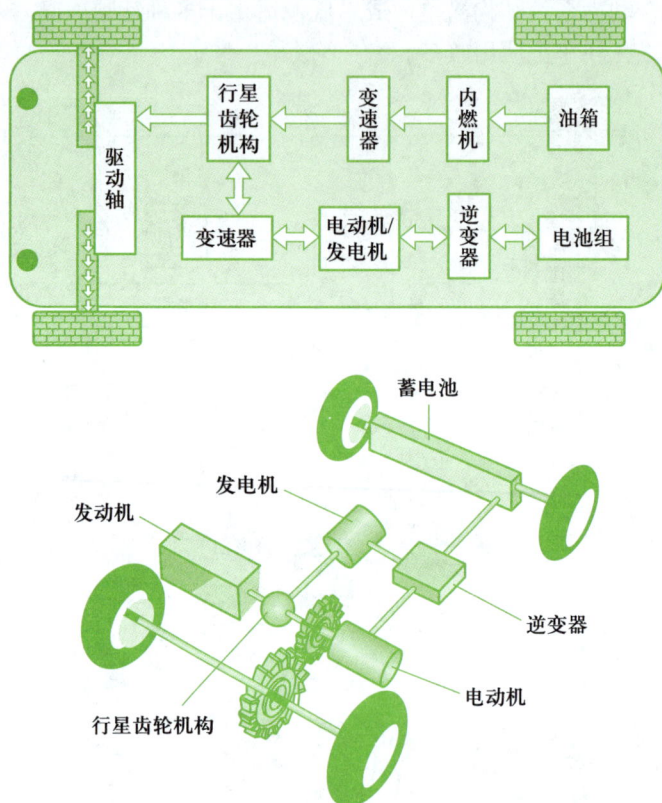

图 1-1-10　混联式混合动力汽车动力系统

为了实现混联式以及复合式的混合驾驶模式，发动机与发电机 / 电动机之间以及电动机与变速器之间必须进行机械连接，其中的机械连接装置可以选择行星齿轮机构。

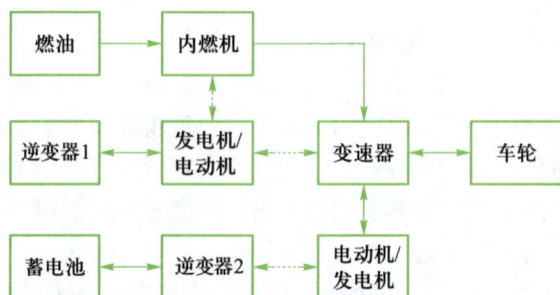

图 1-1-11　复合式混合动力汽车简化结构（两个虚线箭头只能有 1 个）

（2）按照混合度分类

目前，按照混合度的分类说法也比较流行。按照我国汽车行业标准中对混合动力汽车的分类和定义，将混合动力汽车按电动机峰值功率（电动机的瞬间最大功率）占发动机功率的百分比分为微混、轻混、中混和重混四种。

（3）按能否外接电源进行充电分类

按此分类方法，混合动力汽车分为插电式混合动力和非插电式混合动力。

3. 驱动原理

无论是传统内燃机汽车还是电动汽车，其驱动行驶原理是一样的。当发动机/电动机通过传动系将动力（转矩）传给驱动轮时，由于轮胎与地面接触，形成一个接触面，在转矩作用下，接触面上的轮胎边缘对地面产生一个周向力，它的方向与车辆行驶方向相反，根据作用力与反作用力的关系，路面必然对轮胎边缘施加一个反作用力，其与周向力大小相等，方向相反。表现为外界对车辆施加的一个推动力，即驱动力，也叫牵引力，如图 1-1-12 所示，类似于人用脚蹬地面行走或爬坡，牵引力最大值受驱动轮轮胎与地面的附着能力影响较大。当牵引力增大到能克服车辆静止状态的最大阻力时，汽车便开始运动。

车辆行驶中受到的阻力包括滚动阻力、加速阻力、坡度阻力、空气阻力。其中，滚动阻力和空气阻力始终作用于行驶的车辆上，坡度阻力和加速阻力仅在爬坡和加速状态下存在。

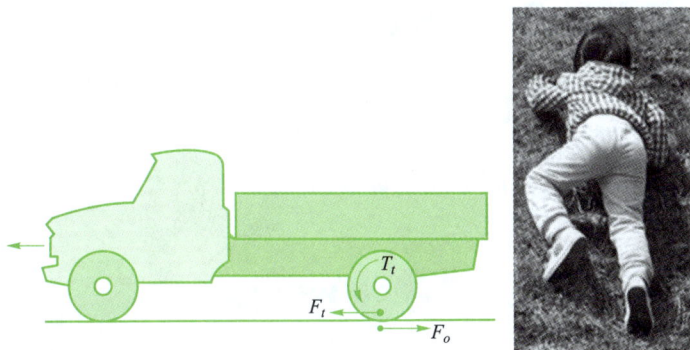

图 1-1-12 驱动力产生原理

车辆的行驶情况取决于受力情况，其关系如下：当牵引力等于行驶总阻力时，车辆匀速行驶或处于静止状态；当牵引力大于行驶总阻力时，车辆加速行驶；当牵引力小于行驶总阻力时，车辆则减速行驶或无法起步。

1.1.2 转向系统

转向系统是指由驾驶员操纵，能实现转向轮偏转和回位的一套机构。本质上转向系统是用来将转向盘上的力矩传递到转向轮，转向轮克服地面转向阻力，在地面侧向力的作用下实现汽车的转弯。

1. 作用

转向系统的作用是按照驾驶员的意愿改变汽车的行驶方向和保持汽车稳定的直

线行驶。当汽车需要改变行驶方向时，必须使转向轮绕主销轴线偏转一定角度，直到新的行驶方向符合驾驶员的要求时，再将转向轮恢复到直线行驶的位置。

2. 类型

汽车转向系统按转向动力源的不同分为机械转向系统和动力转向系统两大类。

机械转向系统以驾驶员的体力作转向动力源。动力转向系统除了驾驶员的体力外，还以汽车的动力作为辅助转向能源，又可以分为液压式、气压式和电动式动力转向系统。

3. 组成

电动汽车采用电动式动力转向系统，与现在越来越多地采用电动助力转向的燃油汽车没有什么差别，如图 1-1-13 所示。电动助力转向系统在传统机械转向系统的基础上，根据转向盘的转矩信号和汽车的行驶车速信号，利用电子控制装置使电动机产生相应大小和方向的辅助动力，协助驾驶员进行转向操作。更好地解决转向轻便性和灵敏性的矛盾，以及通过良好的回正和阻尼控制，满足车辆高速行驶的需要。

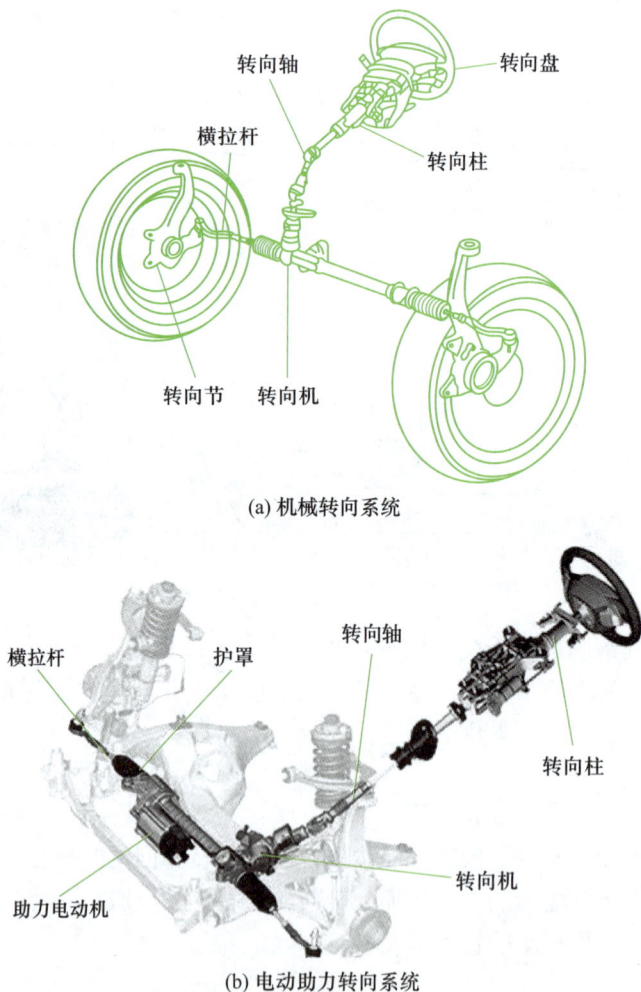

(a) 机械转向系统

(b) 电动助力转向系统

图 1-1-13   机械转向系统与电动助力转向系统

4. 工作过程

如图 1-1-13 所示，汽车转向时，驾驶员转动转向盘，通过转向柱、万向节和转向轴，将转向力矩输入转向器。转向器中有 1 级或 2 级啮合传动副，具有降速增矩的作用。转向器输出的转矩经横拉杆传给左、右转向节臂（转向节），使转向节及装于其上的转向轮绕主销同向偏转一定的角度。

汽车转向时，内侧车轮和外侧车轮滚过的距离是不等的。对于一般汽车而言，后桥左右两侧的驱动轮由于差速器的作用，能够以不同的转速滚过不同的距离。但前桥左右两侧的转向轮要滚过不同的距离，保证车轮做纯滚动就要求所有车轮的轴线都交于一点方能实现，否则，车轮边滚边滑会导致转向行驶阻力增大，动力损耗、油耗增加，也会导致轮胎磨损增加。

图 1-1-14 所示交点 O 被称为汽车的转向中心。汽车转向时内侧转向轮偏转角 β 大于外侧转向轮偏转角 α。α 与 β 的关系是：

$$\cot \alpha = \cot \beta + B/L \qquad\qquad （公式 1\text{-}1）$$

式中：B 为两侧主销中心距（可近似认为是转向轮轮距），L 为汽车轴距。

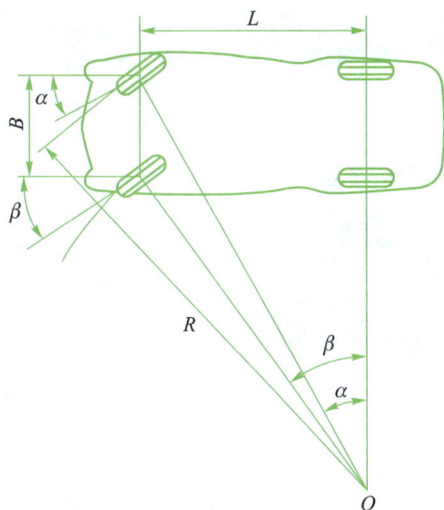

图 1-1-14　双轴汽车转向时理想的两侧转向轮偏转角的关系

左、右转向节臂和转向横拉杆构成转向梯形，上述关系就是由转向梯形保证的。所有汽车转向梯形的设计实际上都只能保证在一定的车轮偏转角范围内，使两侧车轮偏转角大体上接近公式 1-1。

从转向中心 O 到外侧转向轮与地面接触点的距离 R 称为汽车转弯半径。转弯半径 R 越小，则汽车转向所需的场地就越小，汽车的机动性也就越好。当外侧转向轮偏转角达到最大值 $\alpha_{\max}$ 时，转弯半径 R 最小。

1.1.3　行驶系统

在地面与车身间传递各方向的力及力矩，使得汽车能够正常行驶的部件组成了行驶系统。电动汽车行驶系统与传统燃油汽车没有太大差别。

1. 作用

① 接受传动系统传来的发动机 / 电动机转矩，通过驱动轮与地面间附着作用产生驱动力；

② 承受车辆的总质量，传递并承受路面作用于车轮上的各个方向的反作用力及其转矩；

③ 缓和不平路面对车身造成的冲击和振动，保证车辆平顺行驶；

④ 与转向系统协调配合，控制车辆的行驶方向。

2. 类型

根据与地面接触的部件是轮胎还是履带，行驶系统有轮式、半履带式、全履带式和车轮—履带式等，如图 1-1-15 所示。

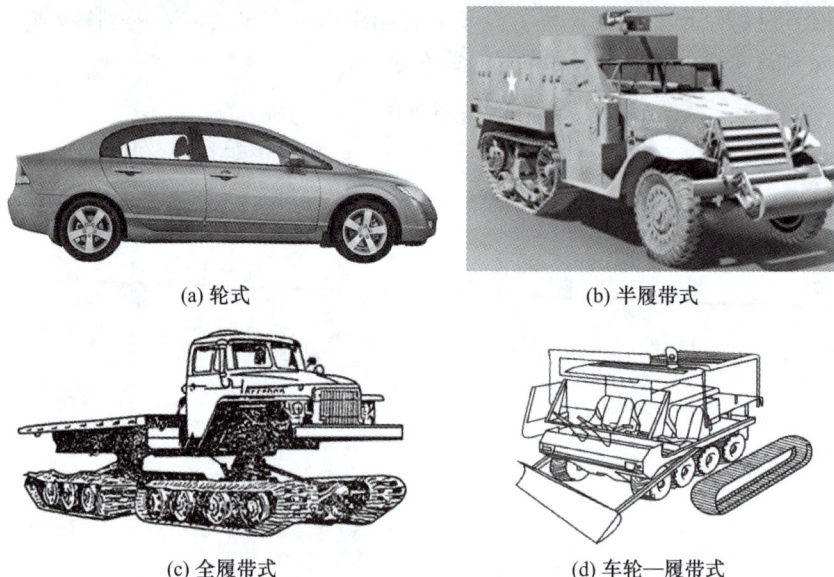

(a) 轮式　　　　　　　　　　　　　(b) 半履带式

(c) 全履带式　　　　　　　　　　　(d) 车轮—履带式

图 1-1-15　行驶系统类型

3. 组成

行驶系统的基本组成主要取决于汽车经常行驶路面的性质，绝大多数汽车都行驶在比较坚实的路面上，采用通过车轮与地面接触的轮式行驶系统。轮式汽车行驶系统一般由车架（承载式车身）、车桥、车轮和悬架等组成，如图 1-1-16 所示。

车架（承载式车身）是全车装配与支撑的基础，它将汽车的各相关总成连接成一个整体并与行驶系统共同支撑整车的质量，车轮分别装在前桥和后桥上，支撑着车桥和整车。车桥与车架之间通过弹性系统悬架进行连接，以便减少车辆在行驶中受到的各种冲击和振动。

1.1.4　制动系统

用以使外界（主要是路面）在汽车某些部分（主要是车轮）上施加一定的力，从而对其进行一定程度的强制制动的一系列专门装置称为制动系统。本质上制动系统是用来将制动踏板上的力矩传递到车轮，在地面纵向制动力的作用下实现汽车的减速。

车顶纵梁

D柱

车门防撞梁

C柱

B柱

前纵梁

A柱

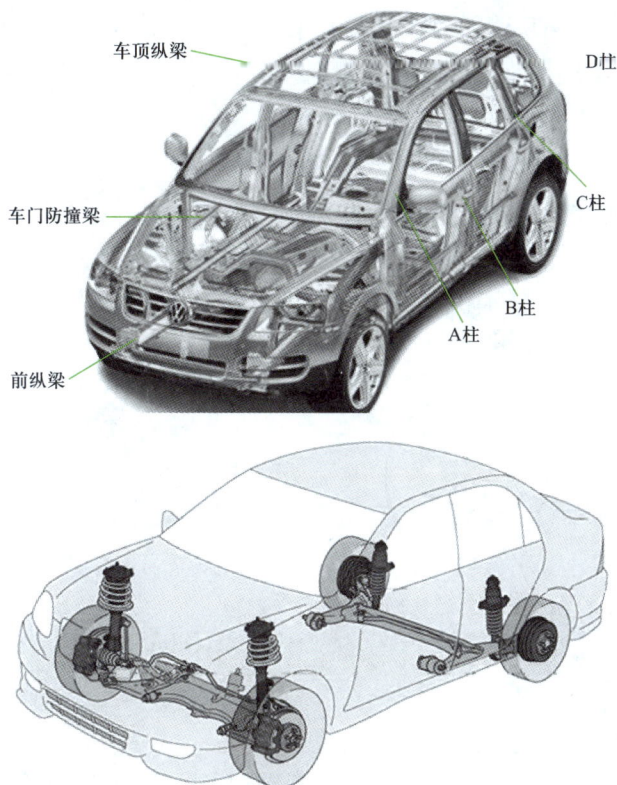

图 1-1-16　汽车行驶系统的组成

1. 作用

① 使行驶中的汽车强制减速甚至停止。

在汽车进入弯道、行驶在不平道路、两车交会或是突遇障碍物、有碰撞行人和其他车辆的危险等情况下，要在尽可能短的时间内将车速降低，甚至停车。

② 使下坡行驶的汽车速度保持稳定，以保证行车的安全。

汽车在下长坡时，在重力产生的向下的力的作用下，汽车车速不断加快，此时应将车速限定在安全值内，并保持车速相对稳定。

③ 使已停驶的汽车在各种道路条件下（包括在坡道上）稳定驻车，以防溜车。

2. 类型

按照功能划分，汽车制动系统可分为行车制动系统和驻车制动系统，如图 1-1-17 所示。行车制动系统在汽车行驶中使用，能够使汽车减速或在最短的距离内停车，它是由驾驶员用脚来操纵的，习惯上被称为脚刹。驻车制动系统在汽车停稳后使用，能够使停在平地或斜坡上的汽车保持不动，它通常是由驾驶员用手来操纵的，习惯上被称为手刹。

按照制动力来源划分，汽车制动系统分为人力制动系统（以驾驶员的体力作为唯一制动力来源的制动系统）、动力制动系统（完全依靠发动机动力转化成的气压或液压进行制动的制动系统）和伺服制动系统（兼用人力和发动机动力进行制动的制动系统）。

按照制动力的传输方式，制动系统又可分为机械式、液压式、气压式和电磁式等。其中，液压式制动系统在中小型汽车上应用最为广泛，气压式制动系统主要应用在大中型汽车上。

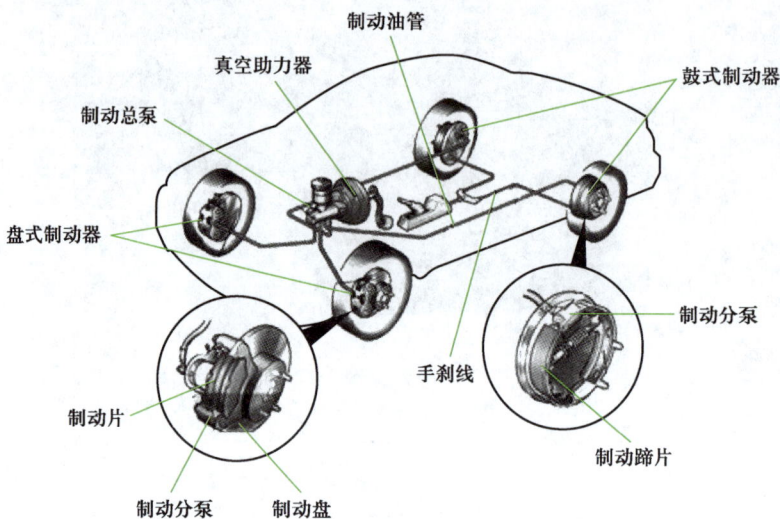
图 1-1-17   制动系统类型及组成

3. 组成

任何制动系统都是由以下四部分组成。

① 供能装置：包括供给、调节制动所需制动力以及改善传输介质状态的各种部件；② 控制装置：包括产生制动动作和控制制动效果的各种部件；③ 传动装置：包括将制动力传输到制动器的各个部件；④ 制动器：产生制动摩擦力矩的部件。

对于液压式制动系统，主要由操纵机构、制动助力系统、制动液压系统、制动器、制动力平衡控制装置、制动能量回收系统等组成。

（1）操纵机构

操纵机构是将驾驶员施加在制动踏板上的力传递给制动主缸的装置。操纵机构由制动踏板、推杆或具有传力作用的联动装置等组成。当驾驶员脚踩制动踏板时，制动踏板推动推杆，将作用力传递给制动主缸的活塞，如图 1-1-18 所示。

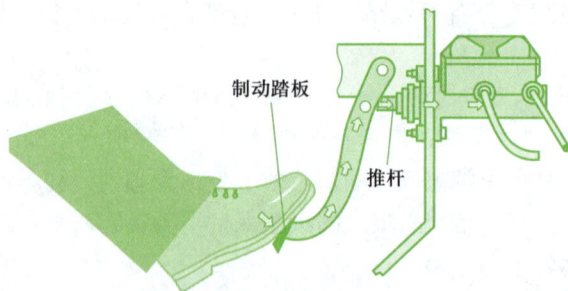
图 1-1-18   操纵机构作用力的传递

（2）制动助力系统

制动助力系统是一种制动加力装置，其作用力与制动踏板的作用力一起施加在制动主缸上，使车辆更容易停下来，以降低驾驶员的疲劳程度。常用的制动助力系统是真空助力系统，如图 1-1-19 所示。传统汽车是利用发动机进气系统中的真空作为制动助力来源，而纯电动汽车上没有发动机，无法提供真空，采用一个电动真空泵作为制动助力的来源。当传感器监测到制动助力器真空度不足时，电动真空泵就开始工作并维持真空环境，通过这样的方式，确保真空制动

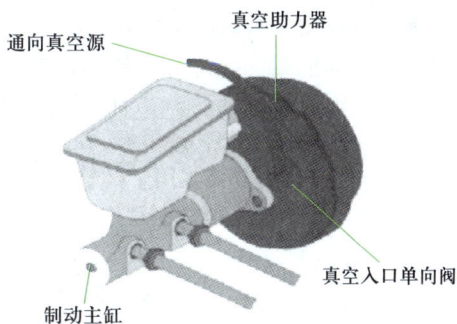

图 1-1-19　真空助力系统

助力器能够像传统汽车那样为驾驶人提供制动助力。还有些车辆采用液压助力装置。

（3）制动液压系统

制动液压系统是将踏板作用力转换成液压压力并传递给车轮制动器的装置，它主要由制动主缸、储液罐、制动轮缸或制动钳、制动力调节装置、制动管和软管等组成。

（4）制动器

制动器是使车轮停止转动的装置，按照结构不同可分为鼓式制动器和盘式制动器，如图 1-1-20 所示。鼓式制动器多用于汽车后轮，主要由制动蹄、制动鼓等组成；盘式制动器多用于汽车前轮，主要由制动钳、制动片、制动盘和防溅板等组成。也有些汽车的前、后车轮均采用盘式制动器。

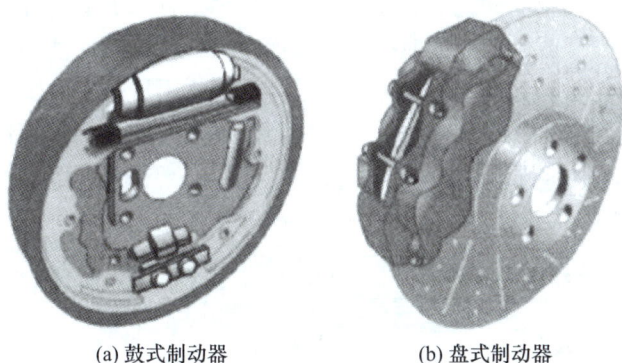

(a) 鼓式制动器　　　　　　　　(b) 盘式制动器

图 1-1-20　制动器的种类

（5）制动力平衡控制装置

制动力平衡控制装置早期采用的是一些液压控制阀，常见的有比例阀、计量阀、组合阀等调节各轮的制动力分配。目前，更多是在传统制动系统的基础上增加了一些电子制动控制系统来实现，这些电子控制装置一般由传感器、电子制动控制模块和制动压力调节器（执行器）等组成，如图 1-1-21 所示。汽车电子制动控制系统包括防抱死制动系统（ABS）、电子制动力分配（EBD）系统、电子驻车制动（EPB）系统、液压制动辅助（HBA）功能、牵引力控制系统（TCS）、电子稳定系统（ESP）等。

（6）制动能量回收系统

电动汽车将动力电池、电机为核心的电力驱动系统引入到传统汽车，电机在汽

车制动时以发电机状态工作，将汽车的制动能量转变为电能回收储存在动力电池内，即具有制动能量回收功能。这样电动汽车就可以对汽车的制动能量进行回收，从而提高整车的经济性能。在电动汽车中，起制动作用的有能量回收制动和机械液压制动两套系统，从而形成机电复合制动系统。

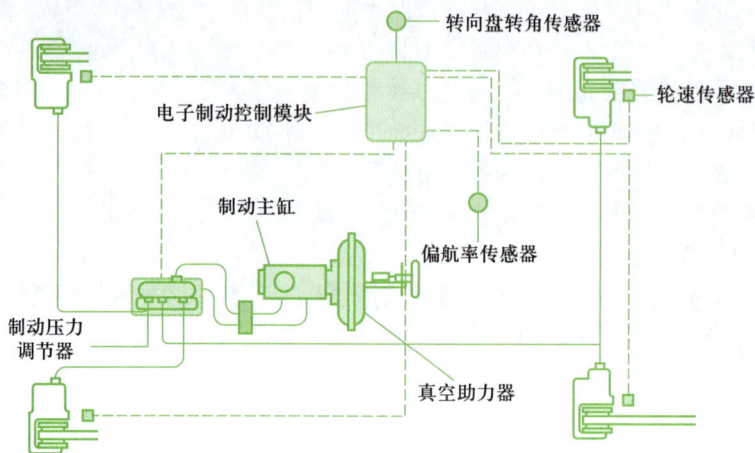

图 1-1-21　电子制动控制系统

4. 机械制动原理

制动的基本原理是利用与车身相连的非旋转部件和与车轮相连的旋转部件之间的相互摩擦来阻止车轮的转动或转动的趋势。旋转部件和非旋转部件需要有摩擦力才能使车轮转动减慢或停止，同时轮胎与地面也需要有摩擦才能使运动中的汽车减速或停止，如果轮胎与地面不提供摩擦力，汽车照样不能停车。

制动器中的制动盘（或制动鼓）与车轮一起转动，即为旋转部件，制动片（或制动蹄）与悬架相对固定，即为非旋转部件，如图 1-1-22 所示。当制动系统不工作时，制动片（或制动蹄）与制动盘（或制动鼓）之间保持一定的间隙，使车轮自

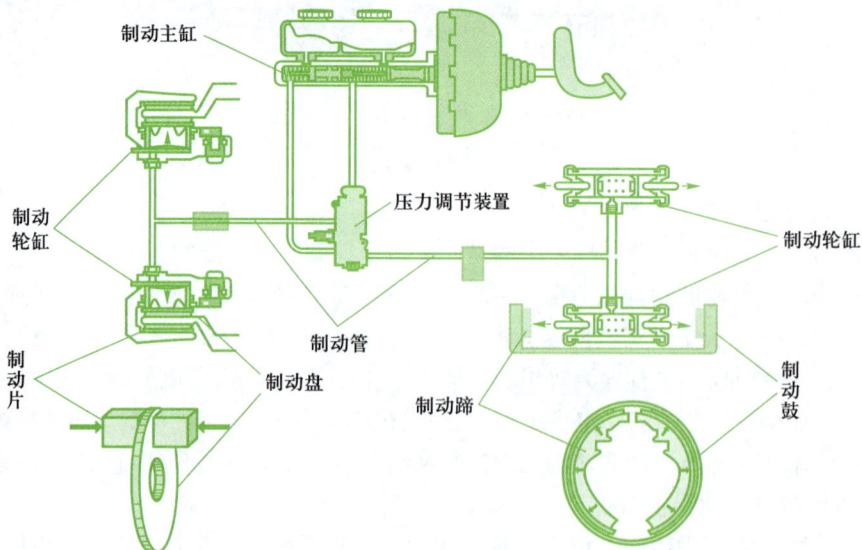

动画
制动原理

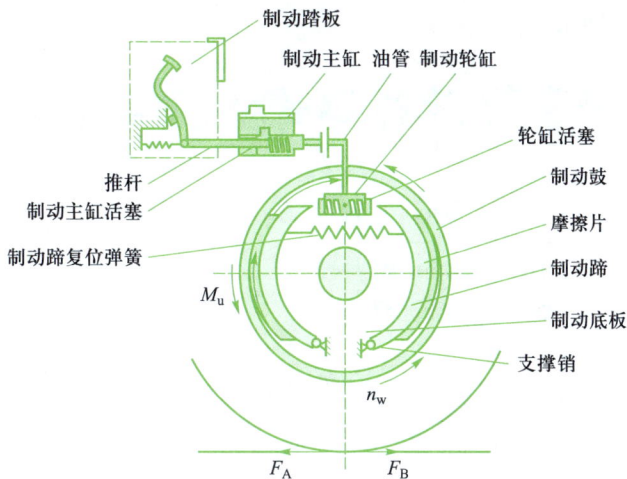

图 1-1-22　机械制动原理

由旋转；制动时，驾驶员施加在制动踏板上的作用力经真空器助力器放大后由液压系统传递给各个车轮制动器，使制动片（或制动蹄）与制动盘（或制动鼓）之间作用产生摩擦力，降低车轮转速，同时轮胎与地面的摩擦保证了汽车减速或停止。

🍃 任务实施

1. 实施任务前的准备
① 对高电压车辆周围布置好明显的警示标识。
② 检查车辆，确保车辆无故障，主要是高压漏电类故障。
③ 制作高压标识，用于在实训过程中标识高压部件。

警示：未经教师允许，不得随意接触车辆！举升车辆期间，禁止车辆周围有人员站立！

2. 实施步骤
① 观察实训车辆，记录车辆的型号。
② 打开车辆的前机舱，标识车辆前机舱的高压部件。
③ 打开车辆行李舱，标识车辆行李舱内的高压部件。
④ 举升车辆，拆卸车辆下护板，标识车辆底部的高压部件。举升车辆时，特别需要注意车辆底盘大边的 4 个专用举升支点。同时，为保证车辆平衡，需特别调整 4 个举升臂绝缘基脚的高度要一致。
⑤ 在驾驶舱，查找认识驾驶员操纵装置：转向盘及转向轴、换挡手柄、手刹手柄、加速踏板及制动踏板。
⑥ 根据相关知识和维修手册，在前机舱查找与传动系统、制动系统等系统相关的部件。
⑦ 根据相关知识和维修手册，在车辆底部查找与传动系统、行驶系统、转向系统和制动系统等系统相关的部件。

⑧ 总结底盘四系统各组成部件安装位置及连接情况，思考各系统的工作过程。

习题与思考

1. 电动汽车主要有 _____ 、 _____ 、 _____ 三种类型。
2. 底盘包含 _____ 、 _____ 、 _____ 、 _____ 四大系统。
3. 底盘各系统主要影响车辆的哪些性能？
4. 分析比较车辆驱动及制动过程。

任务2 拆检设备的认识

任务引入

在掌握一定汽车理论知识的情况下，在进行车辆保养、更换及拆检等作业时，需依靠工具进行部件拆装，依靠量具测量进行判断。而在对电动车辆进行作业时，还须做好安全防护。正确选用工具、量具对安全操作至关重要，也有助于提高工作效率和效果。本任务对汽车维修过程中常用的拆检设备进行了介绍，以便对后续的学习和工作有所帮助。

知识链接

1.2.1 常用工具

在对部件拆装过程中，常用的工具包括套筒扳手、扳手、钳子、螺丝刀、电动及气动工具等。

1. 套筒扳手

套筒扳手是拆卸螺栓、螺母最方便、灵活且安全的工具。使用套筒扳手不易损坏螺栓、螺母的棱角。根据工作空间大小、扭矩要求和螺栓或螺母的尺寸来选用合适的套筒头。套筒呈短管状，一端内部呈六角形或十二角形，用来套住螺栓头；另一端有一个正方形的头孔，该头孔用来与配套手柄的方榫（sǔn，指器物两部分利用凹凸相接的凸出的部分）配合，如图 1-2-1 所示。

除常见的标准套筒外，还有很多特殊套筒，如六角长套筒、六角或十二角花形套筒、风动套筒、旋具套筒等，如图 1-2-2 所示。如头部制成特殊形状的螺栓、螺母，就必须采用专用套筒进行拆卸。

套筒的使用方法及注意事项：将套筒套在配套手柄的方榫上（视需要与长接杆、短接杆或万向接头配合使用），再将套筒套住螺栓或螺母，左手握住手柄与套筒连接处，保持套筒与所拆卸或紧固的螺栓同轴，右手握住配套手柄加力，如图 1-2-3 所示。

图 1-2-1　套筒外形及配套

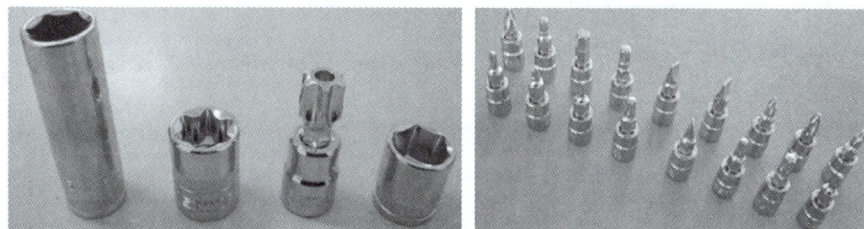

图 1-2-2　特殊套筒

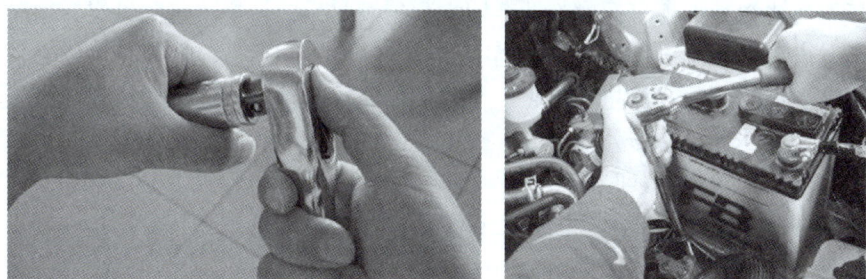

图 1-2-3　套筒的使用

在使用套筒的过程中，左手握紧手柄与套筒连接处，切勿摇晃，以免套筒滑出或损坏螺栓螺母的棱角。朝向自己的方向用力，可防止滑脱造成手部受伤。

在选用套筒时，必须使套筒与螺栓、螺母的形状及尺寸完全适合，若选择不正确，则套筒在使用时极有可能打滑，从而损坏螺栓、螺母。

不要使用出现裂纹或已损坏了的套筒。这种套筒会引起打滑，从而损坏螺栓、螺母的棱角。禁止用锤子将套筒击入变形的螺栓、螺母六角进行拆装，避免损坏套筒。

常见的套筒配套工具有如下几件。

① 扭力扳手。

扭力扳手主要用于有规定转矩值的螺栓和螺母的装配。常用的扭力扳手有指针式和预置力式两种。

指针式扭力扳手结构相对比较简单，它有一个刻度盘，当紧固螺栓时，扭力扳手的杆身在力的作用下发生弯曲，这样就可以通过指针的偏转角度表示螺栓、螺母的旋转程度，其数值可通过刻度盘读出。使用指针式扭力扳手时，应注意左手在握住扳手与套筒连接处时，不要碰到指针杆，否则会造成读数不准，如图 1-2-4 所示。

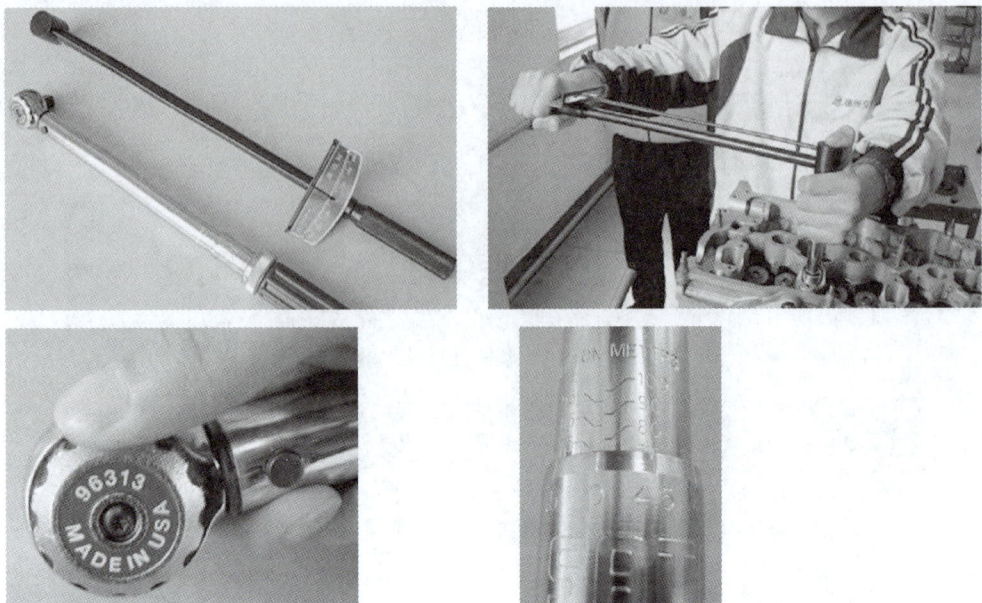

图 1-2-4　扭力扳手的类型与使用

预置力式扭力扳手可通过旋转手柄，预先调整设定转矩，达到设定转矩时，该扳手会发出警告声响以提示用户。当听到"咔哒"声响后，立即停止旋力以保证转矩正确。当扳手设在较低扭力值时，警告声可能很小，所以应特别注意。预置力式扭力扳手刻度的读取，与外径千分尺类似。

在使用扭力扳手拧紧时要用左手握住套筒，并保持扭力扳手的方榫部及套筒垂直于紧固件所在平面；右手握紧扭力扳手手柄，向自己这边扳转。禁止向外推动工具，以免滑脱而造成身体伤害。

② 棘轮手柄。

棘轮手柄是最常见的套筒手柄。套筒手柄是装在套筒上用于扳动套筒的配套手柄，如果没有配套手柄，套筒将无法独立工作。棘轮手柄头部设计有棘轮装置，在不脱离套筒和螺栓的情况下，可实现快速单方向的转动。

通过调整锁紧机构可改变其旋转方向：将锁紧机构手柄调到左边，可以单向顺时针拧紧螺栓或螺母；将锁紧机构手柄调到右边，可以单向逆时针松开螺栓或螺母，如图 1-2-5 所示。

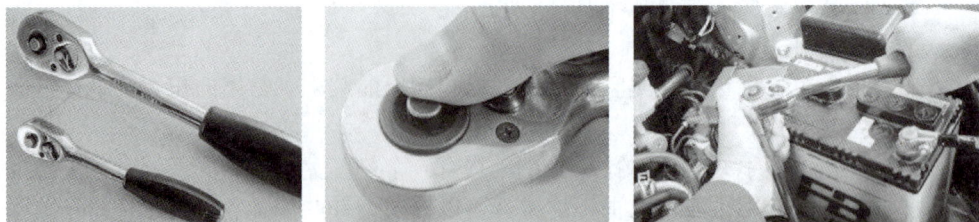

图 1-2-5　棘轮手柄与使用

棘轮手柄使用方便但不够结实。不要使用棘轮扳手对螺栓或螺母进行最后的拧紧。另外，严禁对棘轮手柄施加过大的转矩，否则会损坏内部的棘爪结构。有些专业棘轮扳手设计有套筒锁止及快速脱落功能，只需单手操作，可防止在使用过程中，套筒或接杆脱落。

使用时，按下锁定按钮，将套筒头套入棘轮扳手的方榫中，松开锁定按钮，套筒即被锁止。如再次按下锁定按钮，即可解除套筒锁定。

③ 快速摇杆与接杆。

快速摇杆俗称摇把，是旋动螺母最快的配套手柄，但不能在螺母上施加太大的转矩。其主要用于拧下已经松动的螺母，或者把螺母快速旋上螺栓。使用快速摇杆时，左手握住摇杆端部，并保持摇杆与所拆卸螺栓同轴，右手握住摇杆弯曲部，迅速旋转，如图 1-2-6 所示。

接杆也称延长杆或加长杆，是套筒类成套工具不可缺少的一部分。

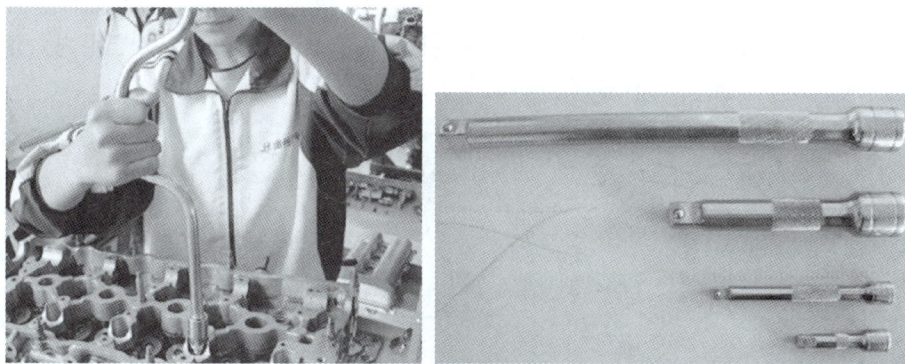

图 1-2-6　快速摇杆与接杆

2. 扳手

扳手是汽车修理中最常用的一种工具，主要用于扭转螺栓、螺母或带有螺纹的零件。如果扳手选用不当或使用不当，不但会造成工件和扳手损坏，还可能引发危及人身安全的事故。因此，正确选择和使用扳手显得尤为重要。

扳手种类繁多，常见的有梅花扳手、开口扳手、组合扳手、活动扳手等，如图 1-2-7 所示。

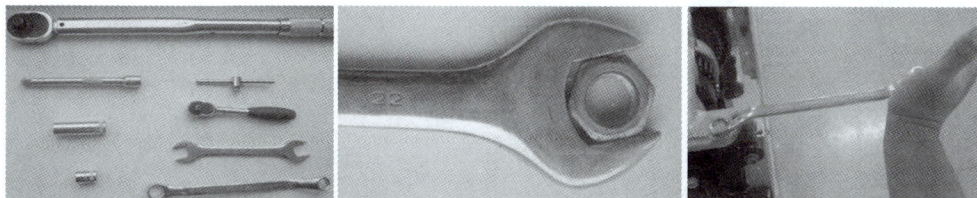

图 1-2-7　常用扳手与使用

在拆卸螺栓时，应按照"先套筒扳手、后梅花扳手、再开口扳手、最后活动扳手"的选用原则进行选取。在选用扳手时，要注意扳手的尺寸，尺寸是指它所能拧动的螺栓或螺母正对面间的距离。扳手的选用还要依据紧固件的力矩，以及扳手是否容易接近螺栓螺母。

如扳手上表示有 22 mm，即此扳手所能拧动螺栓或螺母棱角正对面间的距离为 22 mm。

在使用各类扳手或其他转动工具时，用力方向应朝向自己，防止滑脱造成手部受伤，但如果由于空间限制无法拉动工具，可用手掌推动。

使用扳手时，一定要确保扳手及螺栓尺寸和形状完全配合，否则会因打滑造成螺栓损坏，甚至会造成人身伤害。

如图 1-2-8 所示，其他常用特殊扳手为油管拆卸专用扳手和六角扳手。

油管拆卸专用扳手是维修制动液管路时的必备工具，它是介于梅花扳手与开口扳手之间的一种扳手。根据它的结构和功能，与其说它是开口扳手，还不如说是梅花扳手的变形形式更恰当一些。它既能像梅花扳手一样保护螺栓的棱角，又能像开口扳手一样从侧面插入，实施旋拧，但不能实施大转矩紧固。

拆卸内六角和花形内六角螺栓时，除旋具套筒头外，还可以使用专用内六角和花形内六角扳手，此类扳手多为 L 形。

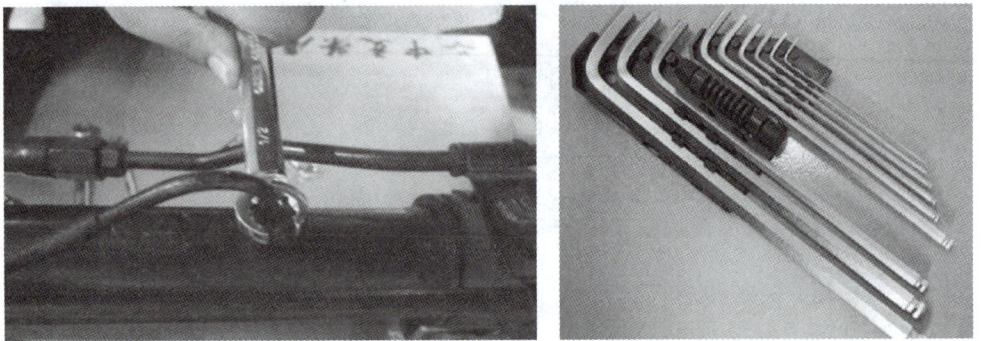

图 1-2-8　油管拆卸专用扳手和六角扳手

3. 钳子

钳子是一种用于夹持、固定加工工件或者扭转、弯曲、剪断金属丝线的手工工具。常见的钳子如图 1-2-9 所示。

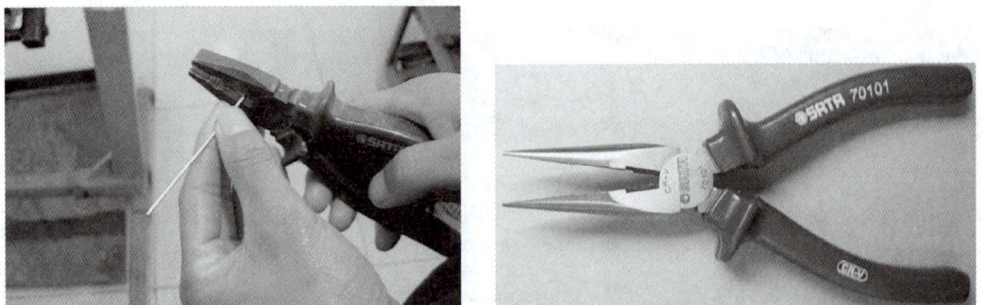

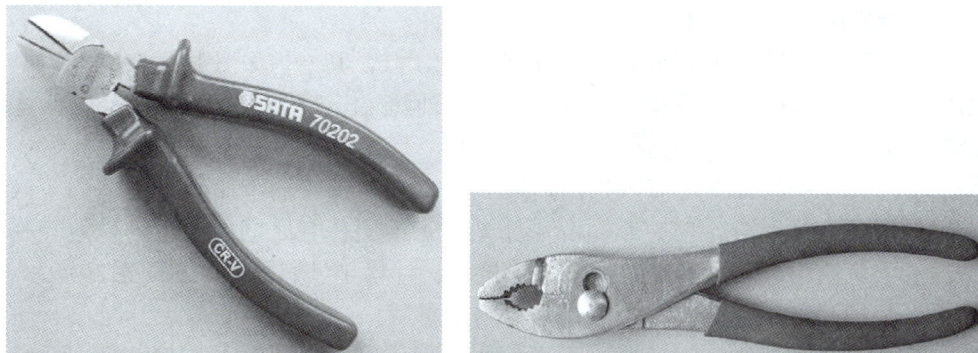

图 1-2-9　常见的钳子

卡簧钳是专门用来拆卸和安装卡簧的工具。卡簧（弹性挡圈）装在轴或孔的卡簧槽里，起定位或阻挡作用。根据使用范围不同，卡簧钳分为轴用和孔用两种。这两种卡簧钳均有直嘴和弯嘴两种结构形式。轴用卡簧钳可用于将卡簧胀开，以便将卡簧从轴上拆下。孔用卡簧钳可以将卡簧收缩，以便将卡簧从轴孔内取出，如图 1-2-10 所示。

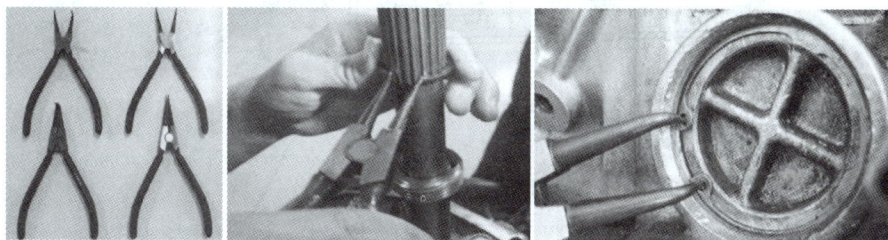

图 1-2-10　卡簧钳及使用

4. 螺钉旋具

螺钉旋具俗称螺丝刀、改锥或起子，主要用于旋拧小转矩、头部开有凹槽的螺栓和螺钉。螺丝刀的类型取决于本身的结构及尖部的形状，常用的有一字螺丝刀、十字螺丝刀。一字螺丝刀用于单个槽头的螺钉，十字螺丝刀用于带十字槽头的螺钉，如图 1-2-11 所示。

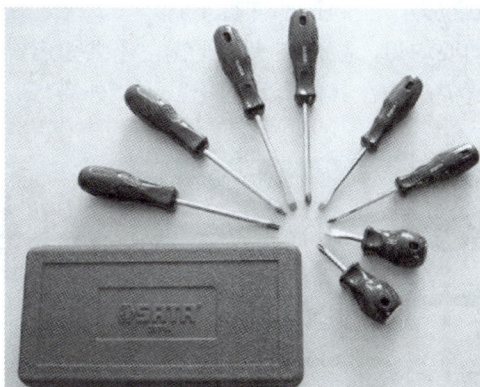

图 1-2-11　螺钉旋具

5. 滑脂枪

滑脂枪俗称黄油枪，是用来加注润滑脂的工具，其结构如图1-2-12所示，其原理是通过杠杆手柄反复压动，通过内部的压油阀经出油嘴把润滑脂加注到需要润滑的部位。

使用时，首先旋下枪筒，拉出后端拉杆，从前部将润滑脂装入枪筒内。向滑脂枪内装润滑脂时，应一小团一小团地装，油团相互之间要贴近，以避免将空气混入黄油中。加满润滑脂后，拧上枪盖，拧松排气螺栓后，按下后端锁片，并推入拉杆到底，当排气螺栓内有润滑脂排出后，拧紧螺栓。反复压动杠杆手柄，直至出油嘴能排出润滑脂，方可使用。使用时将出油嘴对准加油嘴，压动杠杆手柄，使润滑脂在压力的作用下进入润滑部位，直至新润滑脂将旧润滑脂挤出。

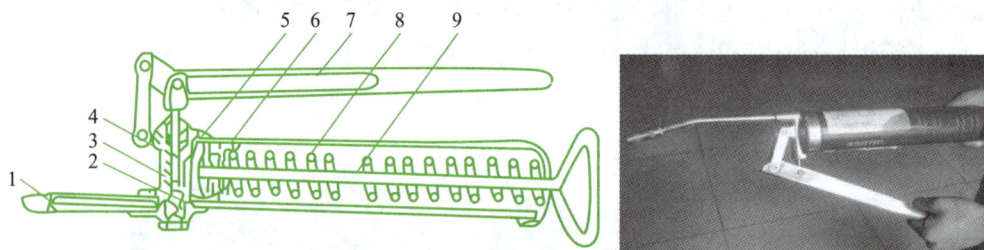

1—出油嘴；2—压油阀；3—压油机构缸筒；4—柱塞；
5—进油孔；6—活塞；7—杠杆；8—弹簧；9—活塞杆

图 1-2-12 滑脂枪机及使用

6. 拔拉器

拔拉器也称拉卸器或扒马，俗称扒子，主要用于汽车维修中静配合副和轴承部位的拆装。常见的拔拉器有两爪和三爪两种类型，如图1-2-13所示。

使用拔拉器拆卸不会破坏工件配合性质和工作表面，如拆卸曲轴皮带轮、齿轮等零件应选用三爪拔拉器，而拆卸轴承等零件最好使用两爪拔拉器。

使用拔拉器时，还要视拆卸对象选用适合尺寸和拉力限制范围的拔拉器。使用时，拉臂能抓住所要拆卸的部件，使用扳手旋进中心螺杆，随着中心螺杆的旋入，拉臂上就会产生很大的拉力，直到把部件拆下。

操作时，手柄转动要均匀，拉爪装夹要平衡，不要歪斜，不要硬拉；另外，拆卸轴承时，两侧的拉臂尖应钩在其内套平面上，不能外撇。

图 1-2-13 拔拉器及使用

1.2.2 常用量具

1. 钢直尺

钢直尺是最基本的测量工具，是用薄钢板制成的，它一般用于精度要求不高的测量，可以直接测量出工件的尺寸。钢尺一般有钢直尺、钢卷尺等。

> **提示：** 在所有的测量工具中，钢直尺的精确度最差。

使用钢直尺时，要以端边的"0"刻线作为测量基准。这样，在测量时不仅容易找到测量基准，而且便于读数和计数。最好的方式是用拇指将钢直尺按住，使其贴靠在工件上，如右图 1-2-14 所示。读数时，视线必须与尺面垂直，以免读数产生误差；被测平面要平，否则测出的数不是被测件的实际尺寸。

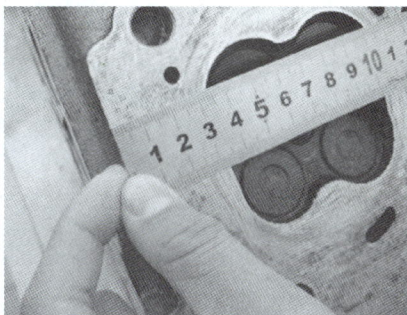

图 1-2-14 钢直尺的使用

2. 厚薄规

厚薄规又称塞尺或间隙片，是一组淬硬的钢条或刀片。这些淬硬的钢条或刀片被研磨或滚压成精确的厚度，它们通常都是成套供应，如图 1-2-15 所示。在汽车维修工作中，厚薄规主要用于测量气门间隙、触点间隙和一些接触面的平直度等。

每条钢片标出了厚度（单位为 mm），它们可以单独使用，也可以将两片或多片组合在一起使用，以便获得所要求的厚度，最薄的一片可以达到 0.02 mm。常用厚薄规长度有 50 mm、100 mm 和 200 mm 三种。

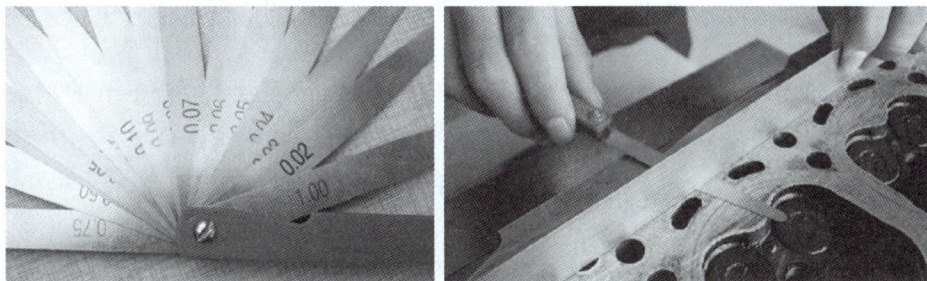

图 1-2-15 厚薄规及使用

使用厚薄规测量时，应根据间隙的大小，先用较薄片试插，逐步加厚，可以一片或数片重叠在一起插入间隙，插入深度应在 20 mm 左右。

测量时，必须平整插入，松紧适度，所插入的钢片厚度即为间隙尺寸。严禁将钢片用大力强硬插入缝隙测量。插入时应特别注意前端，不要用力过猛，否则容易折损或弯曲厚薄规。

3. 千分尺

千分尺也称为螺旋测微器，是利用螺纹节距来测量长度的精密测量仪器，是一种用于测量加工精度要求较高零部件的工具。汽车维修工作中一般使用可以测至

1/100 mm 的千分尺，其测量精度可达到 0.01 mm。

外径千分尺是用于外径宽度测量的千分尺，测量范围一般为 0 ～ 25 mm。根据所测零部件外径粗细，可选用测量范围为 0 ～ 25 mm、25 ～ 50 mm、50 ～ 75 mm、75 ～ 100 mm 等多种规格的千分尺。

外径千分尺的构造如图 1-2-16 所示，主要由测砧、测微螺杆、尺架、固定套筒、套管、棘轮旋钮及锁紧装置等部件组成。

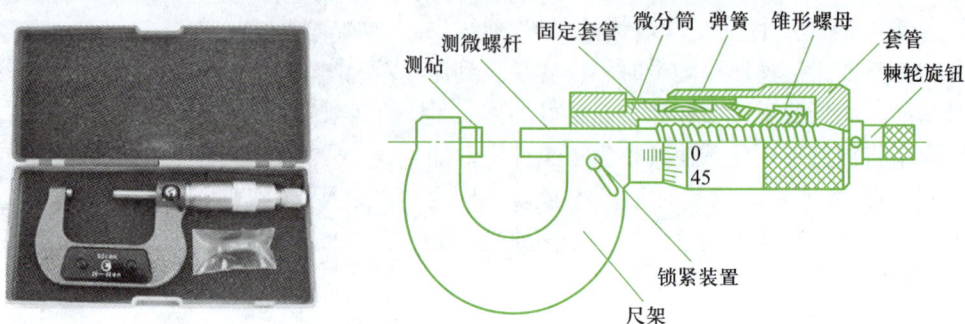

图 1-2-16 千分尺构造

固定套筒上刻有刻度，测轴每转动一周即可沿轴方向前进或后退 0.5 mm。活动套管的外圆上刻有 50 等份的刻度，在读数时每等份为 0.01 mm。

棘轮旋钮的作用是保证测轴的测定压力，当测定压力达到一定值时，限荷棘轮即会空转。如果测定压力不固定则无法测得正确尺寸。

套筒刻度可以精确到 0.5 mm（可以读至 0.5 mm），由此以下的刻度则要根据套筒基准线和套管刻度的对齐线来读取读数。如图 1-2-17（c）所示，套筒上的读数为 55 mm，套管上 0.01 mm 的刻度线对齐基准线，因此读数是 55 mm + 0.01 mm = 55.01 mm。

如图 1-2-17（d）所示，套筒上的读数为 55.5 mm，套管上 0.45 mm 的刻度线对齐基准线，因此读数是 55.5 mm + 0.45 mm = 55.95 mm。

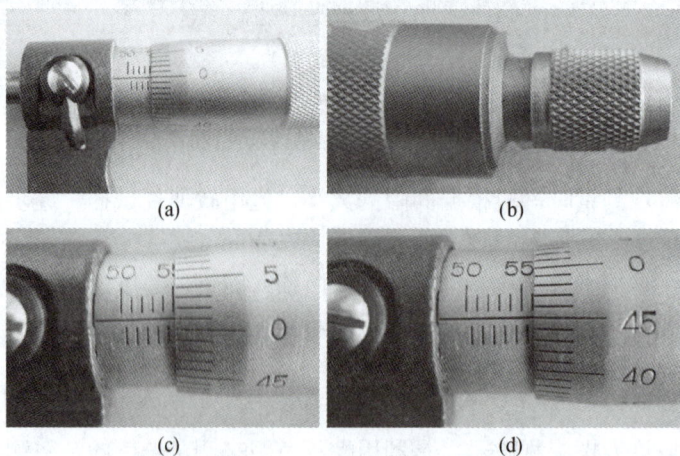

(a)　　　　　　　　　　　(b)

(c)　　　　　　　　　　　(d)

图 1-2-17 千分尺使用及读数

千分尺属于精密的测量仪器，在测量时应注意以下事项。

① 使用前确保零点校正，若有误差，请用调整扳手调整或用测定值减去误差。

② 被测部位及千分尺必须保持清洁，若有油污或灰尘，须立即擦拭干净。

③ 测量时请将被测面轻轻顶住砧子，转动限荷棘轮及套筒，使测轴前进。

④ 测量时尽可能握住千分尺的弓架部分，同时要注意不可碰及砧子。

⑤ 旋转后端限荷棘轮，使两个砧端夹住被测部件，然后再旋转限荷棘轮一圈左右。当听到发出两三响"咔咔"声后，就会产生适当的测定压力。

⑥ 为防止因视差而产生误读，最好让眼睛视线与基准线成直角后再读取读数。

4. 游标卡尺

游标卡尺又称四用游标卡尺，简称卡尺，是由刻度尺和卡尺制造而成的精密测量仪器，能够正确且简单地从事长度、外径、内径及深度的测量。在汽车维修工作中，0.02 mm 精度的游标卡尺使用最多。

游标卡尺根据最小刻度的不同分为 0.05 mm 和 0.02 mm 两种。

常用的游标卡尺的测量范围是 0 ~ 150 mm，应根据所测零部件的精度要求选用合适规格的游标卡尺。

游标卡尺主要由一个带有刻度杆的固定量爪和一个滑动量爪（包括外量爪和内量爪）组成。尺身上刻有主刻度线，滑动爪上刻有游标刻度。

游标刻度是将 49 mm 平均分为 50 等份。主刻度尺是以毫米来划分刻度的，将 1 cm 平均分为 10 个刻度，在厘米刻度线上标有数字 1、2、3 等，表示为 1 cm、2 cm、3 cm 等。游标卡尺主刻度尺和游标刻度尺每个刻度差是 0.02 mm，这就是此游标刻度尺的测量精度。

> **提示**：主刻度尺每个刻度为 1 mm，游标刻度尺每个刻度为 49 mm/50 ＝ 0.98 mm，所以主刻度尺和游标刻度尺每一刻度尺差为 0.02 mm。

读数时，首先读出游标零线左边与主刻度尺身相邻的第一条刻线的整毫米数，即测得尺寸的整数值，如图 1-2-18（b）所示，读数为 13.00 mm。

再读出游标尺上与主刻度尺刻度线对齐的那一条刻度线所表示的数值，即为测量值的小数，如图 1-2-18（c）所示，读数为 0.44 mm。把从尺身上读得的整毫米数和从游标尺上读得的毫米小数加起来即为测得的实际尺寸：13 mm+0.02 mm×22 ＝ 13 mm +0.44 mm =13.44 mm。

> **提示**：22 为游标刻度尺上从左边数共 22 个格。

5. 百分表

百分表利用指针和刻度将心轴移动量放大来表示测量尺寸，主要用于测量工件的尺寸误差以及配合间隙，如图 1-2-19 所示。

百分表主要是由尺条和小齿轮装配而成的，其工作原理是：利用尺条和小齿轮将心轴的移动量放大，再由指针的转动来读取测定数值。图 1-2-19（b）所示为百分表的内部结构及原理示意图。

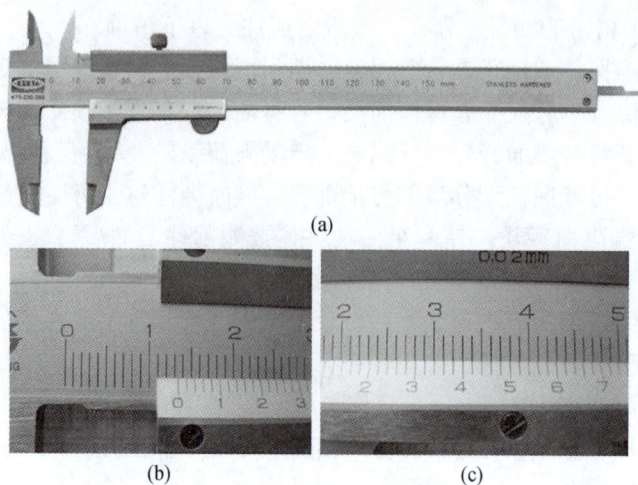

图 1-2-18 游标卡尺及读数

测量头和心轴的移动量带动第一小齿轮转动,再利用同轴上的作动齿轮传递给第二小齿轮转动,于是装置在第二小齿轮上的指针即能放大心轴的移动量显示在刻度盘上。而由于长针每一个回转相当于 1 mm 的移动量,将刻度盘分刻 100 等份,所以测定的移动量可精确到 1/100 mm。

百分表表盘刻度分为 100 格,当测量头每移动 0.01 mm 时,大指针偏转 1 格;当测量头每移动 1.0 mm 时,大指针偏转 1 周。小指针偏转 1 格相当于 1 mm。

提示:百分表的表盘是可以转动的。

百分表要装设在支座上才能使用,在支座内部设有磁铁,旋转支座上的旋钮使表座吸附在工具台上,因而又称磁性表座。此外,百分表还可以和夹具、V 形槽、检测平板和顶心台合并使用,从事弯曲、振动及平面状态的测定或检查。

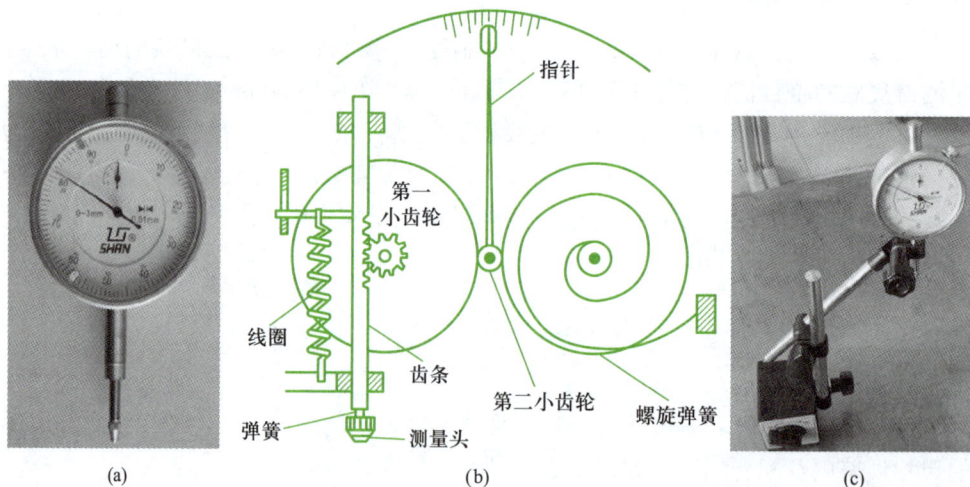

图 1-2-19 百分表结构与使用

测定时要注意的一点是,百分表的测量头顶住测定物时要保持垂直,并有一定的预压力,否则无法正确测定。

6. 数字式万用表

在汽车电路维修中使用最多的是数字式万用表，如图 1-2-20 所示。指针式万用表不能用于汽车电子元件的测试，否则会因检测电流过大而烧坏电控元件或 ECU。

液晶显示：若被测电压为负值，显示值前将带"－"号，若所测电压超出量程，将会在屏幕左端显示"1"或"－1"。

电源开关，一般会在面板左上部显示屏下方字母"POWER"（电源）的旁边，"OFF"表示关，"ON"表示开。

量程开关：在面板中央的量程开关配合各种指示盘，可完成不同测试功能和量程的选择。

输入插口在面板的下部，标有"COM""V·Ω""mA"和"10 A"。使用时，黑表笔插入"COM"插孔，红表笔根据被测量的种类和大小插入"V·Ω""mA"或"10 A"的插孔中。

直流电压是汽车电器设备维修中最常用到的测量项目。测量时应将红表笔插入"V·Ω"插口，黑表笔插入"COM"插口，将量程开关拨至"DCV"范围内的适当量程挡，将电源开关打开，将红表笔接正极，黑表笔接负极，并联于电路测试点上，显示器上就出现测量值。测量交流电压的方法类同于直流电压测量，只是要把量程开关拨至"ACV"范围内的适当量程挡。

测量电阻时，将量程开关拨至"Ω"挡范围内的适当量程。将红色测试导线插入"V·Ω"插口，并将黑色测试导线插入"COM"端子。测量表笔接触到被测元件的两端，显示屏上便可显示此元件的电阻值。当把量程开关调至通断挡，若被测元件或导线不超过 50 Ω，蜂鸣器则会发出连续报警音，表明短路。

在测量电阻或电路的通断性时，为避免受到电击或造成万用表损坏，请确保电路的电源已关闭，并将所有电容放电。

测直流电流时，把红表笔插入"mA"插口，若所测电流大于 200 mA 时，需插入"10 A"插口，并将黑色测试导线插入"COM"端子。将量程开关拨到"DCA"范围内的适当量程挡，打开电源开关，将两表笔串联接在测量点上，这样就可在显示屏上读出测量值了。交流电流的测量方法类同于直流电流的测量，只是要把量程开关拨至"ACA"范围内适当的量程挡。

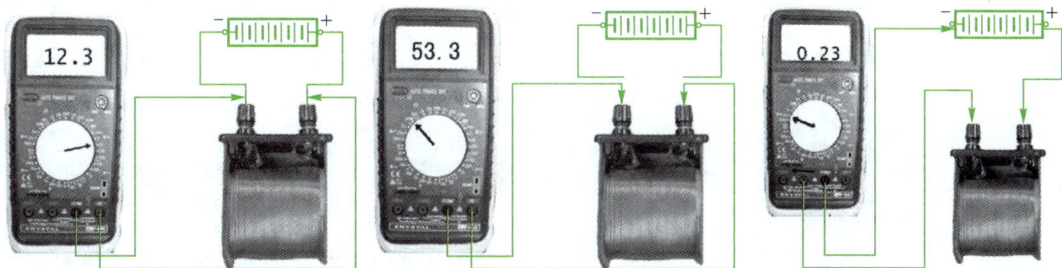

图 1-2-20　数字式万用表电压、电阻及电流测量

在使用万用表时，请勿用手触摸表笔的金属部分，一方面保证测量的准确性，

另一方面也可以保证人身安全。万用表使用完毕，应将开关关闭，如果长期不使用，还应将万用表内部的电池取出，以避免电池腐蚀万用表内部其他部件。

1.2.3 高压防护与检测工具

新能源汽车具有高电压，在制造、维护新能源汽车时具有高电压触电风险。如图 1-2-21 所示，新能源汽车的主要高电压部件集中在动力电池组、高压导线、高压电分配单元、用于驱动的逆变器、高压压缩机以及高压 PTC 加热器。

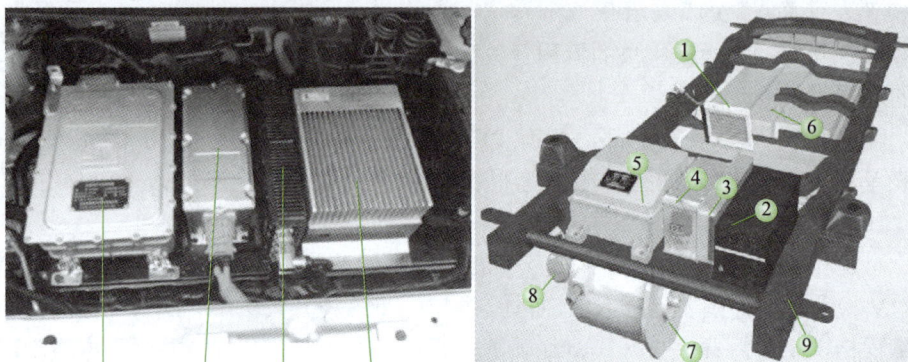

电机控制器 高压控制盒 DC/DC 车载充电机

1—PTC 加热器；2—充电机；3—直流转换 DC/DC；4—高压控制盒；5—电动机控制器；

6—动力电池；7—电动机；8—电动压缩机；9—悬架

图 1-2-21   EV200 高压部件安装位置

但是与传统汽车相同的车辆底盘、车身电器等均不会有高电压。因此，根据维护车辆的工作内容不同，只有在维护与维修新能源汽车的高电压系统或部件时才有可能会发生触电事故。例如，传统的车辆维护、制动部件的更换、轮胎的更换等均不会有高电压触电风险。在维修高压系统时必须使用电工专用绝缘工具。

1. 个人安全防护

防止触电的个人防护设备主要是绝缘手套、护目镜、绝缘鞋以及非化纤材质的衣服。

① 绝缘手套。

用于高电压车辆维修用的绝缘手套如图 1-2-22 所示，通常有两种独立的性能：一是在进行任何有关高电压组件或线路的操作时，需要使用橡胶制成的电工绝缘手套，并能够承受 1 000 V 以上的工作电压；二是具备抗碱性，当工作中接触来自高电压动力电池组的钾氢氧化物等化学物质时，防止这些物质对人体组织的伤害。

绝缘手套需要定期检验，而且在每次使用前必须进行安全检查。检查的方法是向手套内吹入一定的空气，观察手套是否有漏气现象。

② 护目镜。

戴上合适的眼部防护的护目镜，如图 1-2-23 所示，以防止电池液的飞溅。高压电车辆维修用的护目镜应该具有侧面防护功能，防止维修过程中产生的电火花对眼睛的伤害。

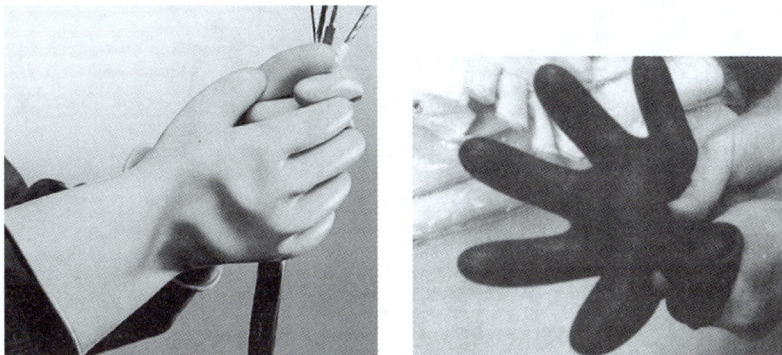

图 1-2-22　绝缘手套及检查

③ 绝缘安全鞋。

绝缘安全鞋(靴)的作用是使人体与地面绝缘,防止电流通过人体与大地之间构成通路,对人体造成电击伤害,把触电时的危险降低到最低程度,因为触电时电流是经接触点通过人体流入地面的,所以电气作业时不仅要戴绝缘手套,还要穿绝缘安全鞋,如图 1-2-24 所示。

图 1-2-23　护目镜

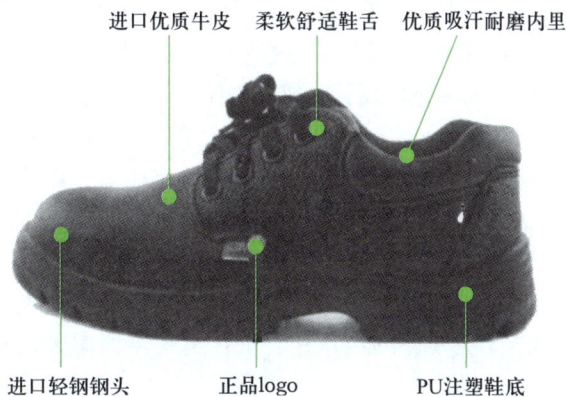

进口优质牛皮　柔软舒适鞋舌　优质吸汗耐磨内里

进口轻钢钢头　　正品logo　　PU注塑鞋底

图 1-2-24　绝缘安全鞋

④ 非化纤工作服。

维修高电压系统时,必须穿非化纤类的工作服。化纤类的工作服主要会产生静电,并且当发生火灾事故时,化纤会在高温环境下粘连人体皮肤,导致维护人员产生严重的二次伤害。

2. 绝缘维修工具

维护高电压类车辆时,必须使用带有绝缘功能的工具。这些工具包括常用的套筒、开口扳手、螺丝刀、钳子、电工刀等,如图 1-2-25 所示。

新能源汽车维修中使用的检测仪表有绝缘电阻测试仪(如手摇绝缘电阻表或高压绝缘测试仪)和数字电流钳等。

图 1-2-25   绝缘工具

（1）绝缘电阻测试仪

电动汽车的运行情况非常复杂，在运行过程中难免会出现部件间的相互碰撞、摩擦、挤压，导致高压电路与车辆底盘之间的绝缘性能下降。电源正负极引线将通过绝缘层和底盘构成漏电流回路。当高压电路和底盘之间发生多点绝缘性能下降时，还会导致漏电回路的热积累效应，可能造成车辆的电气火灾。因此，高压电气系统相对车辆底盘的电气绝缘性能实时检测是电动汽车电气安全技术的核心内容。电气绝缘性能检测时需要使用专用的绝缘测试仪器，测量高压电缆及零部件对车身绝缘电阻是否位于规定值范围内。最常用的测试仪器就是绝缘电阻测试仪。

这类仪器中，一些测试仪器是多功能的，除了绝缘电阻测试外，还可以用来进行其他的测量。利用数字式万用表（DMM）、绝缘电阻表、绝缘测试多用表或耐压测试仪都可以完成绝大多数的绝缘测试。所有这些仪器具有不同的名称，但都可以被称为绝缘电阻测试仪。如图 1-2-26 所示，前排（从左到右）为 FLUKE 1503 绝缘测试仪、FLUKE 1507 绝缘测试仪、FLUKE 1577 绝缘多用表和 FLUKE 1587 绝缘多用表；后排（从左到右）为 FLUKE 1550B 5kV 绝缘电阻表和 FLUKE 1520 绝缘电阻表。

图 1-2-26   各种类型的绝缘电阻测试仪

常用的绝缘电阻表是手摇绝缘电阻表，俗称摇表，是用来测量大电阻和绝缘电阻的检测仪表，计量单位是兆欧（MΩ），故又称兆欧表。图 1-2-27 所示是常见的手摇绝缘电阻表。

图 1-2-27　手摇绝缘电阻表

绝缘电阻表选用时，规定绝缘电阻表的电压等级应高于被测物的绝缘电压等级。测量额定电压在 500 V 以下的设备或线路的绝缘电阻时，可选用 500 V 或 1 000 V 绝缘电阻表；测量额定电压在 500 V 以上的设备或线路的绝缘电阻时，应选用 1 000 ～ 2 500 V 绝缘电阻表；测量绝缘子时，应选用 2 500 ～ 5 000 V 绝缘电阻表。一般情况下，测量低压电气设备绝缘电阻时可选用 0 ～ 2 00 MΩ 量程的绝缘电阻表。

不论是 500 V 还是 2 500 V 的绝缘电阻表，只要在指针不为零的情况下，匀速摇（约 120 r/min），指针就会稳定在表盘的某个位置，根据表盘的显示数值和空格，就可以正确读出所测线路的绝缘电阻。

绝缘测试只能在不通电的电路上进行。测试之前先检查熔断丝。FLUKE 1587 数字式绝缘测试仪绝缘测试步骤如下。

① 将测试探头插入"＋"和"－"端子。

② 将旋钮转至"INSULATION（绝缘）"位置。当开关调至该位置时，仪表将启动电池负载检查。如果电池未通过测试，显示屏下部将出现"电池"符号。在更换电池前不能进行绝缘测试。

③ 按"RANGE"选择电压。

④ 将探头与待测的电路连接。仪表会自动检查电路是否通电。

⑤ 主显示位置显示"----"，直到按下 INSULATION　TEST 按键，此时将获取一个有效的绝缘电阻读数。

⑥ 如果电路电源超过 30 V（交流或直流），主显示区显示电压超过 30V 以上的警告，同时，显示高压符号，测试被禁止，必须立即关闭电源。

绝缘测试方法如图 1-2-28 所示。

（2）数字电流钳

在新能源汽车维修与诊断时，经常会需要测量导线中的电流。由于驱动系统的导线（如逆变器与电动机之间）存在较大的交变电流，必须使用钳型电流表进行间接测量。

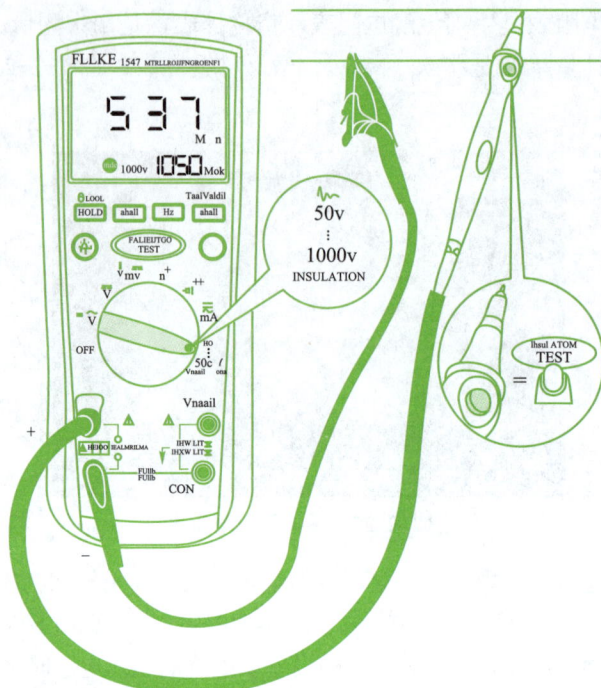

图 1-2-28　绝缘测试方法

目前常用的钳型电流表如 FLUKE 317 等，其工作部分主要由一只电流表和穿心式电流互感器组成。穿心式电流互感器铁芯制成活动开口且成钳形，故名钳形电流表，是一种不需断开电路就可直接测电路交流电流的携带式仪表。

钳形电流表的原理是建立在电流互感器工作原理上的一种不需断开电路就可直接测电路交流电流的携带式仪表，当放松扳手铁芯闭合后，根据互感器的原理而在其二次绕组上产生感应电流，从而指示出被测电流的数值。当握紧钳形电流表扳手时，电流互感器的铁芯可以张开，被测电流的导线进入钳口内部作为电流互感器的一次绕组。

以 FLUKE 317 电流钳为例，在测量电流时，可以按以下步骤进行。

① 估算电流大小，选择正确挡位与电流类型。例如，如果需要测量三相电机的一相电流，选择交流电流挡。

② 打开电流钳，将被测量线路放入电流钳口之中。测量时电流钳应该保持钳口闭合，否则将测量出不正确的电流，如图 1-2-29（a）所示。

③ 起动被测量装置，读取电流值。

④ 如需测量一个变化的电流，应在上步的基础上按下"MAX"键后再起动电流钳，如图 1-2-29（b）所示。

3. 故障诊断仪

汽车电控系统诊断仪器用于对应车型的故障诊断，也称解码器、故障扫描仪等。不同车型采用的诊断仪器也不同。诊断仪器应能与被检测车辆的控制模块（电脑）通信。

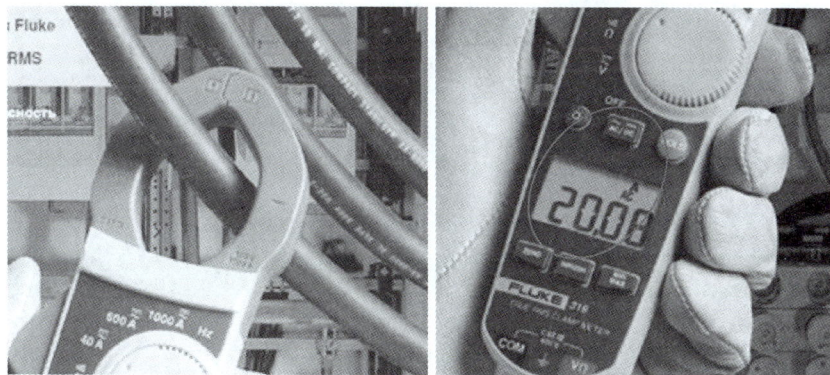

(a) 钳口闭合测试　　　　　　　　　　(b) 测量变化的电流

图 1-2-29　FLUKE 317 电流钳的使用

北汽新能源汽车采用 BDS 故障诊断系统（BAIC BJEV Diagnostic System），将诊断软件安装在电脑终端上，通过通信电缆（诊断盒子）与车载 OBD 诊断座连接，与车辆的控制模块通信从而进行故障诊断，如图 1-2-30 所示。

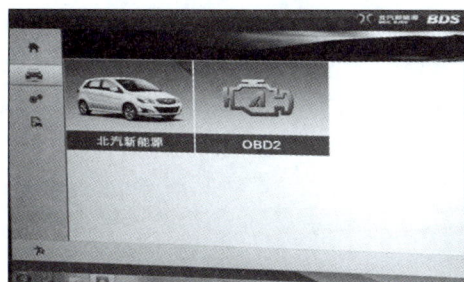

接车辆OBD诊断座

图 1-2-30　BDS 诊断系统界面及连接方式

任务实施

1. 实施任务前的准备

① 对高电压车辆周围布置好明显的警示标识。

② 检查车辆，确保车辆无故障，主要是高压电漏电类故障。

③ 制作高压电标识，用于在实训过程中标识高压电部件。

④ 拆装工具（扳手、套筒、钳子、螺丝刀）、测量工具（钢直尺、厚薄规、百分表、游标卡尺、千分尺）、高压安全保护装置（绝缘手套、护目镜、绝缘工具）及测试仪（数字电流钳、绝缘电阻测试仪）等。

警示：未经教师允许，不得随意触动车辆！举升车辆期间，禁止车辆周围站立人员！

2. 实施步骤

① 观察实训车辆，记录车辆的型号。

② 认识拆装工具及测量仪器。

③ 用拆装工具演示拆装螺栓，用测量工具测量间隙等。

④ 记录并分析测量结果。

⑤ 认识高压防护设备及测量工具。

⑥ 工具归位及整理车辆。

习题与思考

1. 拆装螺栓的常见工具有哪些？

2. 数字式扭力扳手如何预设置力矩？

3. 游标卡尺及千分尺如何读数？

4. 高压防护设备及测量仪器有哪些？

项目2 ▶▶▶

变速驱动桥

● 劳动与责任 ●

　　劳动既是创造财富，满足个人生活需求的必要方式，也是个人成长的途径，在劳动中，可以发现自我、锻炼自我，享受自我等。在当前职业教育模式中，岗位实习是掌握操作技能、学习企业管理、养成正确劳动态度的一种实践性教学形式。小张是新能源汽车检测与维修技术专业的学生，联系了一家 4S 店，在机电维修岗位进行最后一年的岗位实习。小张刚开始总是不适应，感觉干的活儿又累又无趣，与自己的想象差距很大，很是苦恼。经过实习指导老师对就业现状、行业发展、个人成长等方面的沟通，小张意识到自己认识方面的不足，决心坚持下去，精神态度大为改观，虚心向师傅同事学习请教，加上自己的细心及下功夫，半年后适应了岗位要求，能完成交付的任务，客户和领导都很满意，岗位实习期快结束时就转正留下了。

　　责任是职业道德规范中爱岗敬业的具体体现，责任是更好地完成劳动任务的压力也是动力。新能源汽车底盘作为新能源汽车系统组成中负责安全的装置，其技术状况直接影响着驾乘人员的生命财产安全。作为新能源汽车底盘保养维修人员，意识上需要牢固树立责任意识，技术上需要严格按照规程进行操作，这也是对自己负责。

任务 1 减速驱动桥的拆检

任务引入

小型纯电动客车及轿车的电动机产生的动力经传动系统驱动车轮滚动时，采用对变速杆的操纵产生的信号通过整车控制单元和电动机控制单元对电机的调速实现动力传递传输变速、反向行驶及中断传动等功能，而传输过程要求的大转矩、差速及变角度动力传递需另外器件完成，以满足各工况下动力传输需要。本任务将介绍这些器件的结构与工作过程及拆检过程。

知识链接

车桥也叫车轴，是由同一根轴上两侧车轮间的部件组成。用来产生驱动力的车桥称为驱动桥。驱动桥按照结构形式分类，可分为非断开式和断开式两类，如图2-1-1 所示。

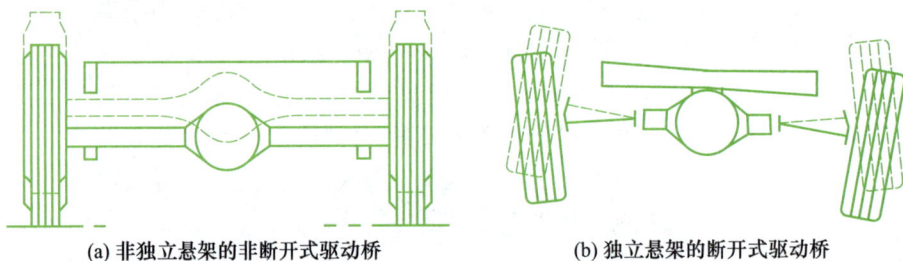

(a) 非独立悬架的非断开式驱动桥   (b) 独立悬架的断开式驱动桥

图 2-1-1 驱动桥类型

非断开式驱动桥通常应用在采用非独立悬架的车辆上。非断开式驱动桥通过弹性悬架与车架连接，其桥壳是一根支承在左右驱动车轮上的刚性空心梁，齿轮及半轴等传动部件安装在其中。由于半轴套管与主减速器壳是刚性连成一体的，非断开式驱动桥也称为整体式驱动桥，它两侧的半轴和驱动轮不能在横向平面内做相对运动。非断开式驱动桥结构简单、制造成本较低、工作性能可靠，因此广泛应用在各种载重汽车和公共汽车上，多数越野汽车和部分轿车也采用这种形式的驱动桥。

断开式驱动桥一般应用在采用独立悬架的车辆上，变速器固定在车架上，两侧半轴和驱动轮能在横向平面上相对于车身做相对运动。为了适应驱动轮独立上下跳动的需要，半轴各段之间用万向节连接。这种结构极大地提高了车辆行驶的平顺性。因此，断开式驱动桥主要应用于对行驶平顺性要求较高的轿车及越野车上。

纯电动汽车由于电机的起动转矩非常大，足以使静止的汽车起步并提速，因此在中小型卡车和轿车上取消了变速器，不再需要采用变速器将起步转矩放大，就可以轻松推动汽车起步、加速。只要控制好电机的转速即可实现电动汽车的变速，目前纯电动汽车大多采用单速变速器，也叫减速器。电机的转速通过变频器来无级调节，然后通过减速器、差速器直接传递到前轴或后轴上，进而传递动力到驱动轮。倒车时，只要将供给电机的交流电方向调反，电机就会反转，从而驱动汽车倒退。

在取消变速器的传动系统中，其驱动桥为减速驱动桥，即电机、减速器和差速器成为一体式传动，如图 2-1-2 所示。减速驱动桥结构紧凑，质量较轻，提高了传动效率。

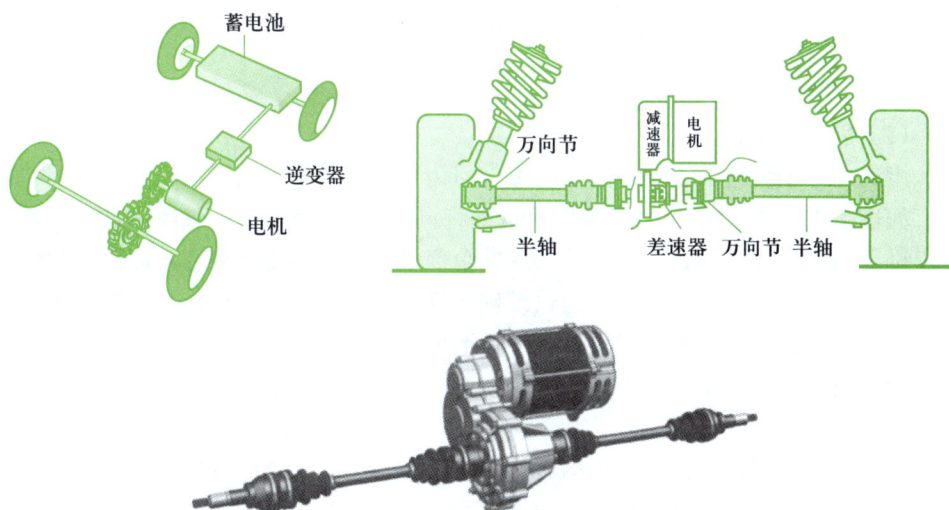

图 2-1-2 电动汽车减速驱动桥

2.1.1 齿轮机构

齿轮传动是汽车传动系统中最常用的传动形式。齿轮机构依靠轮齿齿廓直接接触来传递动力。齿轮传动是应用最为广泛的一种机械传动形式，它具有功率范围大、承载能力高、传动效率高、使用寿命长等特点。与其他机械传动形式（如带传动、链传动、摩擦传动、液压传动等）相比，齿轮传动结构更为紧凑。对于固定速比的齿轮传动，其瞬时传动比是恒定的，工作平稳性较高，且传动比变化范围大，适用于减速或增速传动。但是齿轮传动无过载保护功能，且中心距离通常不能调整，在传动过程中常会伴随振动和噪声，对制造和安装的精度要求较高。

齿轮机构的类型很多，汽车传动系统中通常采用的类型包括直齿轮机构、斜齿轮机构、锥齿轮机构等。

（1）直齿轮机构

齿向与齿轮轴线方向一致的齿轮称为直齿轮，相互啮合的直齿轮组成直齿轮机构，如图 2-1-3（a）所示。直齿轮机构允许同时啮合 1.5 ～ 2.5 对齿，且每一对齿同时进入啮合或脱离啮合，这种接触方式可增加齿轮传动的强度，但也增大了工作噪声。直齿轮机构几乎能将所有动力传递出去，而不产生轴向力。因此，重型汽车变速器通常采用直齿轮机构。

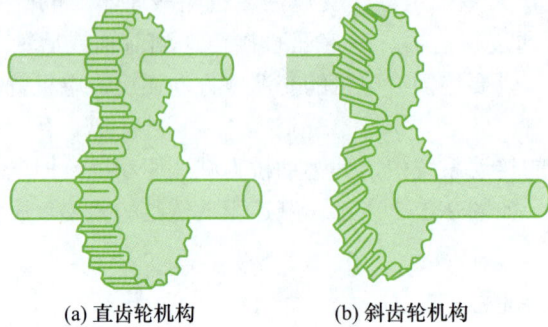

(a) 直齿轮机构   (b) 斜齿轮机构

图 2-1-3   柱齿轮机构

（2）斜齿轮机构

齿向相对于齿轮轴线倾斜的齿轮称为斜齿轮，相互啮合的斜齿轮组成斜齿轮机构，如图 2-1-3（b）所示。斜齿轮机构允许同时啮合 2.5 ～ 3.5 对齿，且每一对齿逐步进入啮合或脱离啮合，而不是一次性全部进入啮合或脱离啮合，因此斜齿轮机构运转平稳，噪声小。但是，斜齿轮机构传递动力时会产生轴向力，需要使用推力轴承。另外，这个轴向力也增大了摩擦，造成动力损失，导致传动效率较低。轿车手动变速器通常采用斜齿轮机构。

（3）锥齿轮机构

如图 2-1-4 所示，锥齿轮机构所传递的动力和运动的方向发生了改变，相互啮合的锥齿轮的轴线是相交的，轴交角（两齿轮轴线交角）通常为 90°。锥齿轮机构有直齿、斜齿和曲齿之分。转速比较低的锥齿轮机构采用直齿或斜齿，转速比较高的锥齿轮机构采用曲齿。曲齿锥齿轮机构中的大齿轮（齿圈）通常叫做冠状齿圈，小齿轮呈螺旋状，通常称为螺旋锥齿轮。曲齿锥齿轮机构传动平稳，承载能力高，通常应用于高速重载传动中。

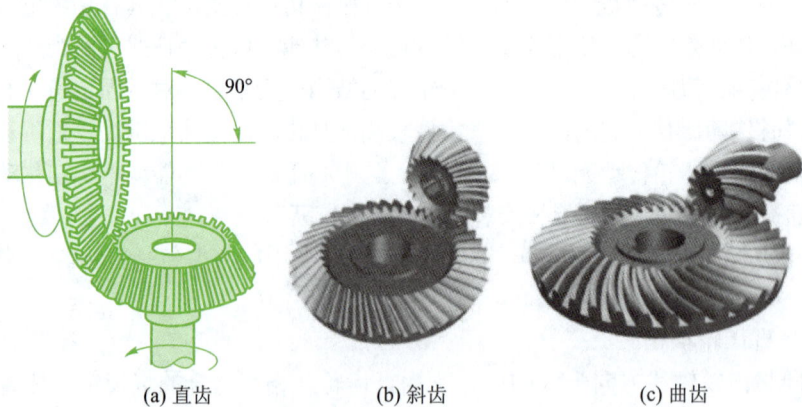

(a) 直齿   (b) 斜齿   (c) 曲齿

图 2-1-4   锥齿轮机构

（4）传动比的计算

单对齿轮的传动比是指主动齿轮与从动齿轮的角速度之比，也等于主动齿轮与从动齿轮的转速比，用 i 表示；而轮系的传动比是指轮系中输入部件与输出部件的角速度之比，用 i_{ab} 表示，下标 a、b 分别为输入部件和输出部件的代号。

根据齿轮啮合的条件，一对正确啮合的齿轮的传动比等于它们齿数的反比，即

$$i = \frac{n_1}{n_2} = \frac{z_2}{z_1}$$

式中：n_1 为主动齿轮的转速，n_2 为从动齿轮的转速，z_1 为主动齿轮的齿数，n_2 为从动齿轮的齿数。例如，主动齿轮的齿数为 8，从动齿轮的齿数为 24，则传动比为 3。

当传动比大于 1 时，主动齿轮齿数少，从动轮齿数多，齿轮机构减速传动，如图 2-1-5（a）所示，输出转矩增大；当传动比等于 1 时，主、从动齿轮齿数相等，齿轮机构等速传动如图 2-1-5（b）所示，也叫直接传动，输出转矩不变；当传动比小于 1 时，主动轮齿数多，从动轮齿数少，齿轮机构超速传动，如图 2-1-5（c）所示，输出转矩减小。若输入转速和转矩不变，传动比越大，输出转速越小，输出转矩越大。

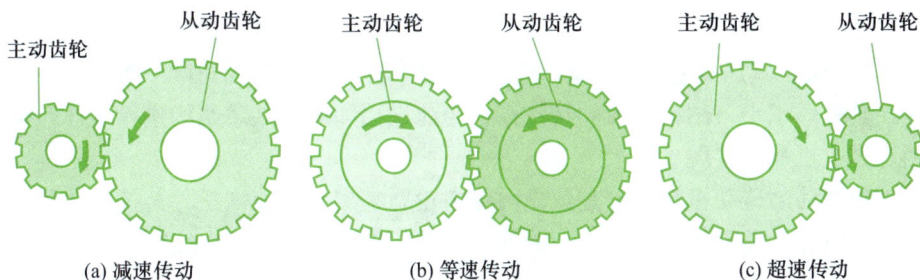

图 2-1-5　齿轮的传动比

多级齿轮传递的传动比等于各对啮合齿轮传动比的连乘积，也等于各对啮合齿轮中所有从动齿轮齿数的连乘积与所有主动齿轮齿数的连乘积之比，即

$$传动比 = \frac{所有从动齿轮齿数的连乘积}{所有主动齿轮齿数的连乘积}$$

齿轮啮合形式直接影响齿轮的最终传动方向，外啮合齿轮的旋转方向相反，内啮合齿轮的旋转方向相同，如图 2-1-6 所示。

2.1.2　减速器

对于前轮驱动的汽车，减速器（含单速变速器）和差速器一般安装在变速器壳体内。减速器的主要作用是减速增扭。根据车辆的不同使用要求，减速器的结构具有多种类型。按照参与减速传动的齿轮副数量来分，减速器分为单级式和双级式两类。单级式减速器只有一组齿轮副，具有质量小、成本低和结构简单等特点。双级

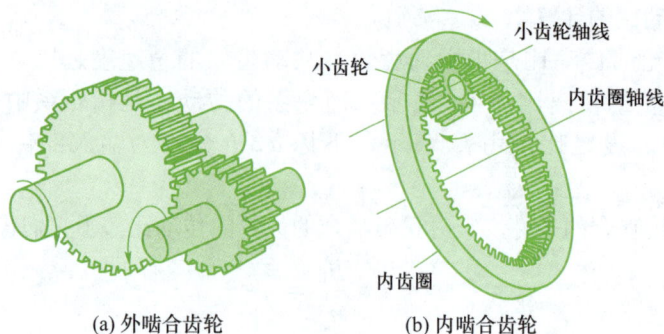

(a) 外啮合齿轮　　　　　(b) 内啮合齿轮

图 2-1-6　齿轮的旋转方向

式减速器采用两个齿轮副进行减速，能够获得较大的减速比，而且能够保证汽车的离地间隙足够大。按照减速器传动比的挡位来分，减速器分为单速式和双速式两类。单速式减速器的传动比是固定不变的。双速式减速器一般有两个传动比，以适应不同行驶条件的需要。按照齿轮副结构形式来分，减速器可分为圆柱齿轮式、锥齿轮式和准双曲面齿轮式三种类型。在电动机横置、前轮驱动的汽车驱动桥上，减速器往往采用简单的圆柱斜齿轮。

北汽 EV200C33DB 搭载的减速器总成型号为 EF126B02，如图 2-1-7 所示，主要功能是将整车驱动电机的转速降低、转矩升高，以实现整车对驱动电机的转矩、转速需求。

EF126B02 减速器总成是一款前置前驱减速器，采用左右分箱、两级传动结构设计。具有体积小，结构紧凑的特点：采用前进挡和倒挡共用结构进行设计，整车倒挡通过电机反转实现。

减速器动力传动机械部分是依靠两级齿轮副来实现减速增扭。其按功用和位置分为五大组件：右箱体、左箱体、输入轴组件、中间轴组件、差速器组件。

动力传递路线：驱动电机→输入轴→输入轴轴齿→中间轴齿轮→中间轴轴齿→差速器半轴齿轮→左右半轴→左右车轮。

图 2-1-7　EF126B02 减速器

北汽 EV200C 采用旋钮式电子换挡手柄，在正常状态下工作时，可在 R、N、D、E 四个挡位间进行切换，同时仪表板上显示相对应的挡位字母，如图 2-1-8 所示。

换挡手柄有如下四个位置。

①"R"挡（倒车挡）。倒车时挂入此挡位。挂入"R"挡之前，请务必确保汽

车已完全停止。从"P"挡或"N"挡挂入"R"挡时，必须踩下制动踏板。

②"N"挡（空挡）。在车速低于 5 km/h 停车状态并且起动按钮打开时，若需将换挡手柄从"N"挡挂全其他挡位，必须先踩下制动踏板。

③"D"挡（前进挡）。车辆前进时，系统会根据电机负载和车速自动挂入高挡或低挡。

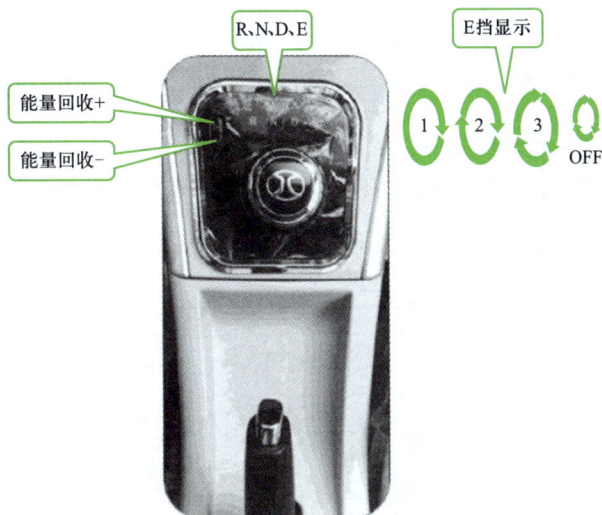

图 2-1-8　北汽换挡手柄

④"E"挡（经济模式挡）。制动能量回收功能开启挡位，挡位在 E 挡时点亮，共 4 个状态，表示 3 个回收强度和回收关闭。

车辆正常行驶时，E 挡与 D 挡的根本区别在于 MCU 和 VCU 内部程序、控制策略不同。在加速行驶时，E 挡相对于 D 挡来说提速较为平缓，蓄电池放电电流也较为平缓，目的是尽可能节省电量以延长行驶距离，而 D 挡提速较为灵敏，相应较快。E 挡更注重能量回收。松开加速踏板时，驱动电机被车轮反托发电时所需的"机械能"牵制了车辆的滑行，自动回收能量（回收强度可通过 E+/E- 进行选择），同时起到了一定的减速、制动效果。具体实现过程将在项目六任务 2 中介绍。

2.1.3　差速器

当汽车两侧车轮的负荷不均匀或汽车进行转弯时，两侧车轮的滚动半径是不相等的，如图 2-1-9 所示。如果驱动桥的左、右车轮刚性连接，则无论车辆转弯行驶或直线行驶，均会引起车轮在路面上的滑移或滑转。一方面会加剧轮胎磨损，加大功率和燃料消耗；另一方面会使转向变得沉重，大大降低车辆的通过性和操纵稳定性。因此，在驱动桥的左、右车轮间都装有差速器。

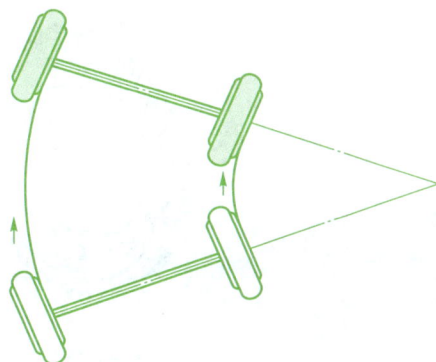

图 2-1-9　汽车左、右车轮转弯时的
行驶路径示意图

　　差速器是个差速传动机构,其作用是将减速器传来的动力分配给左、右半轴,并在转弯行驶时允许左、右半轴以不同的转速旋转。安装在同一驱动桥左、右半轴之间的差速器,称为轮间差速器;安装在多轴汽车各驱动桥之间的差速器称为轴间差速器。差速器按照其工作特性可分为普通齿轮式差速器和防滑差速器两种类型。

　　汽车上广泛采用的差速器为对称式圆锥行星齿轮差速器。普通的对称式圆锥行星齿轮差速器由差速器壳(左右两侧各有一个)、半轴齿轮(两个)、行星齿轮(两个或四个,小型、微型汽车多采用两个)等组成,如图 2-1-10 所示。由于其具有结构简单、工作平稳、制造方便、质量较小等优点,被广泛应用在轿车、客车及载货汽车上。

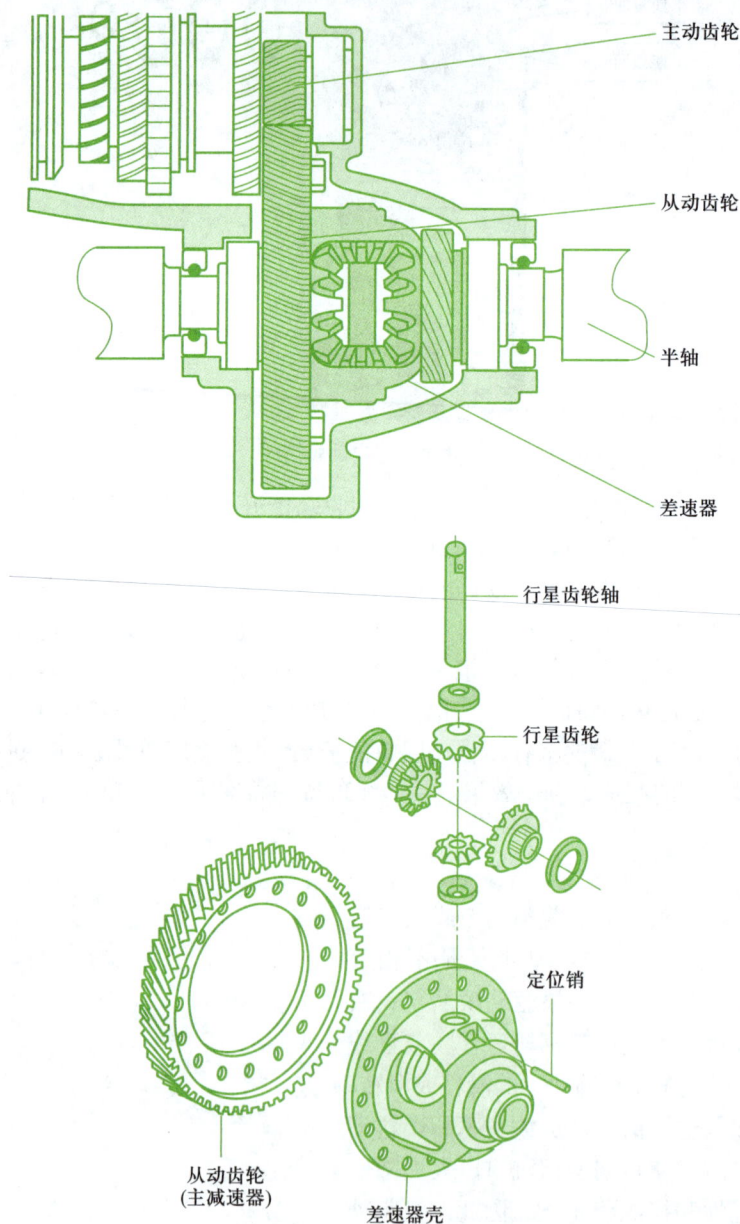

　　主动齿轮

　　从动齿轮

　　半轴

　　差速器

　　行星齿轮轴

　　行星齿轮

　　定位销

从动齿轮
(主减速器)　　差速器壳

图 2-1-10　差速器位置与构造

差速器工作时，行星齿轮绕行星齿轮轴的旋转称为行星齿轮的自转；行星齿轮绕半轴轴线的旋转称为行星齿轮的公转。差速器能够依靠行星齿轮的自转与公转将转矩改变方向，其工作过程及原理如图2-1-11所示。

（1）汽车直线行驶时

汽车在直线行驶时，减速器的从动齿轮驱动差速器壳旋转，差速器壳驱动行星齿轮轴旋转，行星齿轮轴驱动行星齿轮公转，半轴齿轮在行星齿轮的夹持下同速同向旋转，此时，行星齿轮只公转，不自转，左、右车轮和转速等于从动齿轮的转速。

（2）汽车转弯时

汽车在转弯时，行星齿轮在公转的同时，也在自转（即绕行星齿轮轴的旋转），造成一侧半轴齿轮转速增加，而另一侧的半轴齿轮转速降低，这样两侧车轮就可以以不同的转速旋转。此时，一侧车轮增加的转速等于另一侧车轮减少的转速。对于左、右半轴齿轮来说，其转速的总和保持不变。

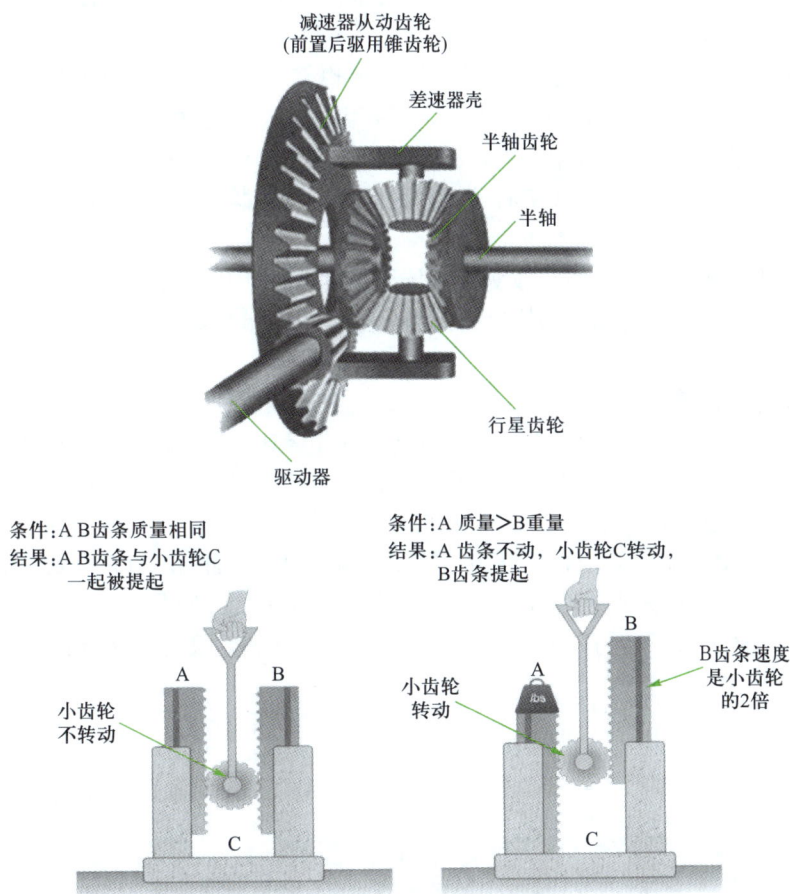

图 2-1-11 差速器工作过程

差速器作为动力传递总成，其输入为差速器壳，输出为左、右半轴齿轮，其工作特性（输入与输出之间的运动和动力关系）为：左、右半轴转速之和等于差速器壳转速的2倍；左、右半轴输出转矩近似相等（差值为差速器内部摩擦力矩），均

为输入转矩的一半。

2.1.4   万向传动装置

在采用电机前置前轮驱动形式的减速驱动桥中，电机及减速器差速器总成连成一体固定在车身上，当汽车行驶时，车轮的跳动会造成驱动轮与电机及减速器差速器总成的相对位置发生变化。因此，总成与驱动轮之间不能采用刚性连接，应使用万向传动装置，否则动力传递将无法进行。

万向传动装置的作用是保证轴线相交且相对位置经常变换的转轴之间的动力传递。万向传动装置主要包括万向节和传动轴。对于传动距离较远的分段式传动轴，为了提高传动轴的刚度，通常设置有中间支承。

万向传动装置是汽车传动系统或其他系统中经常使用的传动装置，纯电动汽车中主要用在断开式驱动桥的半轴以及转向系统中转向轴与转向器之间。断开式驱动桥的减速器在车架上是固定的，半轴是分段的，二者之间须用万向传动装置传递动力。用于转向轴与转向器之间的传动在转向系统中，转向轴与转向器输入轴的轴线也不是在同一直线上的，它们之间的转矩传递也需要使用万向传动装置。

前置后驱车辆的传动轴一般为空心，设有由滑动叉和花键轴组成的滑动花键，以实现传动长度的变化。在采用独立悬架连接的转向驱动桥上，差速器与驱动轮之间的传动轴为驱动半轴，通常制成实心轴。在工作时，差速器与驱动轮之间的距离变化是靠内侧万向节伸缩来适应的。

万向节安装在转轴之间，改变动力传递角度。按其传递转矩方向上是否有明显的弹性，可分为刚性万向节和挠性万向节。刚性万向节按其运动特性可分为不等速万向节、准等速万向节和等速万向节。

1. 等速万向节

在前置前驱的减速驱动桥内、外半轴之间采用等速万向节。等速万向节的基本原理是，从结构上保证万向节在工作过程中的传力点始终位于主、从动轴交角的平分面上。如图 2-1-12 所示，用一对大小相同的锥齿轮传动来说明等速万向节的基本工作原理。两齿轮轮齿的接触点 P 位于两齿轮轴线夹角 α 的平分面上，由 P 点到两轴线的垂直距离都等于 r。在 P 点处两齿轮的圆周速度是相等的，因而两个齿轮旋转的角速度也相等。与此相似，若万向节的传力点在主、从动轴夹角变化时始终位于两轴的角

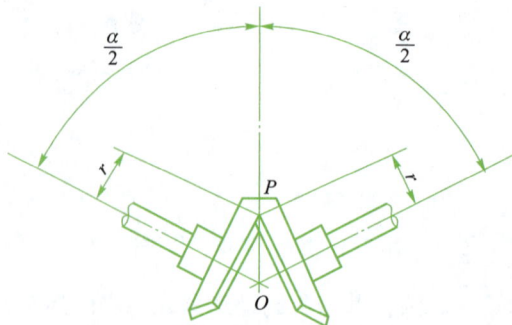

图 2-1-12   等速万向节的基本工作原理

平分面上，则可使两万向节叉保持等角速的关系。等速万向节的常见结构形式有球笼式和球叉式。

（1）球笼式等速万向节

球笼式等速万向节由六个钢球、内球座、球笼外壳和保持架（球笼）等组成。万向节内球座与主动轴用花键固接在一起，内球座外表面有六条弧形凹槽滚道，球笼外壳的内表面有相应的六条凹槽，六个钢球分别装在各条凹槽中，由保持架使其保持在同一平面内，如图2-1-13所示。球笼式万向节工作时，动力由主动轴、钢球、球形壳输出，六个钢球都参与传力，故承载能力强、磨损小、寿命长，因此被广泛应用于各种型号的转向驱动桥和独立悬架的驱动桥。球笼式万向节按主、从动在传递转矩过程中轴向是否产生位移分为：固定型球笼式万向节（RF节）和伸缩型球笼式万向节（VL节）。

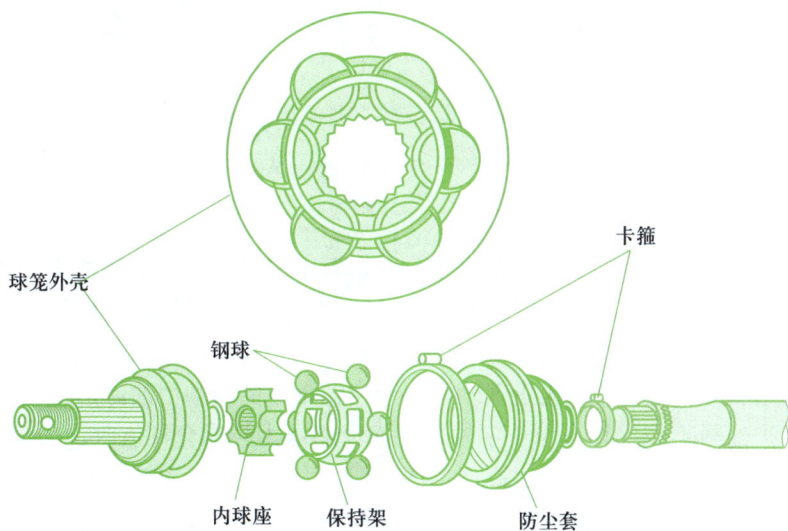

图2-1-13　球笼式等速万向节

（2）三球销式等速万向节

在三球销式等速万向节中，有一个在同一平面上带有3个耳轴的三销架，三个滚子安装上面，与壳体内滚道配合，三销架中部内花键与轴连接，如图2-1-14所示。此类万向节结构简单且便宜。通常这类万向节可轴向移动。

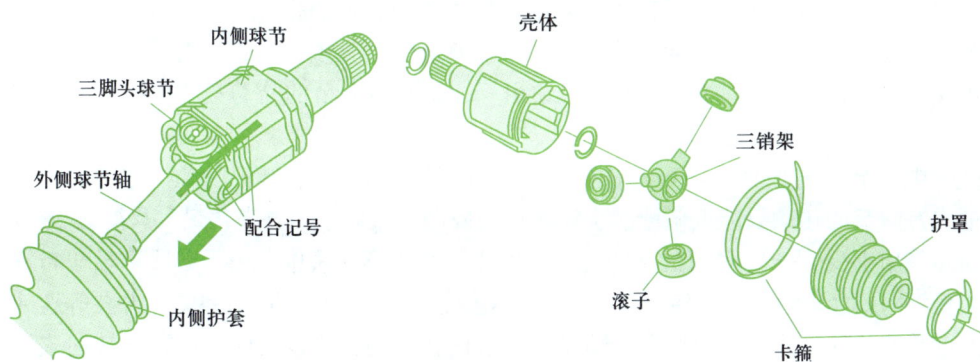

图2-1-14　三球销式等速万向节

2. 不等速万向节

最常见的不等速万向节是十字轴式万向节，如图 2-1-15 所示，它允许相邻两轴的最大夹角为 15°～ 20°。十字轴式万向节具有结构简单、传动效率高等优点。

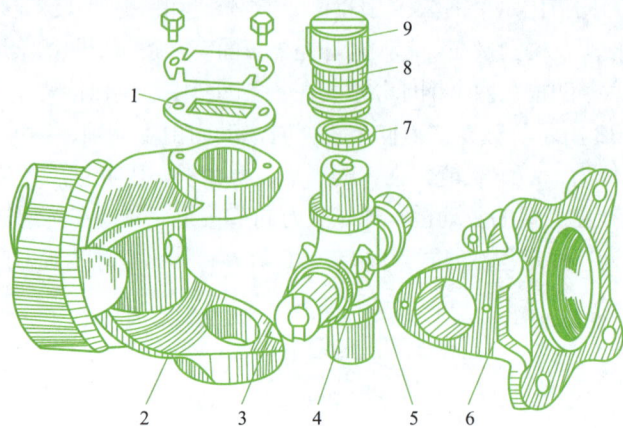

1—轴承盖；2—主动叉；3—油嘴；4—十字轴；5—安全阀；6—从动叉；7—油封；8—滚针；9—套筒

图 2-1-15　十字轴式万向节

十字轴式万向节主要由一个十字轴、两个万向节叉组成。十字轴的四个轴颈分别采用滚针轴承支承在万向节叉孔中，其轴向定位由螺栓和轴承盖完成，并用锁片锁止螺钉。为了润滑轴承，十字轴内钻有油道，并安装有与之配合的油嘴和安全阀。为避免润滑脂流出及灰尘进入轴承，十字轴轴颈的内端由油封密封。安全阀的作用是保护油封不受损坏，当十字轴内腔润滑脂压力超过允许值时，安全阀打开，润滑脂外溢，避免油封因压力过高而损坏。现代汽车大多采用橡胶油封，取消了安全阀，多余的润滑脂从油封内圆表面与十字轴轴颈接触处溢出。

当单个十字轴式万向节在主动轴和从动轴之间有夹角的情况下，万向节的主动叉等角速转动时，从动叉是不等角速旋转的，这称为十字轴式万向节的不等速特性，且两转轴之间的夹角越大，不等速性就越大。十字轴式万向节的不等速特性会造成从动轴及其相连的传动部件产生扭转振动，从而产生附加的交变载荷，影响部件寿命。因此，汽车传动系统通常采用双十字轴式万向节，如图 2-1-16 所示，第一万向节的不等速特性可以被第二万向节的不等速特性所抵消，从而实现两轴间的等角速度传动。要实现等角速度传动，必须要满足两个条件：第一万向节两轴间夹角 α_1 与第二万向节两轴间夹角 α_2 必须相等；第一万向节的从动叉与第二万向节的主动叉处于同一平面上。

由于悬架的振动，不可能在任何时候都保证 α_1 与 α_2 相等，因此，这种双十字轴式万向节的传动只能近似地解决等速传动问题，且由于两轴夹角最大只能是 20°，因此使用上受到一定限制。在转向驱动桥和断开式驱动桥中，由于分段半轴在布置上受轴向尺寸限制，而且转向轮要求偏转角度较大，一般在 30°～ 40°，并要等速或接近等速传动，此时使用双十字轴式万向节进行传动已难以适应，所以在转向式驱动桥及断开式驱动桥中广泛采用各种形式的准等速万向节和等速万向节。

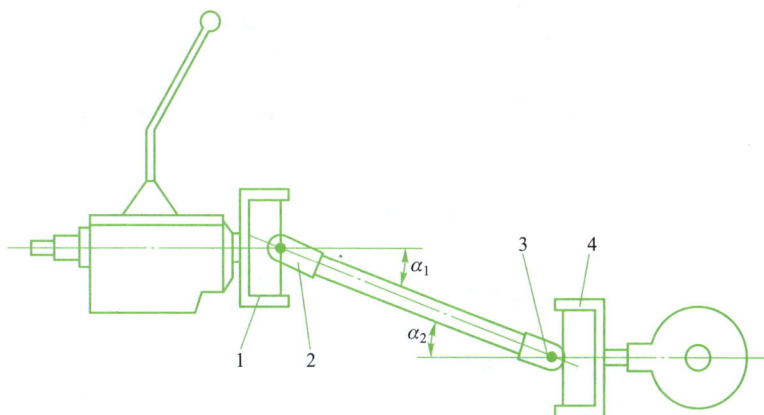

1，3—主动叉；2，4—从动叉

图 2-1-16　双十字轴式万向节等速传动示意图

3. 准等速万向节

准等速万向节实际上是在双十字轴式万向节的基础上改进而成的，只能近似地实现等速传动，所以称为准等速万向节。常见的准等速万向节有双联式和三销轴式两种形式。

（1）双联式万向节

双联式万向节是由两个十字轴式万向节组合而成，如图 2-1-17 所示。双联叉相当于传动轴及两端处于同一平面上的两个万向节叉。若要实现两个传动轴的角速度相等，应保证两轴间的夹角相等，即 $\alpha_1=\alpha_2$。双联式万向节的主要优点是允许两轴间的夹角较大（一般可达 50°），轴承密封性好，效率高，工作可靠，制造方便。缺点是结构较复杂，外形尺寸较大。

（2）三销轴式万向节

三销轴式万向节是由双联式万向节演变而来的。它主要由两个偏心轴叉、两个三销轴和六个滚针轴承组成，如图 2-1-18 所示。三销轴式万向节允许所连接的两轴最大夹角为 45°，易于密封。

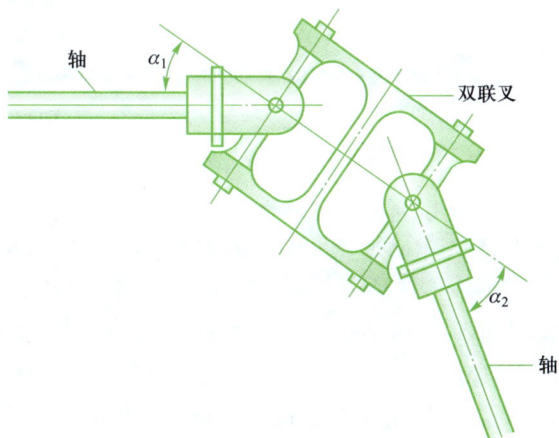

图 2-1-17　双联式万向节

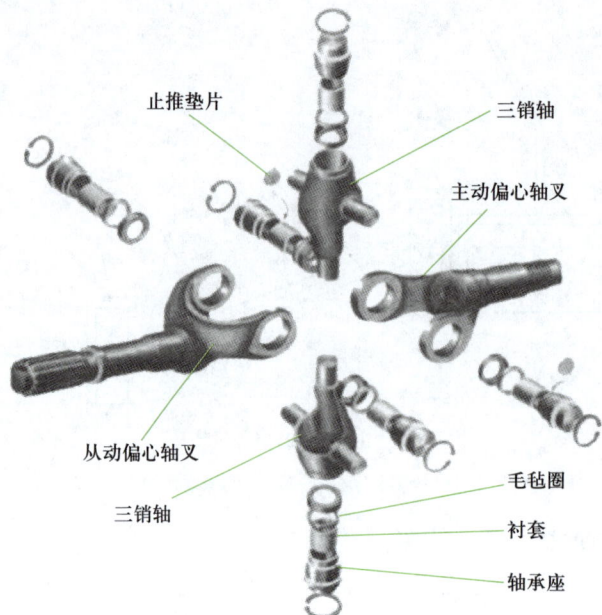

图 2-1-18　三销轴式万向节

4. 挠性万向节

挠性万向节依靠弹性元件的弹性变形来保证两转轴之间在传动时不发生机械干涉，并使动力顺利传递。挠性万向节一般用于两轴夹角不大于 3°～5° 且轴向位移很小的万向传动装置中，其优点是：能够消除制造安装误差和车架变形对传动的影响；能够吸收冲击，衰减扭转振动；结构简单，不需要润滑。

2.1.5　半轴

半轴是在差速器与驱动轮之间传递动力的实心轴，其结构因悬架或驱动形式的不同而不同。电机前置、前轮驱动的汽车的半轴一般分为几段，并用等速万向节连接，中间的半轴通常被称为传动轴，如图 2-1-19 所示。

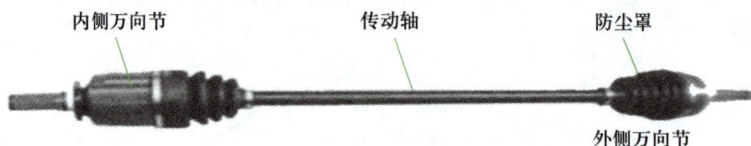

图 2-1-19　驱动半轴

半轴与驱动轮的轮毂在桥壳上的支承形式，决定了半轴的受力状况。现代汽车基本上采用全浮式半轴支承和半浮式半轴支承两种支承形式，如图 2-1-20 所示。

（1）全浮式半轴支承

采用全浮式支承半轴驱动桥的轮毂通过两个相距较远的圆锥滚子轴承安装在桥壳上。半轴内端用花键与差速器的半轴齿轮连接。在外端，路面对驱动轮的作用力以及由它们形成的弯矩，直接由轮毂通过锥轴承传给桥壳，完全不用半轴来承受。同样，内端作用在主减速器从动齿轮上的力及弯矩全部由差速器壳直接承受。因此，在这种形式的半轴支承结构中，半轴只承受转矩，两端均不承受任何反力和反力矩，故称为全浮式半轴。为防止轮毂及半轴在侧向力作用下发生轴向窜动，轮毂内的两个锥轴承的安装方向必须使它们能分别承受向内和向外的轴向力。轴承的预紧度可调整，并有锁紧螺母锁紧。

全浮式支承的半轴易于拆装，只要拆卸半轴凸缘上的螺钉，就可将半轴从半轴套管中取出，而车轮和车桥依然能够支承住汽车。因此，全浮式半轴支承广泛应用于各种类型的载货汽车。

（2）半浮式半轴支承

这种形式的半轴内端支承方式与全浮式相同，半轴内端不承受力及弯矩。半轴的外端与轮毂用花键联结，并由螺母紧固。因此，车轮上的全部反作用力都经过半轴传递给驱动桥壳或转向节（无桥壳）。因半轴内端不受弯矩，而外端却承受全部弯矩和转矩，故称为半浮式。由于这种支承结构简单，因此广泛应用于各类轿车。

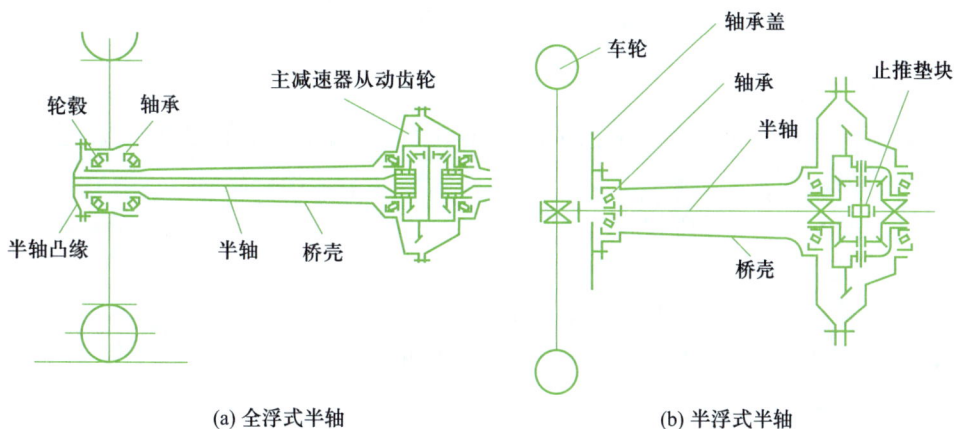

(a) 全浮式半轴　　　　　　　　(b) 半浮式半轴

图 2-1-20　半轴类型

任务实施

1. 实施任务前的准备

① 对高电压车辆周围布置好明显的警示标识。

② 检查车辆，确保车辆无故障，主要是高压漏电类故障。

③ 制作高压标识，用于在实训过程中标识高压部件。

> **警示：** 未经教师允许，不得随意触动车辆！举升车辆期间，禁止车辆周围站立人员！

④ 检查差速器总成。

⑤ 识读换挡部分电路图。

2. 实施步骤

（1）初步检查

① 检查减速器齿轮油位，如图 2-1-21 所示。

a. 将车钥匙置于 OFF 挡并平稳地举升汽车，确认车辆是否处于水平状态，以检查油位。

b. 拆卸下护板。

c. 检查减速器是否有漏油痕迹。如有，应修理漏油部位。

d. 通过加油螺栓可检查减速器油位，即拆下加油螺栓，如减速器油从孔口流出，则说明油位正常。否则，应补加规定减速器油，直到孔口出油为止。

② 减速器油排放与加注

a. 将车钥匙置于 OFF 挡并平稳地举升汽车。

b. 拆卸下护板。

c. 旋出放油螺栓，用一个容器并带有刻度的桶来收集减速器油。

d. 安装放油螺栓。

减速器油添加

a. 拆下加油螺栓。

b. 用减速器油加注器按规定加注减速器油，加注至减速器油从孔口流出，则说明油位正常。

c. 重新安装上加油螺栓。

d. 安装下护板。

放油螺栓、加注螺栓拧紧力矩：12 ～ 18 N·m

减速器油：GB 13895—1992 重负荷车辆齿轮油（GL-4），牌号：75 W/90

加注油量：1.8 ～ 2.0 L

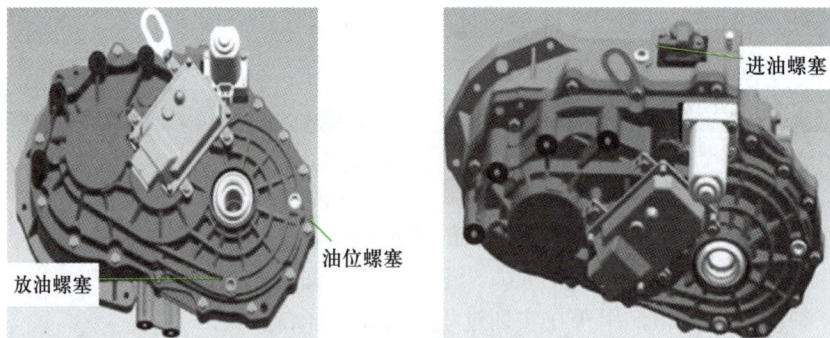

图 2-1-21   减速器油液螺塞

③ 检查半轴和万向节护套，如图 2-1-22 所示。

④ 检查球头磨损状况。

（2）半轴的拆装

① 排放减速器油。

② 分离横拉杆端头，如图 2-1-23 所示。

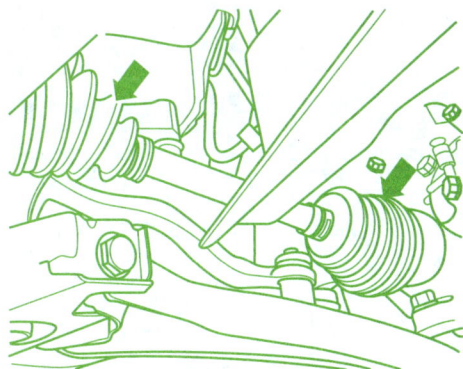

图 2-1-22　半轴与内外万向节

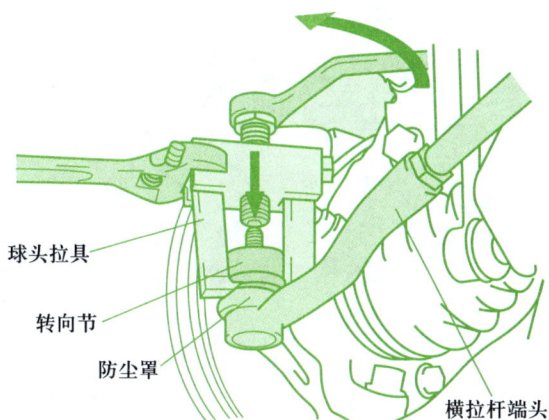

球头拉具

转向节

防尘罩

横拉杆端头

图 2-1-23　分离横拉杆端头

③松开锁止螺母并拆下轮毂锁止螺母，如图 2-1-24 所示。

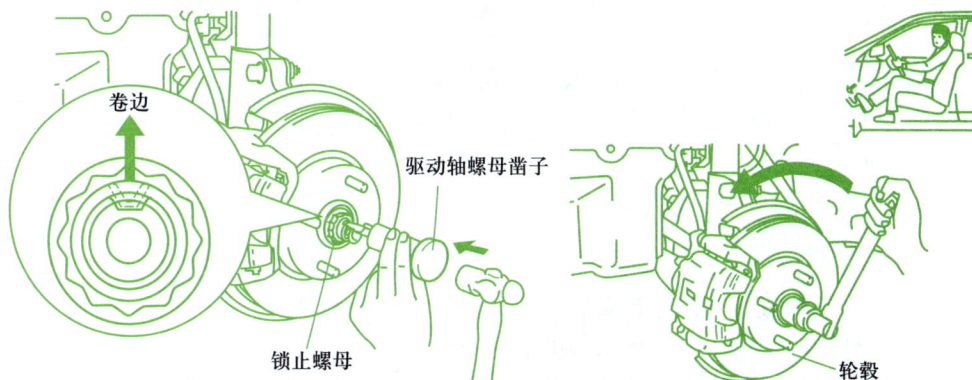

卷边

驱动轴螺母凿子

锁止螺母

轮毂

图 2-1-24　松开并拆下锁止螺母

④两人配合拆下半轴（驱动轴），如图 2-1-25 所示。

（3）分解半轴总成

①固定半轴总成并用抹布清洁万向节总成。

②拆卸内侧防尘罩卡箍，如图 2-1-26 所示。

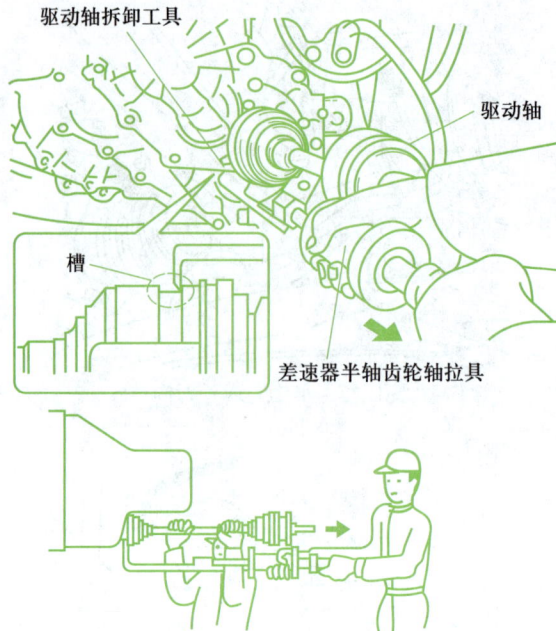

图 2-1-25　拆下半轴

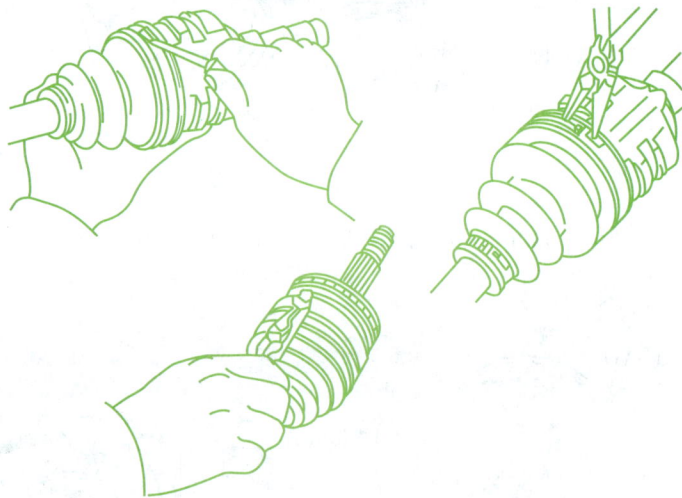

图 2-1-26　拆卸内侧防尘罩卡箍

③拆卸内侧万向节，注意做好装配标记，并拆下卡环。

④取掉内侧防尘罩，并清洁掉旧的润滑脂。

⑤拆卸外侧万向节卡箍和防尘罩，并清洁掉旧的润滑脂。

（4）组装半轴总成

①更换新的卡环、防尘罩和卡箍。

②安装外侧万向节防尘罩并按照维修手册在外侧万向节处涂抹新的润滑脂，注意在装防尘罩时把轴端花键用胶带缠上，防止刮破防尘罩，如图 2-1-27 所示。

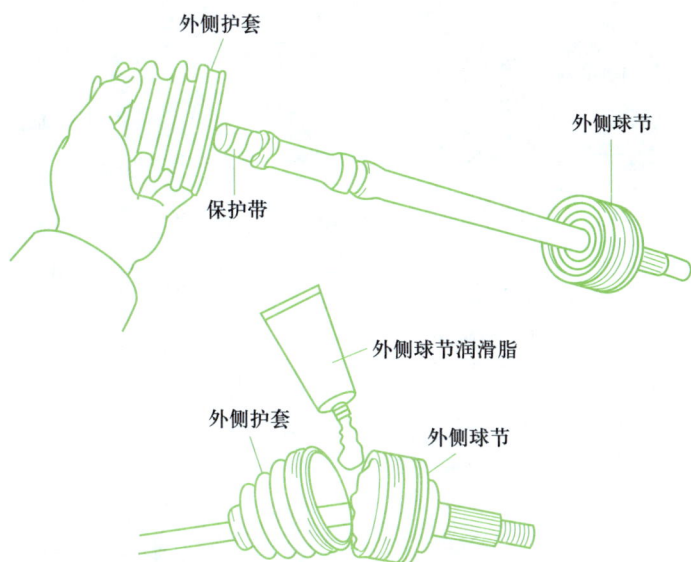

图 2-1-27   涂抹润滑脂、安装新外侧万向节防尘罩

③ 安装内侧万向节防尘罩并按照维修手册在外侧万向节处涂抹新的润滑脂，注意安装对正标记。

④ 安装新的卡箍，如图 2-1-28 所示。

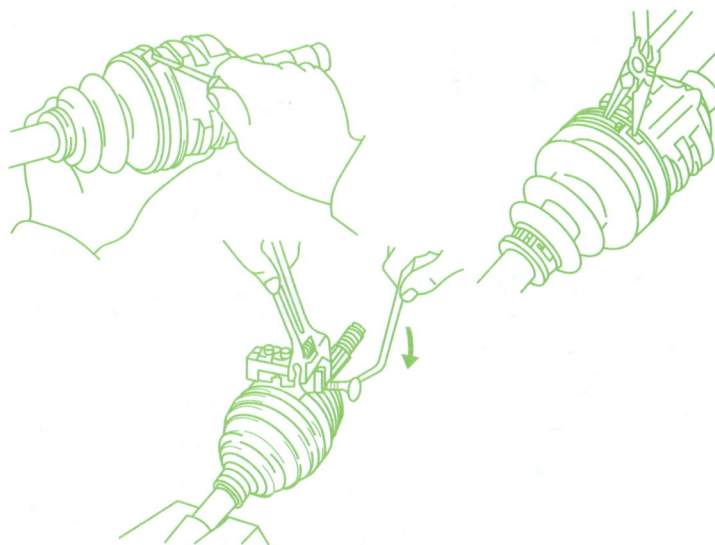

图 2-1-28   安装卡箍

⑤ 检查半轴总成的组装情况是否良好，有无异响。

（5）安装半轴总成

① 安装半轴，注意半轴要安装到位，如图 2-1-29 所示。

② 装配半轴和轮毂，如图 2-1-30 所示。

③ 更换新的锁止螺母，按照规定力矩紧固锁止螺母并锁止，如图 2-1-31 所示。

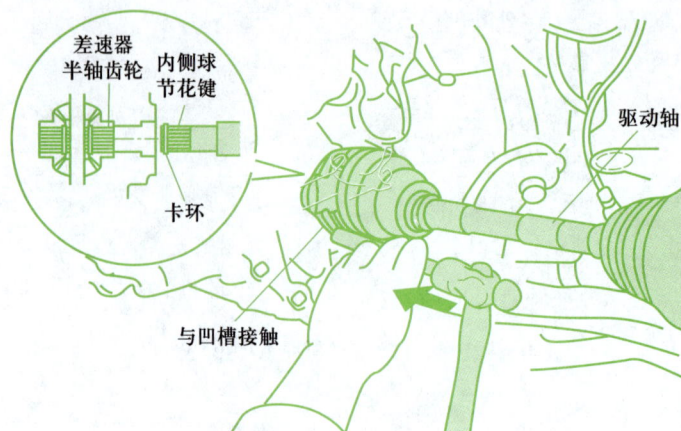

图 2-1-29　安装半轴

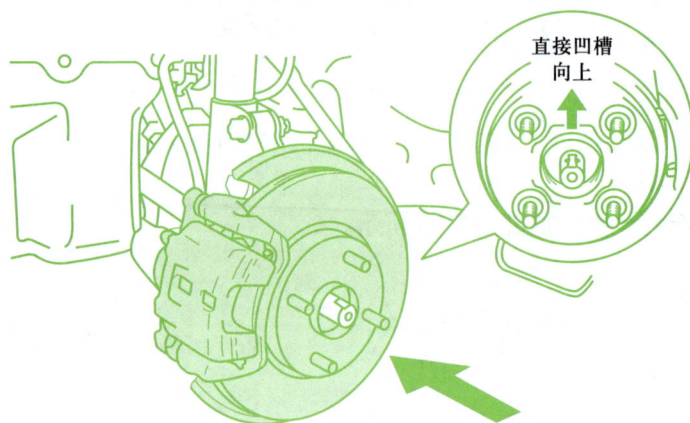

图 2-1-30　将轮毂插入半轴

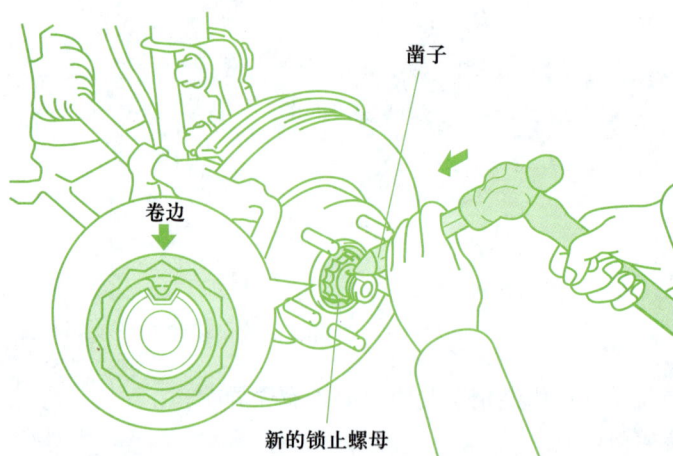

图 2-1-31　紧固锁止螺母并锁止

④ 安装横拉杆端头，按照规定力矩紧固螺母，如图 2-1-32 所示。

⑤ 添加减速器油。

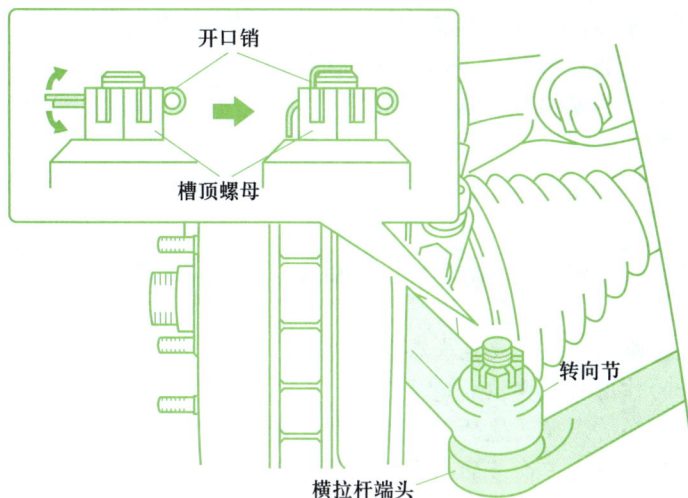

图 2-1-32 安装横拉杆球头

（6）认识减速差速器总成

① 参照维修资料分解电机与减速差速器总成，拆解总成。

② 认识减速器齿轮，观察动力传递情况。

③ 目测齿轮磨损状况。

齿轮机构常见的损坏形式有齿面异常磨损、齿面点蚀、齿面胶合、轮齿折断等，如图 2-1-33 所示。

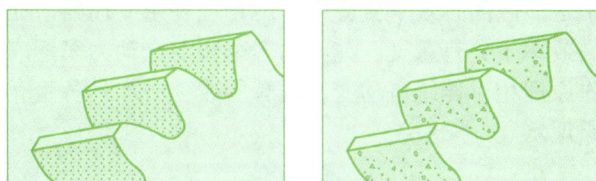

(a) 齿面点蚀

(b) 齿面胶合

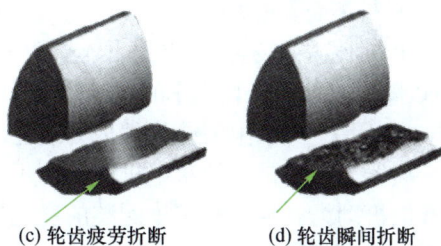

(c) 轮齿疲劳折断　　(d) 轮齿瞬间折断

图 2-1-33 齿轮磨损形式

微课

差速器的拆装
与检修

④ 目视或测量各轴及轴承磨损状况。

⑤ 认识差速器各组成部分，演示分析工作过程。

⑥ 按相反顺序组装减速差速器总成。

（7）检查换挡电路

降低车辆并用挡块固定，拆卸换挡手柄，用万用表检查各端子及线路是否正常。

习题与思考

1. 何为减速驱动桥？主要包含哪些部件？

2. 差速器的作用及主要组成是什么？

3. 差速器是如何实现差速的？其工作特性是什么？

4. 常见的两种等速万向节的组成分别是什么？

任务 2   自动变速器的拆检

任务引入

电机虽然拥有很宽的工作转速范围，但和发动机一样，电机也有最佳工作转速区间，高于或低于这一区间时效率就会下降。合理利用变速器，让电机工作在最佳转速区，对于提高效率十分有意义。纯电动客车和混合动力车辆广泛采用自动变速器，其结构与工作原理相对传统自动变速器有所改变。本任务将介绍自动变速器的基本组成和工作原理。

知识链接

汽车变速器种类包括手动变速器（MT）、自动变速器（AT）、无级自动变速器（CVT）、自动机械式变速器（AMT）和双离合器式变速器（DCT）。

目前，纯电动乘用车普遍采用集中式电驱动技术，采用单级减速器。尽管电机有比发动机更好的调速特性，但由于单级减速器速比调节范围有限，使整车动力性、特别是中高速阶段的加速性能、爬坡性能受到很大的限制，电机的高效率工作区也不能得到充分的利用。德国舍弗勒公司的对比研究表明，采用 2 挡变速器与采用单级减速器的车型对比，电机的需求转矩可以降低 40% 以上，整车的续航里程可以增加 8%。因此，基于 AT/AMT/DCT 原理的纯电动车用 2～4 挡自动变速器成为最近几年国内外研究的重点。

在电动客车上配装变速器，主要是为解决电机驱动力不足的问题。变速器可以改变电机输出转矩，提升电机动力。纯电动客车配装的变速器与燃油车型上的变速器相比是有变化的，突出的特点是变速器挡数由传统的 5 挡、6 挡简化成 2 挡、3 挡，电机和变速器之间可配有离合器，也可不配离合器。

目前，AT 已经开始广泛地应用在混合动力车辆上，其中，轿车多采用 CVT 或 AT，客车采用 AMT，且变速器更多与驱动电机连接或集成一体，作为动力转换与传输的枢纽，具体布置情况与混合动力系统的结构有关，参见项目一任务 1 介绍。

2.2.1　丰田混合动力变速驱动桥

1. 组成及主要部件

变速驱动桥主要包括变速驱动桥阻尼器、发电机（MG1）、电动机（MG2）、行星齿轮和减速装置（包括主动链轮、从动链轮、中间轴主动齿轮、中间轴从动齿轮、主减速器主动齿轮和主减速器从动齿轮），如图 2-2-1 所示。

行星齿轮组、MG1、MG2、变速驱动桥阻尼器和主动链轮都安装在同心轴上，动力从主动链轮传输到减速装置。

① 行星齿轮组。

以适当的比例分配发动机驱动力来直接驱动车辆和发电机，通过行星齿轮组传

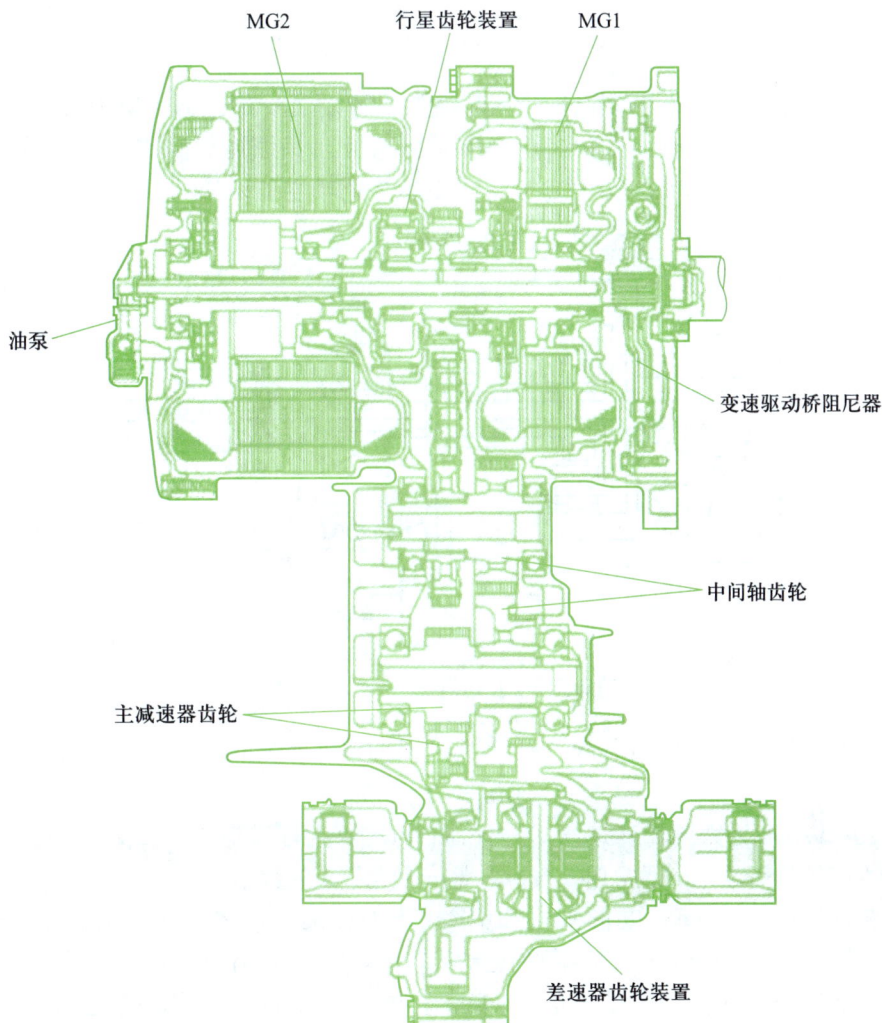

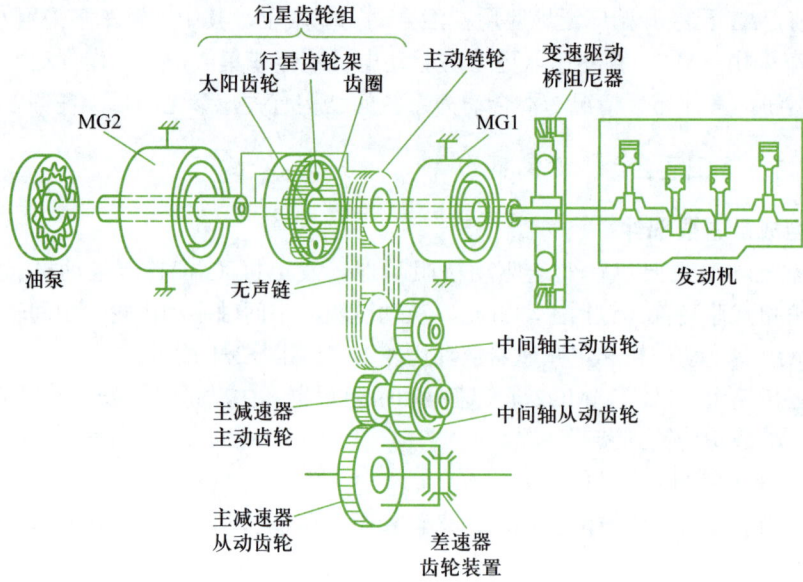

图 2-2-1 变速驱动桥总成与组成

输的发动机输出功率分为两部分：一部分驱动汽车；另一部分驱动 MG1 用来发电。作为行星齿轮的一部分，太阳齿轮连接到 MG1 上，齿圈连到 MG2 上，行星齿轮架连接到发动机输出轴上，动力通过链传送到中间轴主动齿轮，如图 2-2-2 所示。

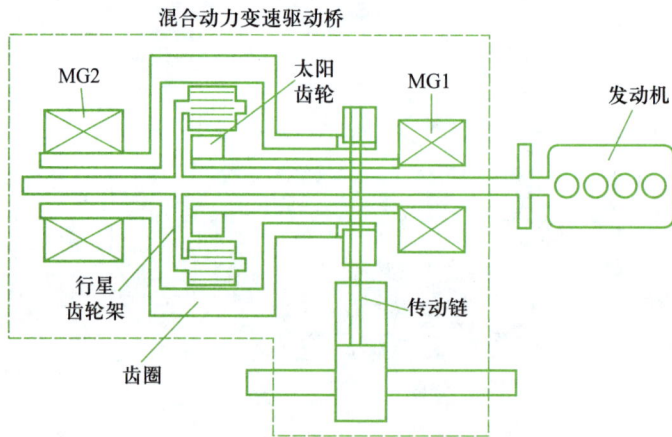

图 2-2-2 行星齿轮组与工作原理

行星齿轮中太阳轮、内齿圈、行星架三者的速度关系永远满足

$$n_1 + a n_2 = (1 + a) n_3$$

式中：$a = z_2/z_1$；n_1 为太阳轮转速；n_2 为内齿圈转速；n_3 为行星架转速；z_2/z_1 为内齿圈齿数和太阳轮的齿数比，通常用 a 表示，是一个大于 1 的数。

根据相对运动关系可以非常方便地用模拟杠杆图来表示行星齿轮组各部件的转速关系，如图 2-2-3 所示(图中行星排的运动状态是从 MG2 向 MG1 方向看的运动状态)。杠杆 3 个节点的相对位置由太阳齿轮（MG1）与齿圈（MG2）的齿数确定，相对于水平基准位置，同侧表示运转方向相同，异侧表示运转方向相反，相对于基准位置的高度（垂直位移）相似于转速。

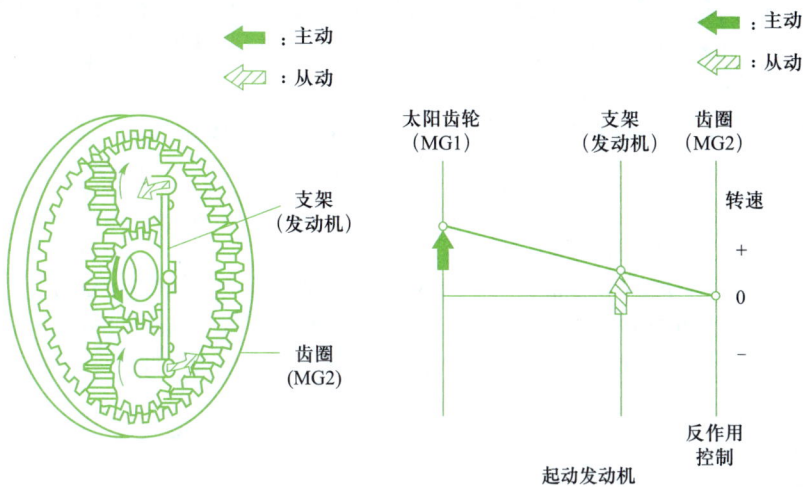

图 2-2-3　行星齿轮组及角速度关系模拟杠杆图

　　表 2-2-1 中的模拟杠杆图对行星齿轮的旋转方向、转速和电源平衡进行了直观表示。此模拟杠杆中，3 个齿轮的转速始终可用一条直线来连接。

　　模拟杠杆图还对发电机（MG1）或电动机（MG2）的充电或发电状态、旋转方向和转矩状态作了说明。

表 2-2-1　模拟杠杆图

状态	旋转方向	转矩状态	模拟杠杆图例
放电	正转	+ 转矩	
	+ 侧	箭头向上	
	反转	− 转矩	
	− 侧	箭头向下	
发电	正转	− 转矩	
	+ 侧	箭头向下	

② MG1 和 MG2。

发电机（MG1）由发动机带动旋转产生高压电以操作电动机（MG2）或为 HV 蓄电池充电。同时，它还可以作为起动机；电动机（MG2）由发电机（MG1）或 HV 蓄电池的电能驱动，产生车辆动力。制动期间或制动踏板未被踩下时，它产生电能为 HV 蓄电池再次充电（再生制动控制）。

MG1 连接在行星齿轮组的太阳齿轮上，MG2 连接在齿圈上。不要分解 MG1 和 MG2，因为它们都是精密组件。如果这些组件出现故障，则整体更换混合动力驱动桥总成。

③ 变速驱动桥的减振器。

普锐斯变速驱动桥的减振器采用具有低扭转特性的螺旋弹簧，如图 2-2-4（a）所示。螺旋弹簧的刚度较小，提高了弹簧的减振性能。飞轮的形状得到优化，减小了质量。变速驱动桥减振器传递发动机的驱动力，它包括用干式、单片摩擦材料制成的转矩波动吸收机构。

④ 减速装置。

MG1 盖上的链轮支架采用铝材料。采用滚珠轴承承载中间轴从动齿轮。减速装置包括无声链、中间轴齿轮和主减速器齿轮，如图 2-2-4（b）所示。采用小链距的无声链保证安静运行，并且和齿轮传动机构相比，机构的总长度缩短。中间轴齿轮和主减速器齿轮的齿都经过高精密研磨，其齿腹得到了优化，以保证运行的高度安静。主减速器齿轮经过最佳配置，减小了发动机中心轴和差速器轴间的距离，使差速器的结构更加紧凑。

⑤ 差速器齿轮装置。

普锐斯变速驱动桥采用和传统变速驱动桥差速器相类似的小齿轮型差速器齿轮装置。

⑥ 润滑装置。

行星齿轮组和主轴轴承的润滑使用装有余摆曲线式油泵的强制润滑系统。减速装置和差速器使用同类型的润滑油。

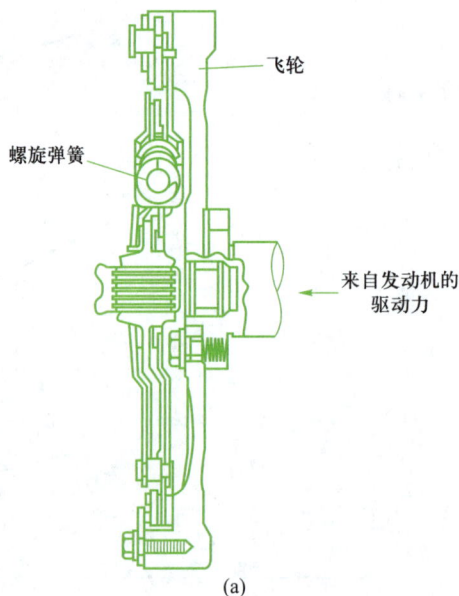

飞轮

螺旋弹簧

来自发动机的驱动力

(a)

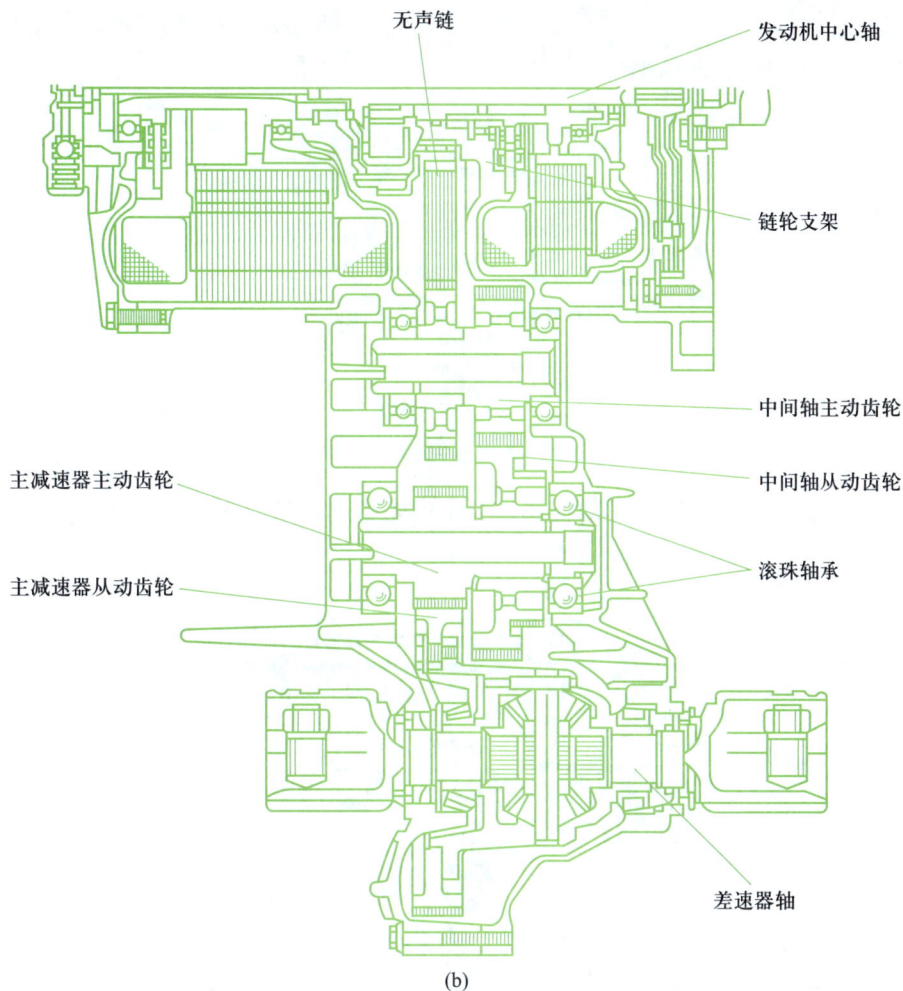

图 2-2-4 减振器与减速装置

2. 工作原理

根据行驶条件的不同，汽车在稳定运行过程中，可能处于以下工作状态，以最大限度地适应车辆的行驶状况。

① 电动机（MG2）接收来自 HV 蓄电池的电能，以驱动车辆，如图 2-2-5 所示。

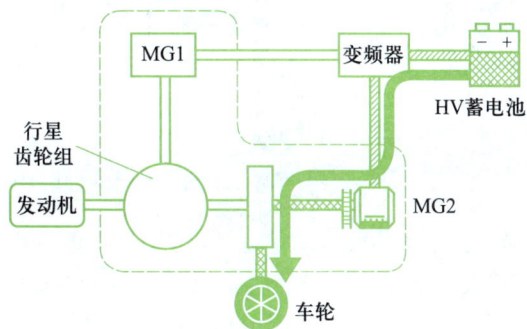

图 2-2-5 蓄电池供电

② 发动机通过行星齿轮驱动车辆时，发电机（MG1）由发动机通过行星齿轮带动旋转，为 MG2 提供电能，如图 2-2-6 所示。

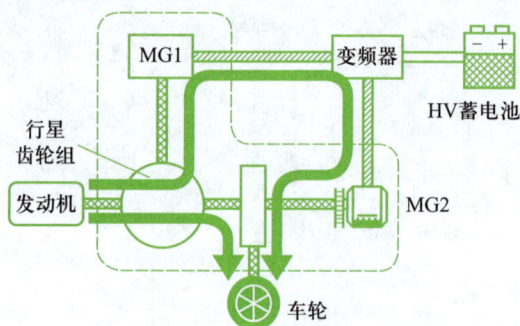

图 2-2-6　发动机驱动车轮

③ 发电机（MG1）由发动机通过行星齿轮带动旋转，为 HV 蓄电池供电，如图 2-2-7 所示。

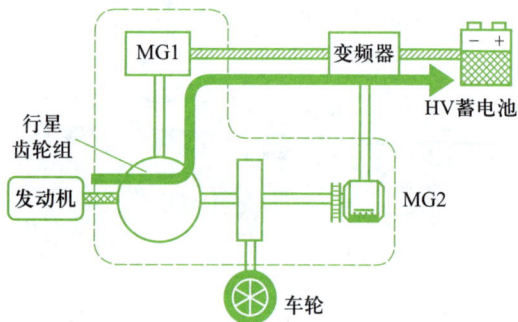

图 2-2-7　发动机发电

④ 车辆减速时，车轮的动能被回收并转换为电能，并通过 MG2 为 HV 蓄电池再次充电，如图 2-2-8 所示。

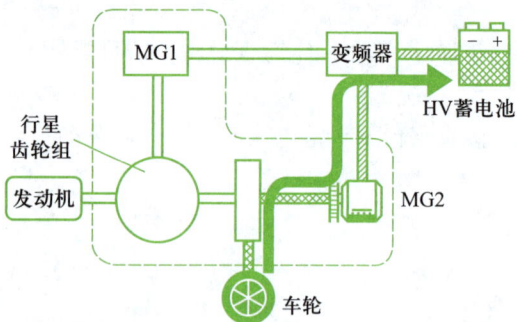

图 2-2-8　车轮的动能回收

HV ECU 根据车辆行驶状况在①、②、③、①＋②＋③ 或④ 工作模式间转换。HV 蓄电池的 SOC（荷电状态）较低时，发动机带动 MG1 为 HV 蓄电池充电。可以以图 2-2-9 所示的车辆行驶状况分析 THS-Ⅱ 系统的工作原理过程，说明

THS-Ⅱ系统如何控制发动机、MG1 和 MG2 来驱动汽车。图中，A 表示仪表板上 READY 灯亮；B 表示起动；C 表示发动机微加速；D 表示小负荷巡航；E 表示节气门全开加速；F 表示减速行驶；G 表示倒车。

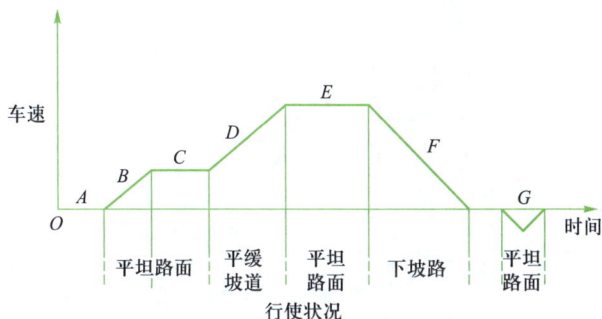

图 2-2-9　车辆行驶状况

3. 换挡控制系统

紧凑型选挡杆（变速器换挡总成）安装在仪表盘上，换挡后，当驾驶员的手离开选挡杆手柄时，手柄会回到原位，驾驶员甚至可以用指尖操作手柄，操作极其便利。

采用电子通信变速系统。变速器换挡总成内的挡位传感器能检测挡位（R、N、D 和 P）并发送信号到 HV ECU。HV ECU 控制发动机、MG1 和 MG2 的转速，从而产生最佳齿轮速比。

普锐斯混合动力汽车采用和换挡控制类似的电控装置，当驾驶员按下变速器换挡总成顶部的驻车开关时，P 位控制系统就会激活混合动力变速驱动桥上的换挡控制执行器，机械地锁止中间轴从动齿轮，该齿轮与驻车锁齿轮连接，从而锁止驻车锁。

2.2.2　宝马混合动力主动变速器

1. 组成及主要部件

宝马 X6 混合动力汽车的主动变速器与传统自动变速器一样，变速器输入端和变速器输出端之间传动比不同。从驾驶员的角度来说共有 7 个前进挡位。在变速器内部，这 7 个前进挡位通过 4 个固定的基本挡位和具有可变传动比的两个模式实现。在 4 个固定的基本挡位中，发动机和变速器输出轴的转速比固定不变。而具有可变传动比的模式则不同，发动机与变速器输出轴的转速比能够进行连续可变调节，这种模式称为 CVT（continuously variable transmission）。

由于宝马 X6 混合动力汽车主动变速器具有两个 CVT 模式，因此通常也称其为双模式主动变速器。通过集成在主动变速器内的两个电机对传动比进行电动调节。因此，这两种模式也称为 ECVT。电机作为混合动力驱动装置的主要组成部分，还用于为发动机提供支持（助力）以及回收利用制动能量。4 个固定的基本挡位和 2 个 ECVT 模式通过 3 个行星齿轮组和 4 个片式离合器实现。宝马 X6 混合动力汽车主动变速器如图 2-2-10 所示。

以下附加组件属于主动变速器系统：扭转减振器；包含电动泵 / 机械泵和冷却循环回路在内的供油系统；电液控制模块；混合动力驻车锁。

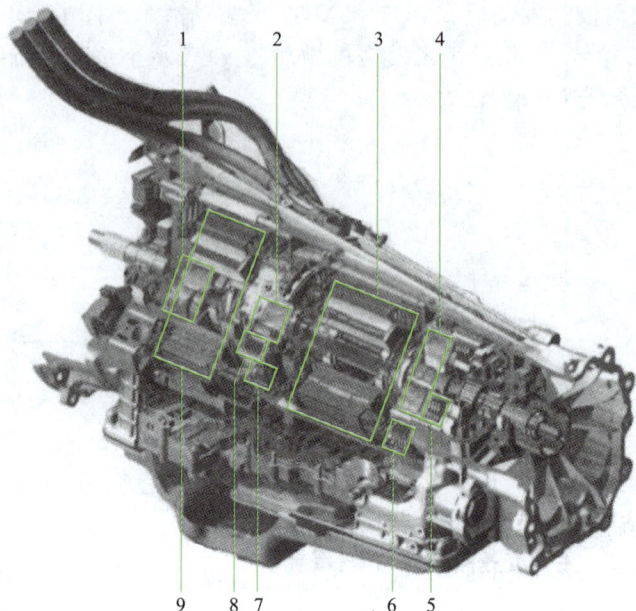

1—行星齿轮轮组 1；2—行星齿轮组 2；3—电机 B；4—行星齿轮组 3；5—片式离合器 2；

6—片式离合器 1；7—片式离合器 3；8—片式离合器 4；9—电机 A

图 2-2-10　宝马 X6 混合动力汽车主动变速器

在此使用一个双质量飞轮作为扭转减振器。飞轮位于发动机与主动变速器之间。其结构与手动变速器车辆所用的部件相似。宝马 X6 混合动力汽车的发动机不通过独立的起动机起动，但是仍然装有通常情况下与起动机嵌接在一起的齿轮，该齿轮在宝马 X6 混合动汽车上仅用于获取曲轴转速。

虽然主动变速器没有液力变矩器，但变速器组件仍需要润滑，同时也是为了操控片式离合器，在变速器输入端装有一个机油泵，该油泵既可通过发动机也可通过专门为此安装的电机驱动。同时，机油回路还用于对变速器组件进行冷却。

与当前其他自动变速器一样，混合动力电子变速器控制系统是电液控制模块的组成部分，安装在变速器油底壳内。宝马 X6 混合动力汽车上的混合动力电子变速器控制系统简称为 TCM（transmission control mode）。

与其他自动变速器不同，主动变速器的混合动力驻车锁并非液压操控式，而是通过一个电机操控。该电机以及相关电子控制单元集成在一个壳体内，称为直接换挡模块（DSM），该模块位于变速器壳体外侧。

与传统自动变速器不同，主动变速器没有液力变矩器。而且，主动变速器也没有顺序手动变速器内自动操控的离合器。那么，如何实现发动机转速与输出转速差异巨大的起步过程呢？通过电机可以补偿这一转速差异。在利用发动机起步的过程中，发动机开始时仅驱动两个电机中的一个，该电机产生电能从而驱动第二个电机，同时产生变速器输出轴上的转矩，从而最终使车辆移动。进行换挡时也需要电机进行工作，它可以为发动机转矩提挟支持并确保在片式离合器分离和接合时换挡过程舒适顺畅。仅仅依靠电机还不足以降低发动机的运转不平稳性，因此在发动机与变速器之间安装了双质量飞轮。

① 电机。

电机 A 和电机 B 共同构成了宝马 X6 的电力驱动部分，如图 2-2-11 所示。两个电机均既可以作为电动机又可以作为发电机驱动。

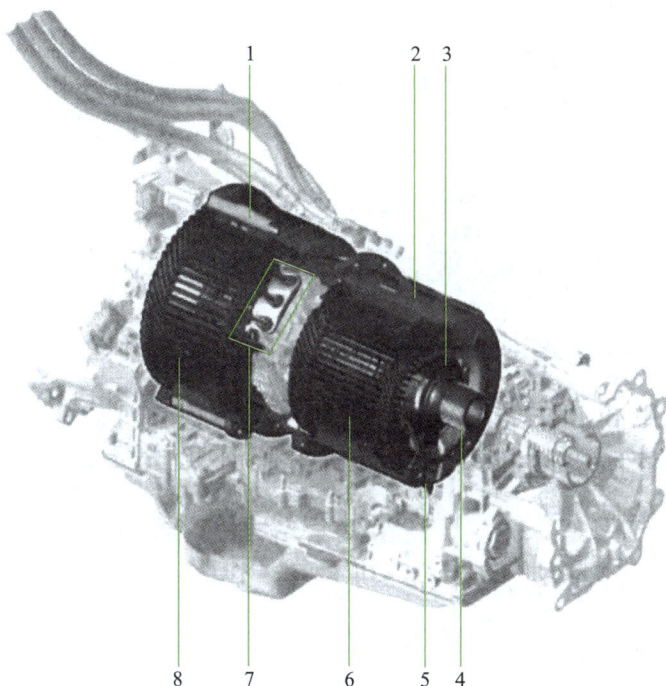

1—电机 A；2—电机 B；3—电机 B 的转子；4—主动变速器的主轴；5—电机 B 的位置传感器接口；
6—电机 B 定子上的绕组；7—电机 A 三相高压接口；8—电机 A 定子上的绕组

图 2-2-11 主动变速器内的电机

这些电机是高电压组件，因此通过橙色高电压导线供应能量。由于三相的横截面较大，因此没有组合而是单独连接。

电机的定子和转子均有变速器油经过，主要是为了进行冷却。在每个电机定子的绕组中都装有一个温度传感器（NTC 电阻）。温度传感器的信号分析用于在绕组温度过高时降低相应电机的转矩从而防止其过热。这种根据温度降低转矩的功能从约 160℃时起开始执行。此外，每个电机还有一个位置传感器。位置传感器的信号用于实现准确的转速调节以及电机的最佳效率控制。位置传感器按照旋转变压器原理工作。在转子的一个线圈上存储规定的交流电压。定子上的线圈错开 90°。此处的感应电动势可说明转子位置。

两个电机各有一个带有供电电子装置的执行机构控制单元。它们都安装在供电电控箱内。混合动力主控控制单元规定两个电机的额定转矩和额定转速。混合动力电机控制装置执行这些规定值并产生为此所需的相电压。此外它们还负责分析电机内温度传感器和位置传感器的信号。也就是说，上述在高温情况下降低转矩、调节转速以及确定电机位置偏置情况均由混合动力电机控制装置执行。

② 行星齿轮组。

主动变速器包含 3 个行星齿轮组，这些行星齿轮组也在变速器油中运动，如图 2-2-12 所示。行星齿轮组用于产生不同的基本挡位以及主动变速器内的各种状态。

1—行星齿轮组 1；2—行星齿轮组 2；3—行星齿轮组 3

图 2-2-12　行星齿轮组

③ 片式离合器。

主动变速器共包含 4 个片式离合器，如图 2-2-13 所示。连接部件见表 2-2-2。

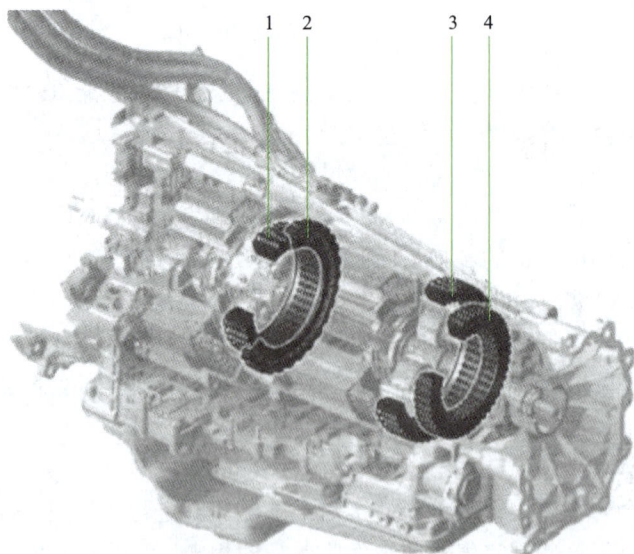

1—片式离台器 4；2—片式离合器 3；3—片式离合器 1；4—片式离合器 2

图 2-2-13　片式离合器

表 2-2-2　片式离合器连接部件

片式离合器编号	部件 1	部件 2
1	行星齿轮组 3 的齿圈	变速器壳体
2	变速器主轴（和行星齿轮组 3 的行星齿轮架）	变速器输出轴
3	行星齿轮组 2 和 3 的太阳轮	变速器壳体
4	行星齿轮组 2 的齿圈	行星齿轮组 2 的太阳轮

片式离合器 1 和 3 支撑在变速器壳体上，其作用相当于片式制动器。通过这四个片式离合器可使主动变速器实现以下所需状态：2 个 ECVT 模式中的一个；4 个固定的基本挡位中的一个；没有动力传输的状态。

离合器以液压方式操控。通过相应控制电机可使片式离合器在几乎没有转速差的情况下接合。因此，主动变速器状态切换和换挡时几乎不会出现牵引力中断。

没有液压压力时，所有片式离合器均处于断开状态。这与空挡 / 驻车挡时的变速器状态相符。在 4 个固定的基本挡位下，始终有 2 个片式离合器接合，另外 2 个断开。在两个 ECVT 模式下，始终有 1 个片式离合器接合，其他 3 个断开，结构示意图如图 2-2-14 所示。

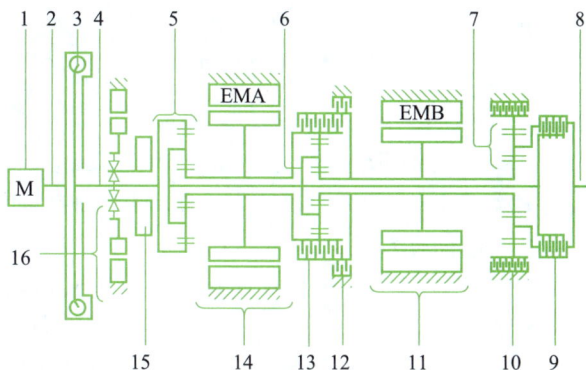

1—发动机；2—变速器输入轴；3—双质量飞轮；4—变速器油泵的机械驱动装置；5—行星齿轮组 1；
6—行星齿轮组 2；7—行星齿轮组 3；8—变速器输出轴；9—片式离合器 2；10—片式离合器 1；
11—电机 B；12—片式离合器 3；13—片式离合器 4；14—电机 A；15—变速器油泵；
16—用于驱动变速器油泵的电机

图 2-2-14　主动变速器结构示意图

2. 工作原理

主动变速器内部状态包括"没有动力传输"的状态、2 个 ECVT 模式和 4 个固定的基本挡位。

下面将借助变速器结构示意图来对这些状态进行说明。

（1）ECVT1 模式

ECVT1 模式是具有可变传动比的第一种模式，用于较低车速和最大牵引力的情况。处于该模式时可通过以下方式驱动车辆：仅通过电动机 B（图 2-2-15）；仅通过发动机；通过电机 B 和发动机（图 2-2-16）。

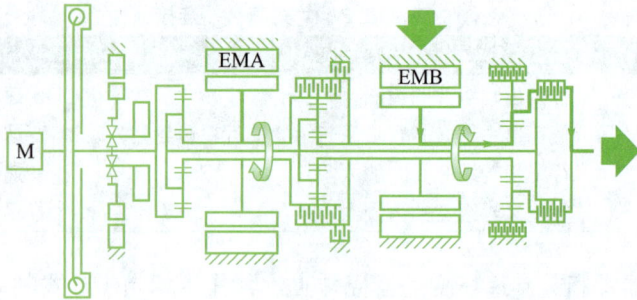

图 2-2-15   在 ECVT1 模式下以纯电动方式行驶时的动力传输

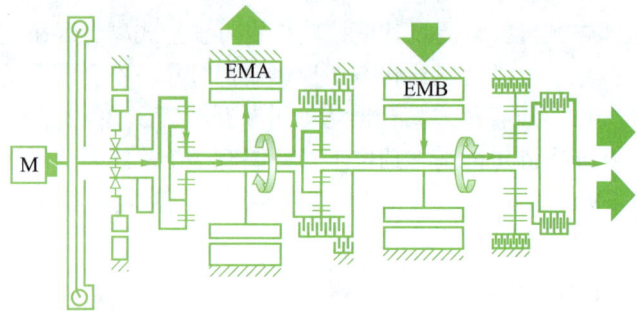

图 2-2-16   在 ECVT1 模式下发动机和电机混合驱动时的动力传输

使用发动机驱动时的传动比为

$$i = 发动机转速 / 变速器输出轴的转速 \qquad （公式 2-1）$$

该传动比可从无穷大至 1.8。无穷大表示发动机可以运转，而变速器输出轴保持静止状态，因此可以像带有液力变矩器时一样起步。可以通过控制两个电机的转速调节该传动比，电机 A 转速越高，该传动比越大。电机 B 以约为 4 的传动比与变速器输出轴相连。

为了实现 ECVT1 模式，在主动变速器内只有片式离合器 1 接合，其他片式离合器均断开。以纯电动方式行驶时，电机 A 运转时不会产生任何负荷，而电机 B 则正相反。这样可使变速器输入轴及发动机保持静止状态。

采用发动机和电机 B 混合驱动方式时，发动机功率分为两个部分，也可以说发动机的功率"分支"（这就是"功率分支式混合动力"术语的来源），包括两部分：机械部分，直接用于驱动车辆；电气部分，因为电机 A 作为发电机使用并产生电量。

发电机产生的电能可以部分或完全存储在高电压蓄电池内。电机 B 吸收电能。电能完全或部分来自电机 A 或高电压蓄电池。各能量的大小取决于很多因素，这些能量由混合动力主控制单元随时重新计算和调节。

ECVT1 模式的特点在于，除发动机机械驱动路径外还有电动驱动路径。使用电动驱动路径时，发动机借助一个发电机产生电能，这些电能完全或部分通过一个电机用于驱动车辆。这种电动驱动路径的布置方式与串联混合动力驱动装置相同。如果考虑到能量流的总量，则电动驱动装置可以为发动机提供支持。在这种模式下也可以为高电压蓄电池充电。但是发动机必须提供更大功率且消耗更多燃油。如果这样可以提高发动机效率，则混合动力运行策略主要负责实现这种所谓的"负荷点提高"，例如满负荷时效率高于部分负荷。通过这种方式存储的能量用于相对较小的额外能量损耗，例如可以重新用于以纯电动方式行驶。

（2）ECVT2 模式

与第一种模式相反，第二种 ECVT2 模式设计用于较高车速。在 ECVT2 模式下，既可以以纯电动方式行驶，也可以起动发动机行驶。发动机的传动比可在 0.723 ~ 1.8 的范围内调节。与 ECVT1 模式相同，电机转速在此也用作控制参数。根据具体数值可以看出，传动比较 ECVT2 模式更小，因此适于较高速，但电机的传动比也更小，亦即它的有效转速范围向更高速度推移。电机可以为发动机提供支持或用于为高电压蓄电池充电。与第一种 ECVT1 模式相似，通常一个电机吸收电能（在此为电机 A），另一个电机发出电能（在此为电机 B）。在 ECVT 2 模式下片式离合器 2 接合，其他片式离合器均断开，如图 2-2-17 所示。

在第二种 ECVT2 模式下也可以通过控制电流（考虑到总量）使电压蓄电池充电（发动机负荷点提高）或放电（为发动机提供支持）。运行策略会在考虑最佳总效率的同时调节相应的能量流。

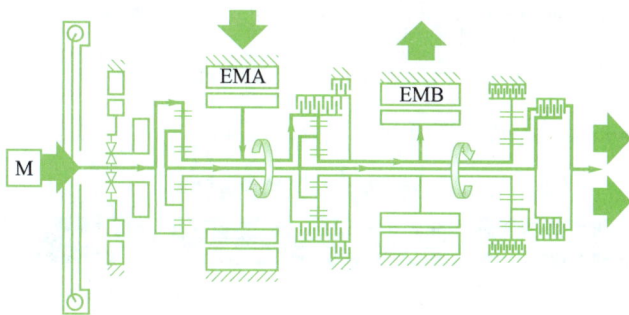

图 2-2-17　在 ECVT2 模式下的动力传输

（3）固定的基本挡位

与两个 ECVT 模式不同，对于主动变速器固定的基本挡位而言，变速器输入轴与变速器输出轴间的传动比固定不变。因此，发动机转速变化时，车速也会发生相应程度的改变。只有当发动机不在最佳效率范围内时，该固定传动比才会体现出不利的一面。但在需要发动机高转矩的情况下，运行策略仍会选择这些范围。相对于 ECVT 模式而言，固定挡位的优势在于取消了电机驱动装置的双重能量转换。因为通过一个电机产生电能并通过另一个电机使用电能也会造成相应损失。处于所有固定的基本挡位时（除基本挡位 4 外），电机均可以无负荷旋转；作为电机驱动，从而为发动机提供支持；作为发电机驱动，从而为高电压蓄电池充电。

例外：处于固定的基本挡位 4 时，电机 B 静止不动，因此只有电机 A 可以灵活使用。

以发电机方式运行特别适用于滑行阶段或车辆减速时，从而将动能转化为电能并存储到高电压蓄电池内。如果忽略固定基本挡位的不同传动比，那么主动变速器的工作状态就好像电机和发动机安装在同一根轴上一样。这种布置方式与并联混合动力驱动装置完全一样。

在主动变速器内通过接合两个片式离合器可以实现所有固定基本挡位，如图 2-2-18 所示，依次为基本挡 1、2、3、4 时的动力传输。

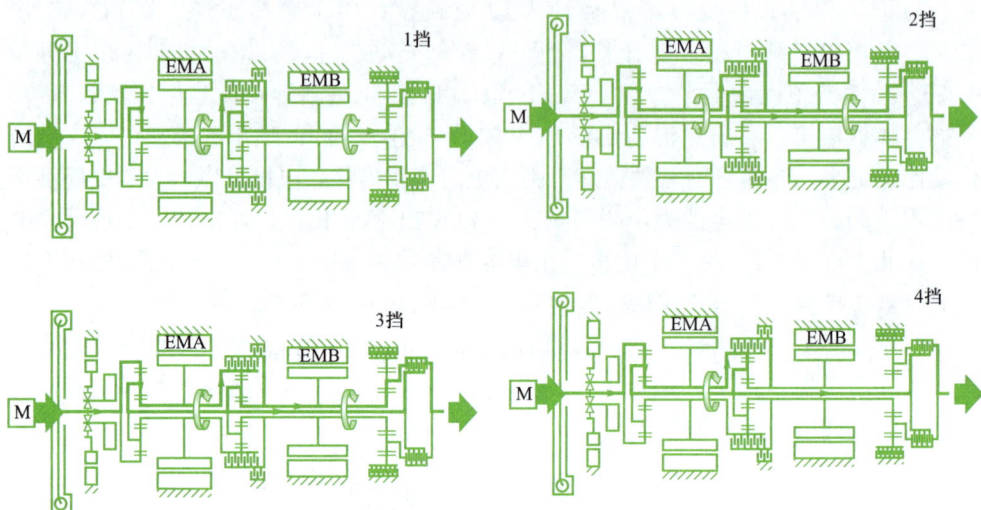

图 2-2-18　基本挡位 1 ～ 4 时的动力传输

表 2-2-3 展示了 4 个固定基本挡位的主要特点。

表 2-2-3　4 个固定基本挡位的主要特点

基本挡位	接合的片式离合器	内燃机传动比	备注
1	1 和 4	3.889	可以实现最大强度的助推功能。电动机和内燃机的动力都传输到变速器输出轴上
2	1 和 2	1.800	同样需要在两个 ECVT 模式间进行切换
3	2 和 4	1.000	直接挡位用于最大变速器效率
4	2 和 3	0.723	"超速"用于较高车速。电动机 B 处于静止状态

（4）没有动力传输

由于在发动机与主动变速器之间没有中央离合器，主动变速器必须提供一种在变速器输入轴与变速器输出轴之间没有动力传输的状态。这样可确保在发动机自由转动的同时车辆不会移动。相反，也可以确保在车轮自由滚动的同时发动机不会输出或吸收转矩。

没有动力传输的状态通过断开所有片式离合器来实现。发动机运转时电机也随之运转，此时电机不产生任何负荷，既不作为发电机也不作为电动机驱动。发动机转速超过 4 000 r/min 时，电机就会达到超过自身设计要求的过高转速，因此在这种变速器状态下会通过电子限速使发动机转速低于 4 000 r/min。

2.2.3 ATM 变速器

部分混合动力客车是在不改变原车机械变速器主体结构的基础上，通过加装特殊的电控单元控制装置取代原机械变速器由人工操作完成换挡动作，实现变速器内部换挡过程的自动化。

1. AMT 系统组成

AMT 系统包括传感器、AMT ECU 和执行器。

传感器包括离合器位置传感器、选挡换挡位置传感器、变速杆位置传感器、发动机转速传感器、车速传感器等。

执行器包括选挡换挡执行控制机构、离合器离合执行机构、节气门执行机构、制动执行机构、动力源执行机构。目前市场上的 AMT 操纵系统有三种结构形式：电控液动、电控气动和直流电动机操纵。其中，电控液动和直流电动机操纵是两种应用较多的形式。图 2-2-19 所示为 AMT 换挡混合动力客车系统与部件组成。

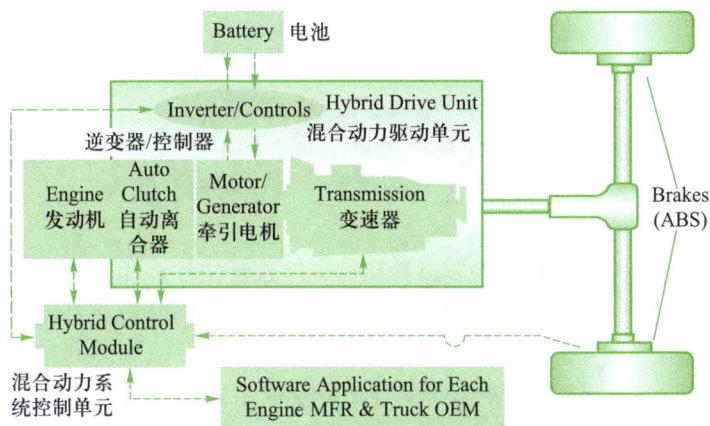

(a) 带有 AMT 变速器的混合动力系统

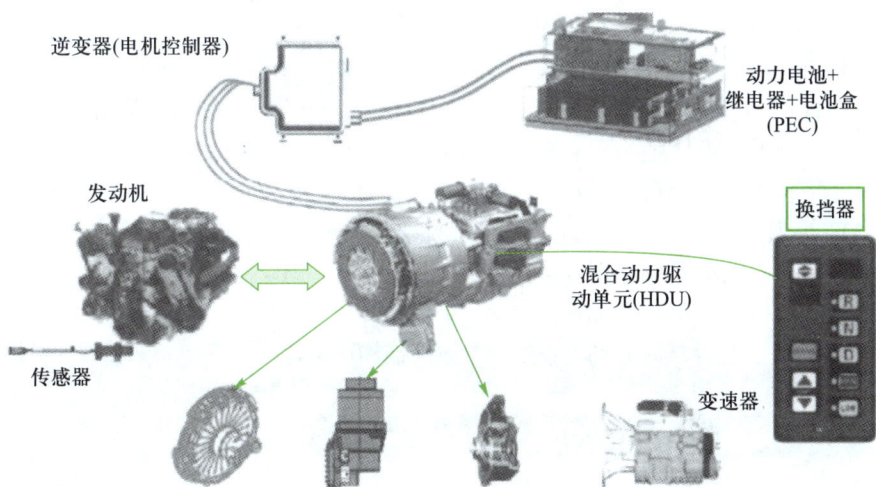

(b) AMT 系统的部件

图 2-2-19　AMT 换挡混合动力客车系统与部件组成

2. AMT 的基本工作原理

如图 2-2-20 所示，电控液动中换挡油源来自蓄能器，当蓄能器的油压低时，压力继电器接通电路，电动油泵开始泵油。当蓄能器中的压力高过一定值后，压力继电器断开，停止供油。

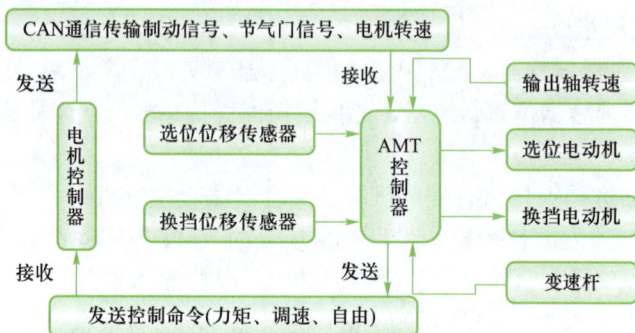

图 2-2-20   AMT 结构控制简图

控制过程：当转动钥匙通电后，系统首先给变速器顶部的选挡和换挡油缸加油压，这样可促使变速器进入空挡，确认后，发动机起动系统方可起动发动机。驾驶员挂挡后，系统先向离合器油缸供入油液。离合器分离，选挡油缸的一端加压选挡，换挡油缸的一端加压换挡。换挡完成后系统控制离合器油缸脉冲阀开始泄油，以保证离合器接合平顺。

电控气动与电控液动换挡控制过程相同，区别是工作介质的压缩空气，采用气制动的客车压缩空气储存在储气筒里，所以不用再设供能装置。直流电动机控制是采用三个电动机控制分别完成离合器离合动作、选挡动作、换挡动作。

AMT 采用线控，这促使变速器的变速杆更像游戏机的手柄。它的挡位设置类似于手动变速器，但不同于手动变速器传统的"H"型挡位结构，其变速杆只能前后移动进行升挡或降挡（以"+"和"−"表示），或是通过转向盘后方的换挡手柄实现升挡和降挡。

AMT 变速器挡位设置保留了自动变速器的 N 位（空位）和 R 位（倒车位），在驾驶时有自动模式（A 位）和手动模式（M 位或 S 位）可供选择，两种模式在使用时可以自由切换。使用手动模式起步时，如果不拨动变速杆升挡，即使加速踏板踩到底变速器也不会自动升挡。

AMT 通常会有坡路起车辅助功能，坡路起车辅助功能是当驾驶员的脚从制动踏板上抬起时，制动系统延时 1 s 再松开制动，防止车辆后溜，给驾驶员的足够的时间把脚步从制动踏板移向加速踏板。

AMT 的缺点是换挡时有动力损失，导致换挡加速不好，且变速器无失效保护模式。

任务实施

1. 实施任务前的准备

① 对高电压车辆周围布置好明显的警示标识。

② 检查车辆，确保车辆无故障，主要是高压漏电类故障。

③ 制作高压标识，用于在实训过程中标识高压部件。

警示： 未经教师允许，不得随意触动车辆！举升车辆期间，禁止车辆周围站立人员！

④ 识读电路图，查找相关部件位置。

2. 实施步骤

（1）检查变速驱动桥油位

变速驱动桥油不足或过量都会引起某些故障。将车辆停在平坦的路面上。要使用纯正的变速驱动桥油。

① 拆下加液口塞。

② 确保距加液口塞孔 0 ～ 5 mm 内有变速驱动桥油（图 2-2-21）。行驶后，换油时重新检查变速驱动桥油位（变速驱动桥油量为 3.8 L）。

图 2-2-21　检查变速驱动桥油位

③ 如果油量较少，检查是否漏油。

④ 用新衬垫安装加液口塞。力矩为 39 N·m。

（2）检查机油泵油压

在机油正常工作温度 50 ～ 80℃下进行测试。

① 顶起车辆。

② 拆下机油泵罩塞并安装专用工具 SST（图 2-2-22）。

③ 设置鼓风机开关为 HI。

④ 打开空调开关。

⑤ 踩下制动踏板，按下电源开关，起动发动机（起动混合动系统）。

⑥ 保持发动机转速为 1 200 r/min，测量油压。油压为 9.8 kP 或更大。

⑦ 安装新 O 形圈和机油泵罩塞（图 2-2-23）。力矩为 7.4 N·m。

图 2-2-22　检查机油泵油压

图 2-2-23　安装新 O 形圈和机油泵罩塞

（3）检查变速杆

① 混合动力系统起动时检查。

a. 将钥匙插进钥匙孔（图 2-2-24）。

b. 将钥匙随身携带或将其插到钥匙孔里（车辆配有智能进入和起动系统）。

c. 踩下制动踏板的同时，打开电源开关（READY 灯亮）。

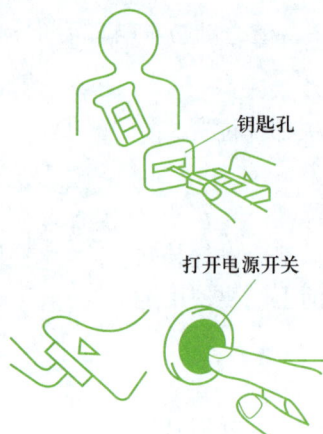

钥匙孔

打开电源开关

图 2-2-24　检查变速杆

检查齿轮是否按照换挡操作模式变化（表 2-2-4）。如果检查结果异常，则更换变速杆总成。

表 2-2-4　换挡操纵模式

电源状态	操作	P	R	N	D	B
混合动力系统起动（可以行驶）	变速杆操作	○	→○			
		○		→○		
		○			→○	
			○	→○		
			○		→○	
				○	→○	
			○←	○		
					○	→○
			○←	○		
			○←	○		
					○←	○
				○←	○	
			○←		○	
	P 位切换操作	○←	○			
		○←		○		
		○←			○	
		○←				○

② 停止时，关闭电源开关。

③ 电源状态为 IG 时，检查所有电子组件工作状态，但不能起动混合动力系统。

a. 将钥匙插入钥匙孔。

b. 将钥匙随身携带或将其插到钥匙孔里（车辆配有智能进入和起动系统）。

④ 不踩制动踏板，打开电源开关一次。

a. 电源开关每按下一次，它将在 OFF、ACC 和 IG 之间切换。

b. 检查齿轮是否按照换挡操作模式变化。如果检查结果异常，则更换变速杆总成。

c. 电源状态为 IG 时，换挡操作模式如图 2-2-25 和表 2-2-5 所示。

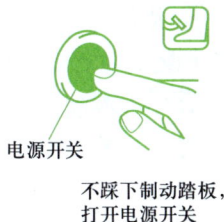

不踩下制动踏板，
打开电源开关

OFF ► ACC ► IG

图 2-2-25　打开电源开关

表 2-2-5　换挡操纵模式（IG 状态）

电源状态	操作	P	R	N	D	B
IG（不能行驶）	变速杆操作	○		○		
	P 位切换操作	○		○		

（4）更换换挡控制执行器总成

① 拆卸。

a. 断开插接器。

b. 拆下 3 个螺栓，从混合动力汽车变速驱动桥上拆下变速器壳盖（图 2-2-26）。

c. 拆下 3 个螺栓，从混合动力车辆变速驱动桥上拆下换挡控制执行器总成（图 2-2-27）。

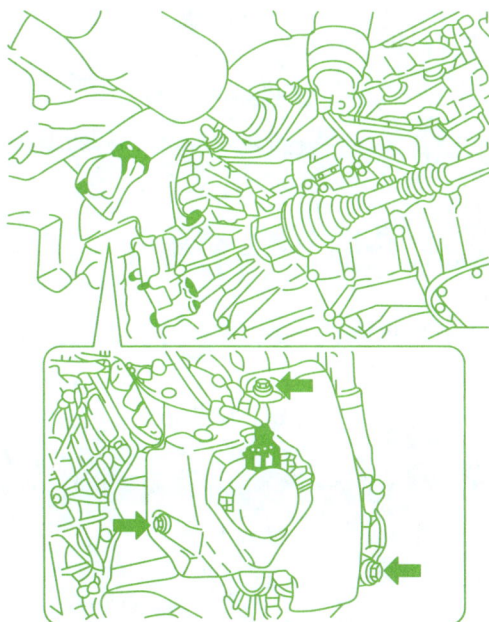

图 2-2-26　变速器壳盖的拆卸

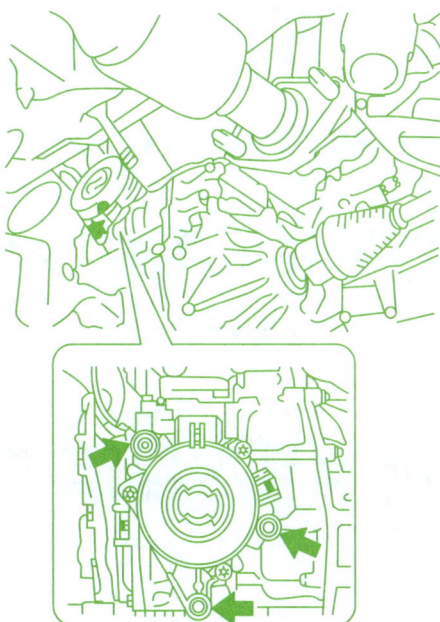

图 2-2-27　换挡控制执行器总成的拆卸

② 安装。

换挡控制执行器总成如图 2-2-28 所示。

a. 给 O 形圈涂少量 ATFWS。

b. 用 3 个螺栓将换挡控制执行器总成安装到混合动力车辆变速驱动桥上（图 2-2-29）。力矩为 16 N·m。

c. 用 3 个螺栓将变速器壳盖安装到混合动力车辆变速驱动桥上。力矩为 7 N·m。

d. 连接插接器。

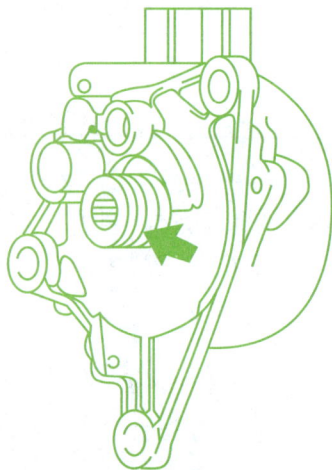

图 2-2-28 换挡控制执行器总成   图 2-2-29 换挡控制执行器总成的安装

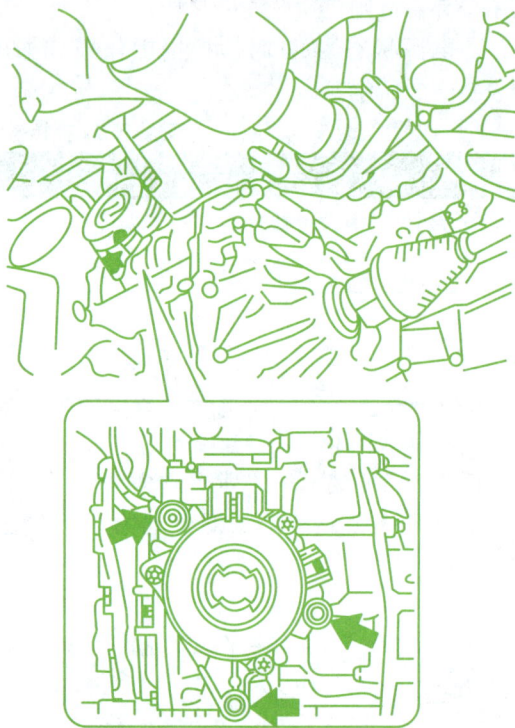

习题与思考

1. 自动变速器中多采用行星齿轮机构，该机构由 _____、_____、_____ 等组成。

2. 普锐斯混合动力汽车稳定运行过程中，可能处于哪几个工作状态？

3. 说明宝马 X6 主动变速器的内部状态。

4. 简述 AMT 的基本工作原理。

项目 3 ▶▶▶

转向系统

● 6S 与工匠 ●

小张是刚到汽车机电维修岗位实习的学生，一开始不注意将使用后的工具及时归位，乱丢乱放，几次都因不能快速找到所需工具，借也借不到，急得团团转，耽误了维修时间，工作效率下降，导致了客户的埋怨。为此，他受到了班组长的批评。好在经过几次教训，小张意识到了工具归位的重要性，每次用完都及时放回原位置，保证下次能快速找到使用。小张不及时将工具归位是职业素养不足的表现，在从事某项工作时需遵守 6S 现场管理。6S 就是整理、整顿、清扫、清洁、素养、安全六个项目，有各自的含义，因均以"S"开头，简称 6S。

小刘是曾参加全国职业院校技能大赛汽车技术赛项的学生，他在半年多的训练中，过着训练场、食堂和宿舍三点一线的生活，不畏寒暑、不分昼夜泡在训练场；在老师的指导下，他熟悉车辆、查询资料、研究赛项、验证流程、分析数据、虚心请教、记录总结等；工具设备用坏，他换了又换；操纵流程优化，他改了又改。在大赛中，他职业素养好，电路图查询熟练，操作规范，故障分析处理科学，最终获得了二等奖的好成绩。参加技能大赛的学生，包括获奖学生，他们展现出的就是工匠精神：吃苦耐劳，一丝不苟，严谨认真、精益求精、不断创新、高标准高要求完成任务。

任务 1　机械转向系统的拆检

任务引入

车辆的转弯行驶主要是由驾驶员通过操纵转向系统实现的。目前车用转向系统的类型较多，但大都是以机械转向系统为基础，加装相关部件而形成。作为学习转向系统的基础，本任务将介绍机械转向系统的组成及工作过程以及检修方法。

知识链接

在汽车行驶过程中，驾驶员需要根据道路状况频繁地改变行驶方向，因此对于轮式汽车来讲，转向系统能够使与转向桥相连的车轮相对于汽车的纵轴线偏转一定的角度，从而实现车辆转向。

根据转向动力不同，转向系统分为机械转向系统和动力转向系统。机械转向系统通常由转向操纵机构、转向器和转向传动机构组成。

3.1.1　转向操纵机构

转向操纵机构主要包括转向盘（方向盘）和转向柱。

1. 转向盘

转向盘呈圆形，主要作用是将驾驶员施加在转向盘的力矩传递给转向柱。

转向盘通过细齿花键与转向轴连接，并用螺母或螺栓紧固，其内部由金属骨架构成，骨架的外面一般包有柔软的合成橡胶或树脂，起到缓冲作用。现代汽车的转向盘除了安装有喇叭控制开关和安全气囊外，通常还安装有自动巡航、音响娱乐等系统的控制开关。当转向盘转动时，这些电气元件也随之转动。为了保证它们正常工作，这些电气元件的线束连接需要使用螺旋线束，如图 3-1-1 所示。

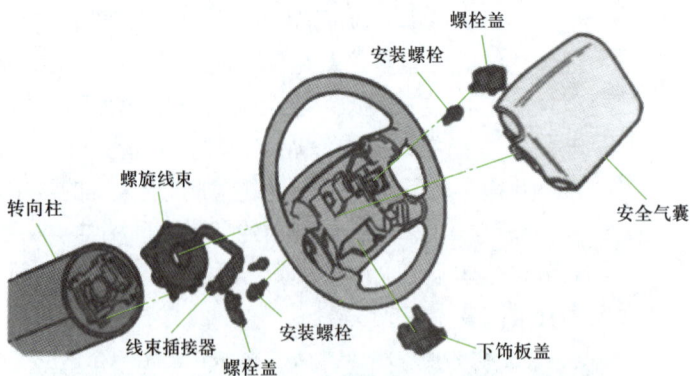

动画
机械转向系统

微课
转向操纵机构
的拆装与检修

图 3-1-1　转向盘及相关零件

转向盘与转向柱之间有安装位置要求，安装时必须对准标记，否则转向盘无法正确安装到位。拆卸转向盘时必须断开蓄电池负极，以断开安全气囊的工作电源，同时对齐螺旋线束的安装标记，以防其损坏。

2. 自由行程

转向系统中各传动部件之间存在装配间隙，这些间隙随着零件的磨损将逐渐增大。因此，在转向盘转动过程的初始阶段，只需要很小的力就能够转动转向盘，该力矩便用来克服转向系统内部的摩擦，这一阶段称为转向盘的空转阶段。此后，需要对转向盘施加较大的力，以克服车轮传递到转向节上的转向阻力，从而使转向轮偏转。转向盘在空转阶段的转动量称为转向盘自由行程，一般用角度表示。转向盘自由行程有利于缓和路面对它的冲击，以免影响转向系统的操纵性能。

3. 转向柱

转向柱位于转向盘和转向器之间，主要作用是将来自转向盘的转向力矩传递给转向器。

转向柱主要由转向柱管、转向轴、转向传动轴、万向节、转向柱调整机构等组成，如图 3-1-2 所示。

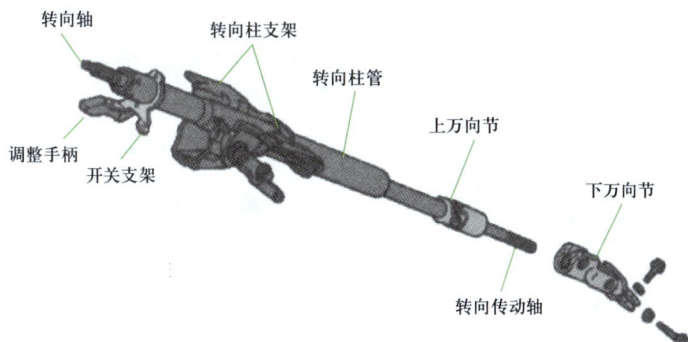

图 3-1-2 转向柱的组成

转向轴采用轴承支承在转向柱管中，上端采用细齿花键与转向盘连接，并用螺栓或螺母紧固，下端通过万向节（通常称为"上万向节"）连接转向传动轴。转向传动轴也叫中间轴，它穿过地板通孔，并通过万向节（通常称为"下万向节"）与转向器输入轴连接。万向节既能保证转向轴、转向传动轴和转向器输入轴正常转动，又允许转向轴与转向器输入轴有一定的轴向移动。

转向柱管通过支架安装在车身上，它除了支承转向轴外，同时也为一些开关元件（如刮水器开关总成、转向信号灯开关等）提供安装位置。许多转向柱管的顶端安装有点火开关及锁芯、转向柱锁，如图 3-1-3 所示。驾驶员不同的驾驶姿势和身材对转向盘的最佳操纵位置有不同的要求。而且，转向盘的这一位置往往会与驾驶员进出汽车的方便性发生矛盾。为此，大多数转向柱设计有倾斜角度调整机构，有些转向柱还设计有长度伸缩调整机构，以帮助驾驶员将转向盘调整到舒适的位置，这些转向柱上设计有专门的调整手柄。

安全式转向柱是在转向柱上设置能量吸收装置，当汽车紧急制动或发生撞车事故时，吸收冲击能量，减轻或防止冲击对驾驶员的伤害。图 3-1-4（a）所示为可分离式安全转向操纵机构；图 3-1-4（b）所示为网状管柱变形式转向操纵机构；图 3-1-4（c）所示为钢球滚压变形式转向管柱。

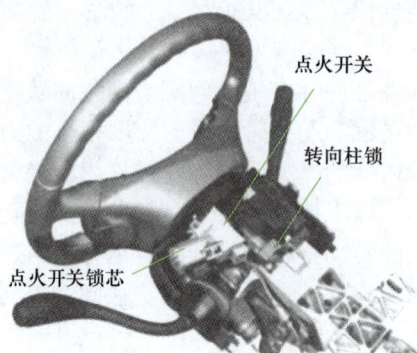

图 3-1-3　转向柱顶端安装部件

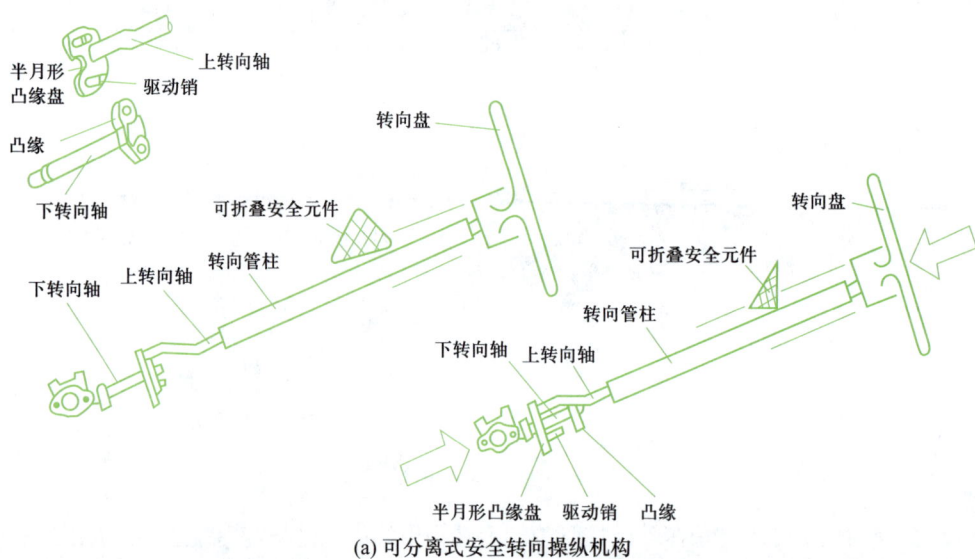

(a) 可分离式安全转向操纵机构

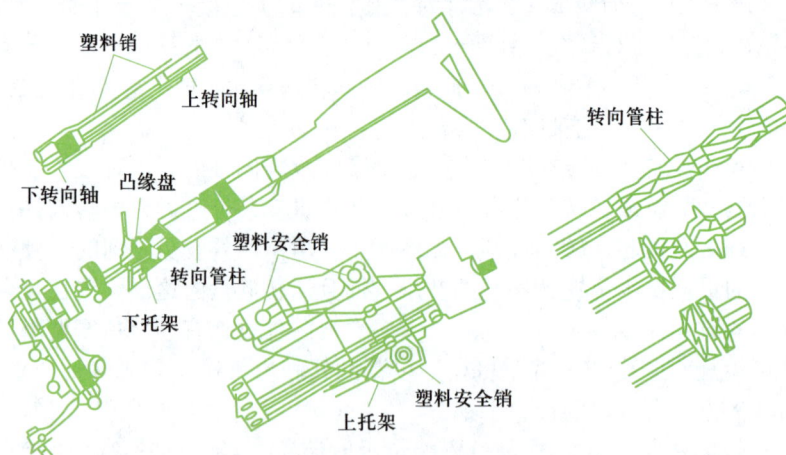

(b) 网状管柱变形式转向操纵机构

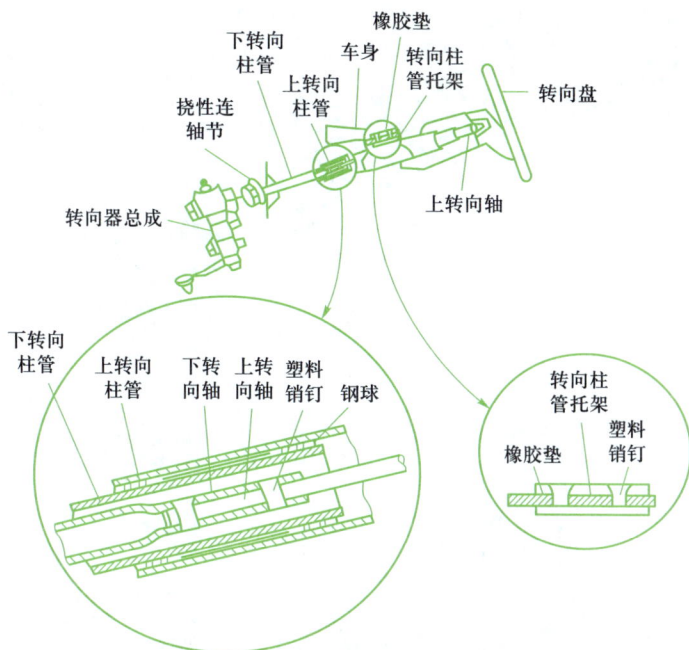

(c) 钢球滚压变形式转向管柱

图 3-1-4 安全转向柱

3.1.2 转向器

转向器是转向系中的减速传动装置，其功用是增大由转向盘传到转向节的力，并改变力的传动方向。

转向器的种类较多，一般按转向器中传动副的结构形式分为齿轮齿条式、循环球式、蜗杆曲柄指销式和蜗杆滚轮式等几种。电动汽车中常用的是齿轮齿条式。

齿轮齿条式转向器通常安装在副车架或发动机托架上，且安装点采用橡胶衬垫隔离振动和冲击。齿轮齿条式转向器具有结构简单、质量小、转向灵敏、成本低、便于布置等特点，因此广泛应用于小客车和轻型汽车上。

如图 3-1-5 所示，齿轮齿条式转向器主要由输入轴、小齿轮、齿条、转向器壳体等组成。输入轴使用轴承支承在转向器壳体中，并且采用油封密封。它上部通过花键与转向柱下万向节连接，下部加工有小齿轮，小齿轮与齿条啮合。齿条装在管形转向器壳体内，并通过弹簧及压块紧压在输入轴上的小齿轮上，以减轻或避免小齿条受到振动或冲击。齿条两端通过球节（通常称为"内球节"）连接转向横拉杆，球节可以满足转向轮相对于转向器空间运动的要求。管形转向器壳体两侧各装有一个防护罩，并用卡箍紧固，它们将齿条、转向横拉杆、内球节等密封起来，可防止水、灰尘或者其他污染物进入转向器。

工作原理如图 3-1-6 所示，转向时输入轴上的小齿轮从转向轴获得旋转力矩，驱动与之啮合的齿条作横向移动，与齿条直接连接的转向横拉杆也随之横向移动，从而驱动转向传动机构中的其他部件工作，使转向轮偏转相应的角度，实现汽车转向。

动画
齿轮齿条转向器

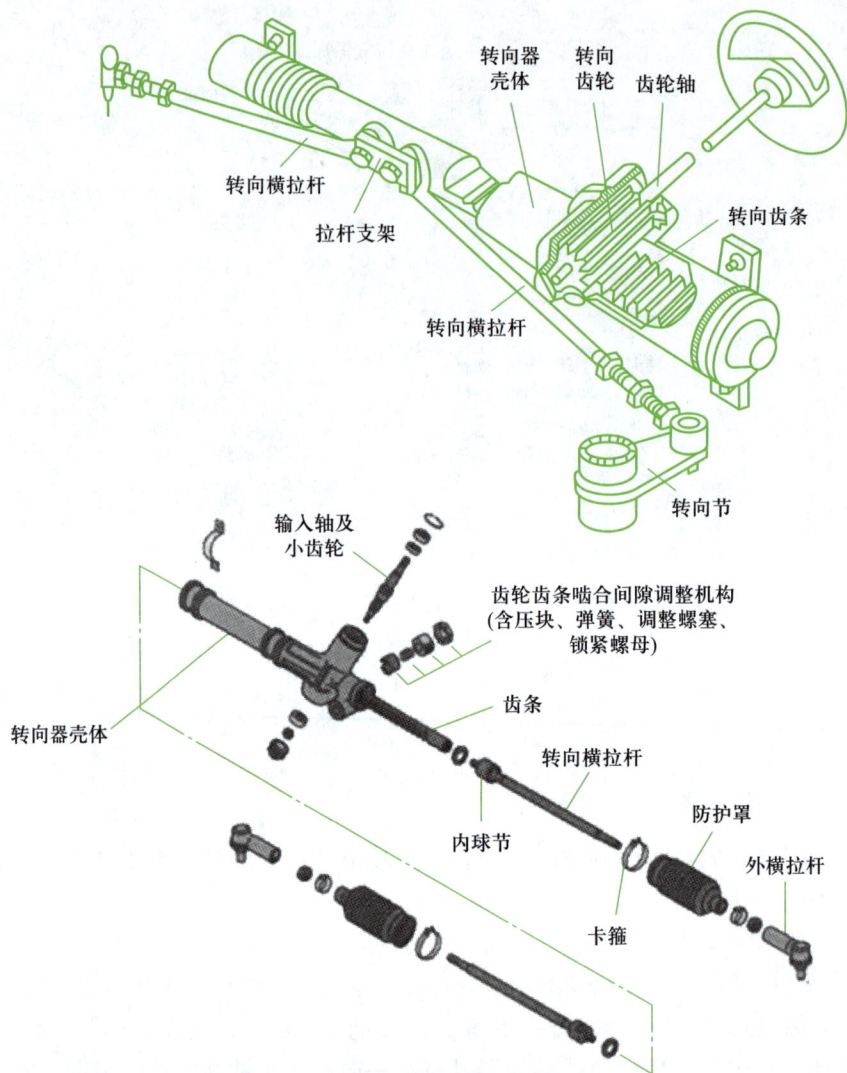

图 3-1-5 齿轮齿条式转向器

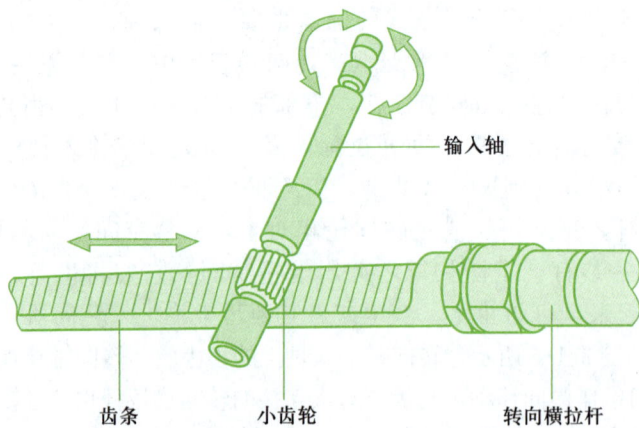

图 3-1-6 齿轮齿条转向器工作原理

3.1.3　转向传动机构

转向传动机构将转向器输出的力矩传递给转向桥两侧的转向节，使两侧转向轮偏转。同时，它使两侧转向轮偏转角度按一定关系变化，以保证汽车转向时车轮与地面的相对滑动尽可能小。

转向传动机构中设计有转向梯形机构。在汽车转向时，转向梯形机构使内侧车轮偏转的角度大于外侧车轮偏转的角度，以尽可能地保证汽车所有车轮做纯滚动，从而避免路面对汽车产生附加阻力和轮胎过快磨损。转向梯形机构的几何参数直接影响内、外侧转向轮偏转的角度，而它的几何参数受转向传动机构部件尺寸的影响。

拉杆式转向传动机构与齿轮齿条式转向器配合使用，它主要由横拉杆、梯形臂、转向节（球节）等组成，如图 3-1-7 所示。当齿条左右移动时，横拉杆也随之等量移动，推动梯形臂及转向节绕着支点转动，从而使转向轮偏转相应的角度。

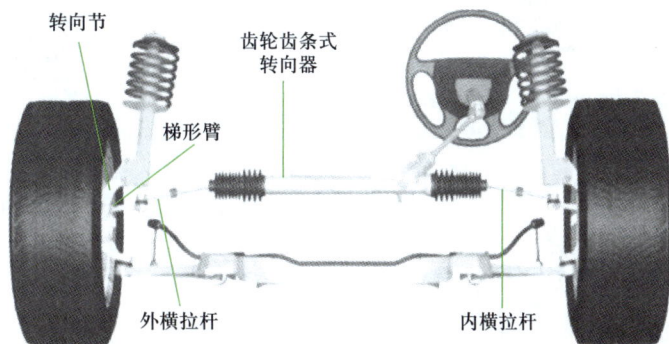

图 3-1-7　拉杆式转向传动机构

横拉杆是转向梯形机构的底边，齿轮齿条式转向器两侧各有一根转向横拉杆，连接在齿条和梯形臂之间。横拉杆由内横拉杆和外横拉杆组成，外横拉杆套在内横拉杆一端，并用锁紧螺母锁紧，如图 3-1-8 所示。松开锁紧螺母，转动内横拉杆，可以调整横拉杆的长度，从而调整转向轮前束。由于悬架在转向时会产生变形，所以转向轮相对于车架或转向器的运动是空间运动，因此转向横拉杆也是空间运动。为了防止其运动产生干涉，横拉杆通常使用球节连接其他部件。

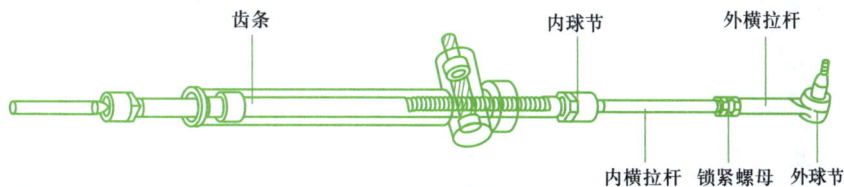

图 3-1-8　横拉杆

转向传动机构中所有运动部件大都使用球节连接，球节跟随转向传动机构左右移动，并且允许相关部件跟随悬架上下跳动。球节主要由球头、球头销、球头座、球节窝、压缩弹簧、防尘罩等组成，如图 3-1-9 所示。球节的润滑至关重要，因此有些球节设计有润滑脂加注孔。但有些汽车使用密封式球节，如图 3-1-10 所示，

微课 转向传动机构的拆装与检修

不需要定期加注润滑脂。

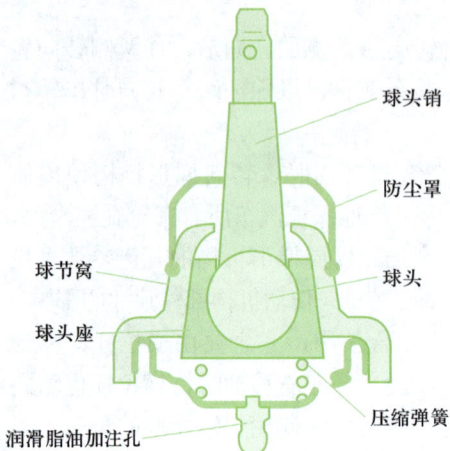

球头销
防尘罩
球节窝
球头
球头座
压缩弹簧
润滑脂油加注孔

图 3-1-9 球节的结构

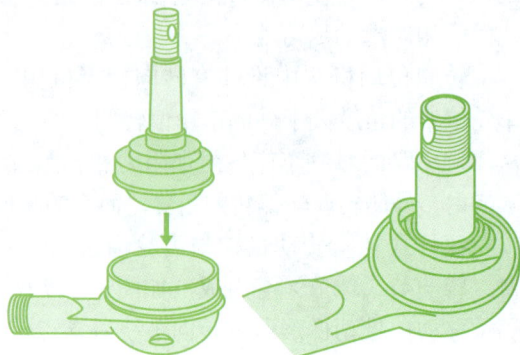

图 3-1-10 密封式球节

任务实施

1. 转向盘的拆装

① 对中转向盘，并锁止转向柱。

② 中止安全气囊系统，否则可能导致气囊意外展开。

③ 拆卸装饰板，断开插接器。

④ 拆卸安全气囊，禁止将其正面朝下放置。

⑤ 锁止转向柱，拧松转向盘螺母。

⑥ 拆下转向盘。

2. 转向盘的检查

如图 3-1-11 所示，检查自由间隙时，使汽车处于直线行驶的位置，起动车辆，左右转动转向盘最大自由行程，由中间位置向左或向右应不超过规定值。检查转向盘是否松动和摆动时，两手握住转向盘，将转向盘上下、前后、左右摇动推拉，应无松旷的感觉。

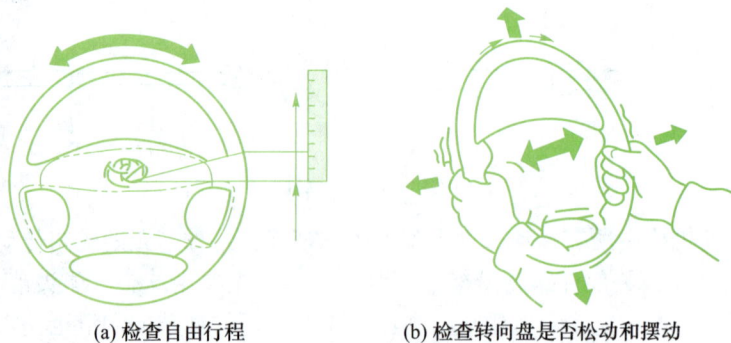

(a) 检查自由行程

(b) 检查转向盘是否松动和摆动

图 3-1-11 检查转向盘

各车型转向盘自由行程的参数不尽相同，其测量方法可参见相关维修手册。如果转向盘运动不在规定自由间隙的范围内，按如下步骤进行检查，如果发现缺陷，进行更换。

① 检查转向横拉杆球头是否磨损。

② 检查下部球接头是否磨损。

③ 检查转向轴接头是否磨损。

④ 检查转向小齿轮或齿轮齿条是否磨损或破裂。

⑤ 检查其他部件是否松动。

3. 转向柱检修注意事项

① 重新安装螺旋线束时，必须进行对中操作，以防转向盘转动时造成螺旋线束损坏。

② 当转向轴与转向器输入轴之间的连接断开后，必须锁止转向轴或转向盘，防止转向盘意外转动，损坏螺旋线束。

③ 拆装转向柱的过程中，应避免转向柱跌落、锤击、倾斜放置，以防止其损坏。

4. 转向柱的检修

① 目视检查转向柱，检查其所有夹套是否牢固定位于支架槽中（可反复推拉夹套，以检查其是否松动）、转向轴塑料销钉是否破裂。若夹套定位不牢固，则更换相应部件；若转向轴塑料销钉破裂，则必须更换转向轴或转向柱总成。

② 检查螺旋线束。如果驾驶员侧气囊展开，则需要检查螺旋线束是否存在过热损伤。

③ 使用百分表检测转向轴圆跳动量，其圆跳动量不得超过规定值。

5. 齿轮齿条啮合间隙的调整

当齿轮齿条机构出现卡滞、松旷及转动困难时，需要检查齿轮齿条啮合间隙。齿轮齿条啮合间隙由专门的调整机构调整，调整装置包括齿条压块、调整螺塞、锁紧螺母及弹簧等，如图 3-1-12（a）所示。当调整螺塞向转向器壳体旋入时，啮合间隙减小；当调整螺塞向转向器壳体旋出时，啮合间隙增大，如图 3-1-12（b）所示。齿轮齿条啮合间隙的调整可参照以下步骤进行。

微课
齿轮齿条式转向器的拆装与检修

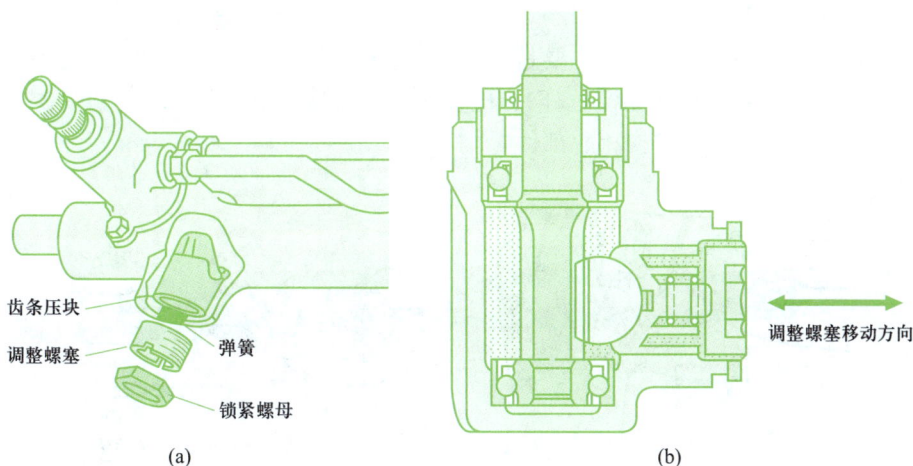

图 3-1-12　齿轮齿条啮合间隙的调整

①松开调整螺塞和锁紧螺母。

②顺时针旋转调整螺塞至极限位置。

③逆时针将调整螺塞回旋 50°～70°。

④按照规定力矩紧固锁紧螺母。

齿轮齿条啮合间隙还受输入轴轴承预紧力的影响，因此输入轴轴承预紧力也需要调整，它一般通过螺纹调整机构或者更换垫片来调整。有些转向器需要松开齿条压块或拆下齿条才能调整输入轴轴承预紧力，因此应该先调整输入轴轴承预紧力，然后调整齿轮齿条的啮合间隙，详细信息参见维修手册。

6. 外横拉杆的拆装

①松开转向球头的锁紧螺母。

②拆卸固定转向球头的螺母上的固定铁丝。

③确定位置（比如转了几圈下来），以便安装到原位置；使用锤子或者球头拆卸工具，将球头拆卸下来。

④转动、拆卸外横拉杆，如图 3-1-13 所示。

⑤按相反次序安装，做定位检查并调整。

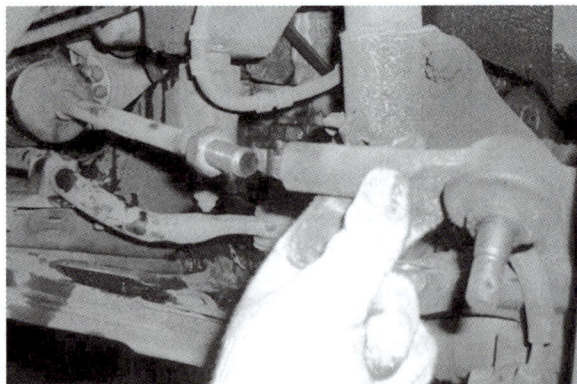

图 3-1-13　横拉杆的拆卸

7. 球节的检查

转向传动机构的检修内容主要是球节间隙的检查。检查球节间隙时，左右推拉转向传动机构的各杆件（如横拉杆），检查球节或铰链是否存在间隙，如图 3-1-14 所示。若存在间隙，则更换相应部件。

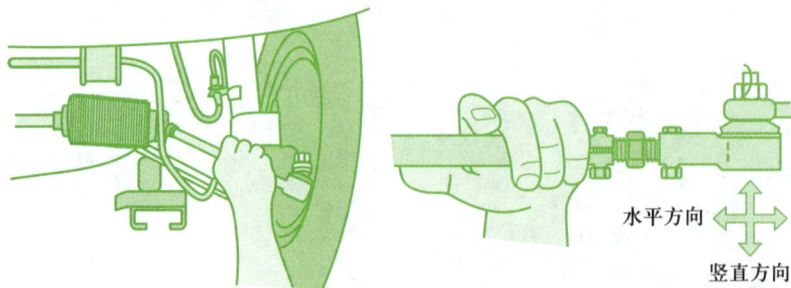

水平方向

竖直方向

图 3-1-14　球节的检查

1. 机械转向系统由 _____、_____、_____ 组成。
2. 转向器的作用是 _____；类型有 _____、_____、_____、_____。
3. 何为转向盘自由行程？如何检查？
4. 简述齿轮齿条式转向器组成及工作过程。

任务 2　电动助力转向系统的拆检

任务引入

在新能源和电驱动乘用车领域，电动助力转向系统（EPS）的应用成为汽车转向系统技术的主流。转向助力大小与车速及转向角大小等有关。本任务介绍电动助力转向系统的组成、工作过程以及检修方法。

知识链接

传统的液压助力依靠发动机运转来带动液压泵，所以液压转向系统会使整个发动机燃油消耗量增加 3% ～ 5%，而电动助力转向系统以蓄电池为能源，以电动机驱动，可独立于发动机工作，电动助力转向系统几乎不直接消耗发动机动力，降低了车辆使用过程中的油耗。电动助力转向系统可使整车油耗降低大约 2.5%。此外，系统内部采用刚性连接，反应灵敏，滞后小，驾驶员的"路感"好；结构简单，质量小；系统便于集成，整体尺寸减小；省去了油泵和辅助管路，总布置更加方便；无液压元件，对环境污染少。系统的扩展性好，可以在此基础上实现自动驻车及车道保持等功能。

电动助力转向系统能够根据汽车转向盘转矩、转向盘转角、车速和路面状况等，为驾驶员提供最佳转向助力，使转向更加轻松柔和，另外还能使车辆具有良好的直线保持能力以及抑制颠簸路面反作用力的能力，保证各种行驶工况下的路感。

目前电动助力转向系统按助力作用位置分类，可以分为转向轴助力式（C-EPS）、齿轮助力式（P-EPS）和齿条助力式（R-EPS），如图 3-2-1 所示。

3.2.1　组成

EPS 系统要正常工作时，EPS ECU 先要知道电动机的转动方向、电动机的电流大小，所以要知道驾驶员的转向意图和转向力矩大小。另外，随车速升高，为了满足稳定性要求，助力作用要减小，减小的程度要通过车速传感器感知出来。电动助力转向系统基本组成如图 3-2-2 所示。

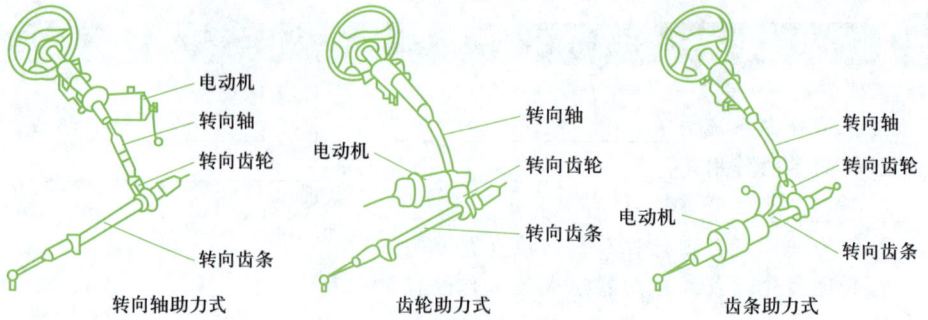

图 3-2-1 直接助力式电动助力转向系统类型

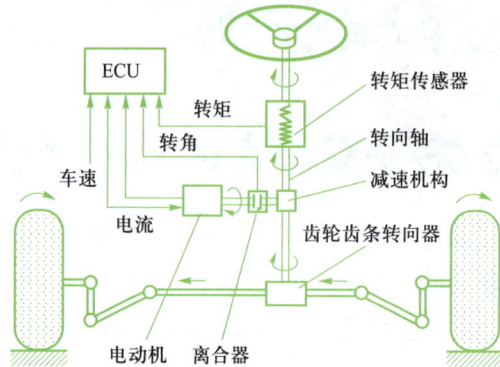

图 3-2-2 电动助力转向系统组成

1. 转矩传感器

转矩传感器的作用是检测作用于转向盘上转矩信号的大小与方向，该信号是 EPS 的主要控制信号之一。

转矩传感器主要有接触式和非接触式两种。常用的接触式（主要是电位计式）转矩传感器有摆臂式、双排行星齿轮式和扭杆式三种类型，而非接触式转矩传感器主要有光电式和磁电式两种。前者的成本低，但受温度与磨损影响易发生漂移，使用寿命较低，需要对制造精度和扭杆刚度进行折中，难以实现绝对转角和角速度的测量。后者的体积小、精度高、抗干扰能力强，刚度相对较高，易实现绝对转角和角速度的测量，但是成本较高。

接触式扭杆传感器如图 3-2-3（a）所示，它在转向轴位置加一根扭杆，通过扭杆检测输入轴与输出轴的相对扭转位移，并将这种扭转变化输入给 ECU。

非接触式磁电转矩传感器如图 3-2-3（b）所示，由磁性齿环和感应线圈组成。其两端的磁性齿环分别与转向轴和减速机构输入轴连接，中间的磁性齿环代替了扭杆。当汽车转向时，转向轴与减速机构输入轴之间产生角度差，磁性齿环之间的空间变化，在感应线圈中产生感应电动势，转矩传感器模块向 ECU 输送相应的信号，这种转矩传感器的体积小、精度高。

2. 转角传感器

转角传感器的作用是采集驾驶人施加在转向盘上的转向角度和角速度的信号，经处理后输入给 ECU。该信号是 EPS 及电子稳定控制程序 ESP 的主要控制信号之

(a) 接触式扭杆传感器

(b) 非接触式磁电传感器

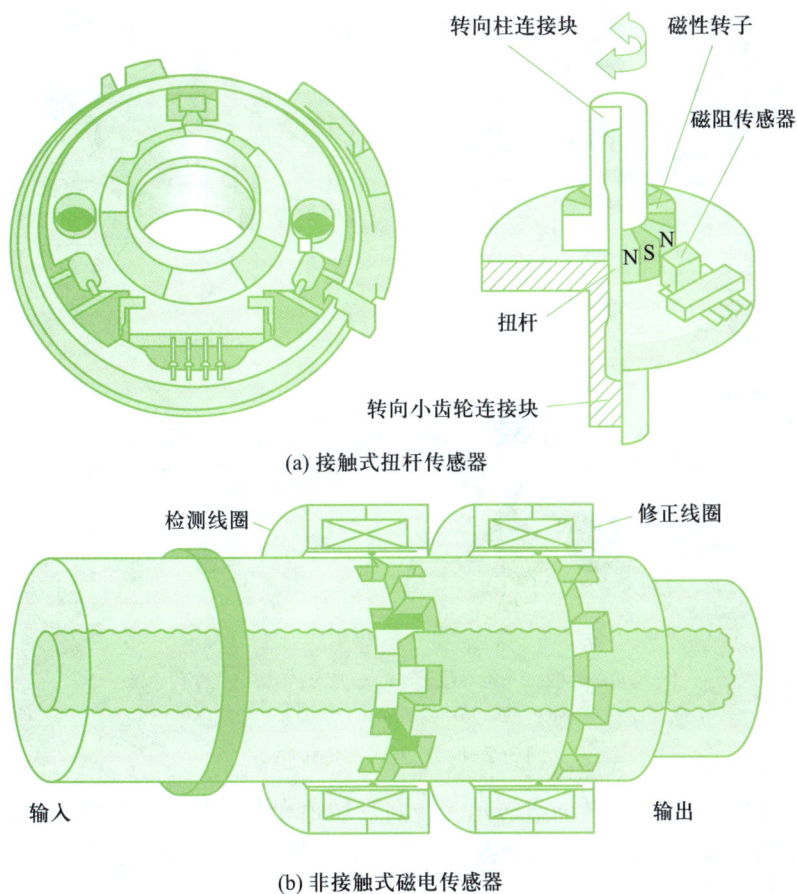

图 3-2-3　转矩传感器

一。当该信号失效时，应急运转模式启动，由替代值代替，电子助力转向依然起作用，只不过故障指示灯常亮。

如图 3-2-4（a）所示，转向盘角度的测量是通过光栅原理来实现的，其基本构件有：光源（a）、编码盘（b）、光学传感器（c 和 d）、计数器（e），其中计数器用于传递转动的圈数，编码盘由两个环构成，一个是绝对环，一个是增量环，两个环分别由两个传感器进行扫描。

为了简化结构，如图 3-2-4（b）所示，将两个带孔蔽光框放在一起，1 是增量蔽光框，2 是绝对蔽光框，在两个蔽光框之间有光源 3，其外侧是光学传感器 4 和 5。如果光透过缝隙照到传感器上，就会产生一个信号电压；如果光源被遮住，这个电压就又消失了。如图 3-2-4（c）所示，如果移动蔽光框，就会产生两个不同的电压，增量传感器传送一个均匀的信号，这是因为间隙是均匀分布的；绝对传感器传送一个不均匀的信号，这是因为间隙是不均匀分布的。系统通过对比这两个信号，就可以算出蔽光框移动的距离，于是就确定了绝对部件运动的起始点，如图 3-2-4（d）所示。

转向盘转角传感器的工作原理与此相同，只是测量的运动变成了旋转运动。

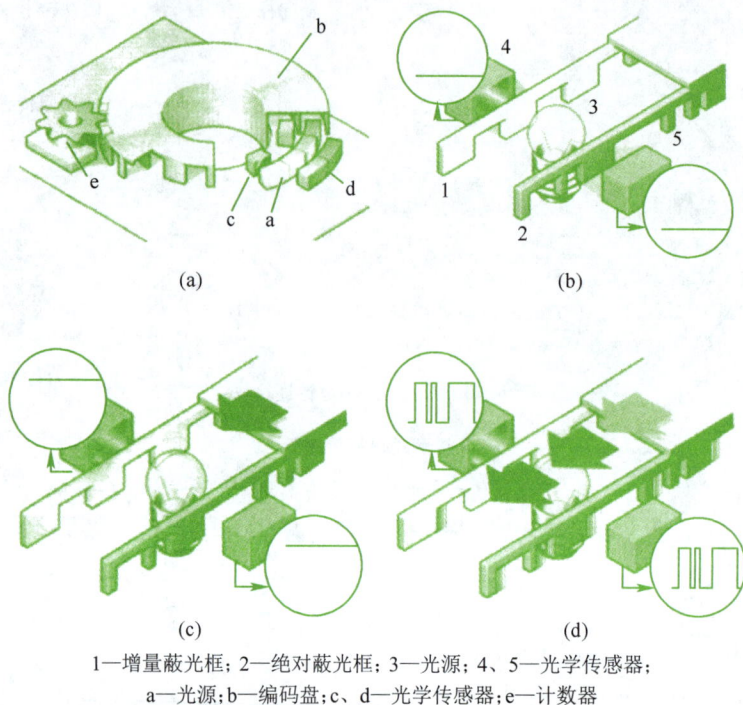

(a) (b)

(c) (d)

1—增量蔽光框；2—绝对蔽光框；3—光源；4、5—光学传感器；
a—光源；b—编码盘；c、d—光学传感器；e—计数器

图 3-2-4   光电式转角传感器

ECU 的输入信号除转向盘转角、转向盘转矩和车速等基本信号外，有的汽车还有汽车横摆角速度、侧向加速度、前轴负荷和点火等多种辅助信号，主要是为了判断地面附着力变化，修正转向电动机电流。

3. ECU

ECU 是 EPS 的控制核心，它根据各传感器的输入信号进行计算分析，得出控制参数的最佳值，然后发出控制指令给电动机和离合器，控制其动作。ECU 的控制系统和控制算法也是 EPS 的关键技术之一，要求控制系统抗干扰性好，能进行实时控制，还应具备安全保护和故障自诊断功能等。如果发生问题，通过控制单元中的失效安全继电器的动作，控制单元就将系统关闭，换流用 FET（FET 为场效应管，主要为电动机换流用）的驱动信号取消。这样转向助力取消，系统恢复到手动转向，EPS 报警灯闪烁，向驾驶人报警。

有的控制单元内部有一个温度传感器，当温度超过 100℃时，开始减小助力电流，防止电子元件过热而失效。当电流衰减至低于 60% 时，则故障灯亮。电动机继电器是电动机回路上的继电器。电流传感器监测电动机回路电流作反馈用。

4. 电动机总成

电动机的作用是根据 ECU 的控制指令输出合适的助力转矩，它是 EPS 的动力源。电动助力转向系统使用的电动机分为两种：有刷电动机和无刷电动机。安装在转向器上的电动机总成由一个蜗杆、一个蜗轮和一个直流电动机组成。当蜗杆与安装在转向

器输出轴上的蜗轮啮合时，它降低电动机速度并把电动机输出力矩传递到输出轴。

电动机作为 EPS 的关键部件之一，对 EPS 的性能有很大的影响。控制系统需要根据不同的工况产生不同的助力转矩，并具有良好的动态特性且容易控制，这些都要求助力电动机具有线性的机械特性和调速特性。此外，还要求电动机转速低、转矩大、波动小、转动惯量小、尺寸小、质量轻、可靠性高、抗干扰能力强。可以在电动机转子周缘设置不对称或螺旋状的环槽，靠特殊形状的定子产生不均匀磁场等，以改善电动机的性能，提高路感，降低噪声和振动。无刷永磁电动机 EPS 系统电动机如图 3-2-5 所示，具有无激磁损耗、效率较高、体积较小等特点。

5.电磁离合器

电磁离合器可以保证电动助力只在预定的范围内起作用。当车速、电流超过限定的最大值或转向系统发生故障时，离合器便自动切断电动机动力，恢复手动控制转向。此外，在不助力的情况下，离合器还能消除电动机惯性对转向的影响。为了减少施加转向助力与不施加转向助力时驾驶车辆感觉的差别，离合器不仅具有滞后输出特性，还具有半离合器状态区域。

EPS 多采用单片干式电磁离合器，其结构与工作原理与空调电磁离合器相似，如图 3-2-6 所示。EPS 电磁离合器线圈的电流和电动机电流同时受计算机控制，当车速达到 45 km/h 左右时即不需要转向助力。这时，电动机停止工作，并断开电磁离合器线圈电流，使离合器处于分离状态，以免电动机较大的转动惯性影响系统工作。

另外，当系统发生故障致使电动机不能工作时，离合器也将自动分离，以利于进行人力转向。

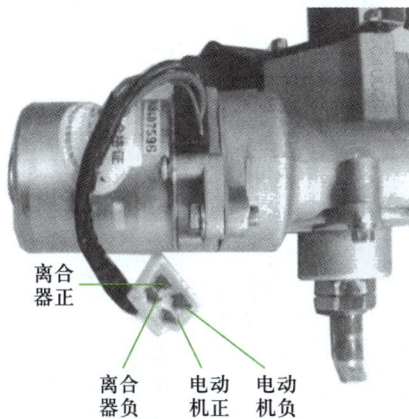

图 3-2-5 EPS 系统电动机

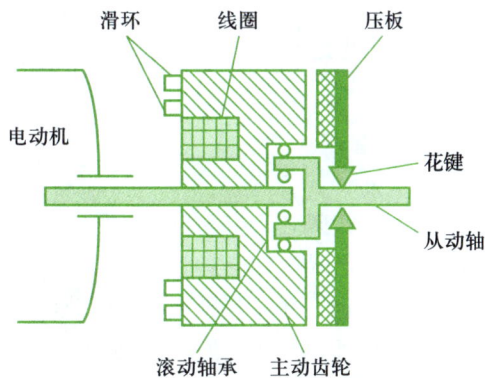

图 3-2-6 单片干式电磁离合器

6.减速机构

减速机构用来增大电动机传递给转向器的转矩，它主要有双行星齿轮减速机构和蜗轮蜗杆减速机构两种形式。前者主要用于转向轴助力式转向系统，后者主要用于齿轮助力式和齿条助力式转向系统。由于减速机构对系统工作性能的影响较大，因此在降低噪声、提高效率和左右转向操作的对称性方面对其提出了较高的要求。

蜗杆传动由蜗杆和蜗轮组成，用于传递空间两交错轴之间的运动和动力，通常两轴交错角为 90°。一般用作减速传动，广泛应用于各种机械设备和仪表中。按蜗杆的形状不同，蜗杆传动可分为圆柱蜗杆传动、圆弧面蜗杆传动和锥面蜗杆传动。蜗轮蜗杆减速机构如图 3-2-7 所示。

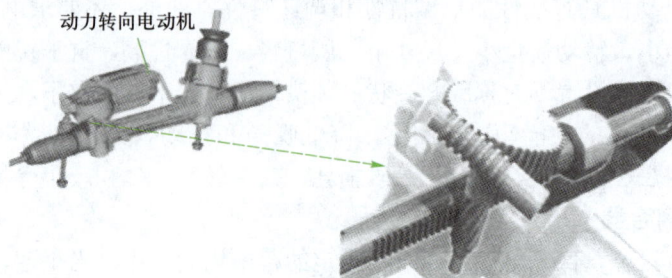

图 3-2-7　蜗轮蜗杆减速机构

3.2.2　工作过程

图 3-2-8 所示为一种转向轴助力式的 EPS 系统结构框图，它依靠电动机对转向轴实现助力作用。电动助力转向系统由转向盘转动方向和转矩传感器、车速传感器、助力机械装置、转向助力电动机及微电脑控制单元组成。

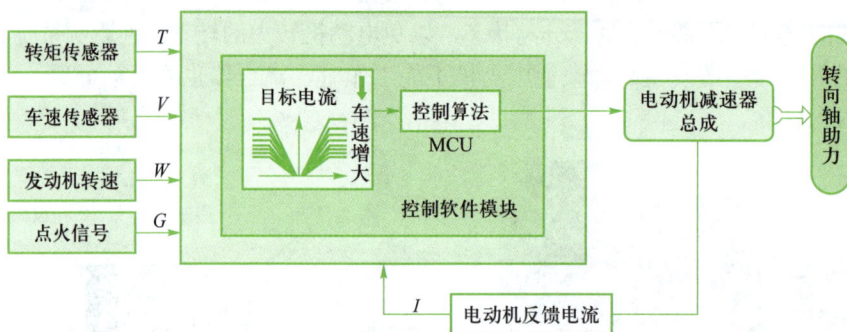

图 3-2-8　EPS 系统结构框图

汽车不转向时，电动机不工作。

当驾驶员操作转向盘时，连接转向盘的扭杆产生形变，其形变角度与施加到转向盘的转矩成正比。转矩传感器将扭杆形变的角度转化成线性的电压输出信号 T，此信号与车速信号 V、发动机转速信号 W、点火信号 G 送入到控制器 ECU。ECU 根据这些信号，并结合所检测到的助力电动机的电流反馈信号进行运算处理，从目标电动机电流曲线图中确定电动机助力电流的大小和方向。该电流即为所需的助力转矩，由电磁离合器通过减速机构减速增扭后，加在转向轴上使之得到一个与汽车行驶工况相适应的转向作用力。当 ECU 检测到异常信号时，立即断开电磁离合器，退出助力模式，同时点亮故障指示灯。

在不同车速下，转向助力电流不同，从而转向盘转动力矩不同，一般 ECU 存储左右两个方向各 8 条目标电动机电流曲线。如果转向盘转动到最大转角位置，并保持在此位置，且转向助力也达到最大时，控制单元减小供给电动机的电流，以防止电动机过载和损坏电动机。另外，控制单元也提供由于发电机或充电失灵引起的电压冲击，以保护电动机。

北汽 EV200 电动助力转向系统的电气原理图如图 3-2-9 所示，控制策略如下。

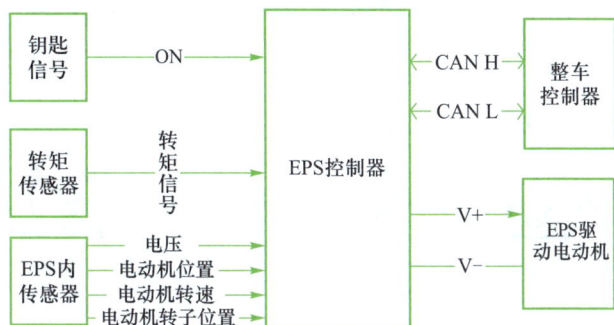

图 3-2-9　EV200 EPS 电气原理图

① 当整车处于停车下电状态时，EPS 不工作（EPS 不进行自检、不与 VCU 通讯、EPS 驱动电动机不工作）；当钥匙开关处于 ON 挡，ON 挡继电器吸合后 EPS 开始工作。

② 当 EPS 正常工作时，EPS 根据来自 VCU 的车速信号、唤醒信号及来自转矩传感器的转矩信号和 EPS 助力电动机的马达位置、马达转速、马达转子位置、电流、电压信号等进行综合判断，以控制 EPS 助力电动机的转矩、转速和方向。

③ 转向控制器在上电 200 ms 内完成自检，上电 200 ms 后可以与 CAN 线交互信息，上电 300 ms 后输出 470 帧（转向故障和转向状态上报帧），上电 1 200 ms 后输出 471 帧（版本信息帧）。

④ 当 EPS 检测到故障时，通过 CAN 总线向 ECU 发送故障信息，并采取相应的处理措施。

任务实施

1. 维修注意事项

① 如动力转向控制模块、转矩传感器、动力转向电动机转动传感器集成在动力转向电动机总成中，其中任何一个部件出现故障均应整体维修或更换，不能单独维修或更换。

② 更换新的动力转向电动机总成以及相关维修可能会影响部件定位、出现故障指示灯点亮等情况，需要使用诊断仪对电动助力转向系统进行设置。

③ 当动力转向系统故障指示灯点亮或者无故障指示灯亮但转向异常时，应使用诊断仪记录相应的故障码后进行维修。

④ 更换转向机总成或动力转向控制模块后，必须执行动力转向控制模块对中

微课
电动助力转向
系统故障检修

学习程序，以防止出现转向不良、回正不均匀等故障。

2.维修步骤

① 参考维修资料，在车上查找转矩传感器、助力电动机及 EPS ECU。

② 识读电路图，连接诊断仪，通过原地转向、低速行驶中转向，检测转向时方向是否有沉重、助力效果不足等故障，读取并分析故障码或数据流；将转向盘分别向左、右打至极限位置，检测是否有转向盘抖动、转向机异响等故障。

③ 测量相关插接器端子，检查线路和元件是否正常。

习题与思考

1. 电动助力转向系统的类型有 _____、_____、_____等。

2. 电动助力转向系统主要由 _____、_____、_____、_____、_____等组成。

3. 电动助力转向优点有哪些？

4. 简述电动助力转向系统工作原理。

项目 4 ▷▷▷

....

行驶系统

● 自强与团队 ●

自强就是自我的强大，自强取得成功的例子很多，如汽修专家魏俊强在生活条件差，身患疾病的情况下，从中职生做到总工程师，专门解决车辆疑难杂症，获能工巧匠、全国五一劳动奖章、全国劳动模范等荣誉称号，靠的就是严于律己、自强不息、奋斗不止。

汽车机电维修岗位通常是由几个人组成的班组为一个团队来完成任务。对于复杂或有安全隐患的任务，需要组员协力才能进行，如拆装减速器时，就需要帮扶的、动手的及传递工具的，只有协调一致才能避免事故的发生和提高效率。在生产分工越来越细的今天，项目任务开展大都以团队的形式进行，这样，可充分发挥个人的强项，团队合作的效果 1 加 1 大于 2。参加团队，相互学习，也有助于个人的成长。

任务 1 车轮与轮胎的拆检

任务引入

轮胎的合理使用是延长其使用寿命的根本途径。只有合理使用轮胎，才能防止轮胎的异常磨损，减少致命损伤，从而提高轮胎的行驶里程。轮胎的故障形式多为异常磨损、爆胎、划伤、漏气等。本任务将介绍车轮与轮胎的功用、类型、构造和规格等相关知识以及轮胎的检修过程。

知识链接

车轮与轮胎又称车轮总成，位于车身与路面之间，是汽车行驶系中的重要组成部分。车轮与轮胎的功用：支撑汽车及其装载质量；缓冲车轮受路面不平引起的冲击振动，提高汽车通过性；传递汽车与路面之间的各种力和力矩；抵抗侧滑并能产生回正力矩，保证汽车正常转向及行驶。车轮总成如图 4-1-1 所示。

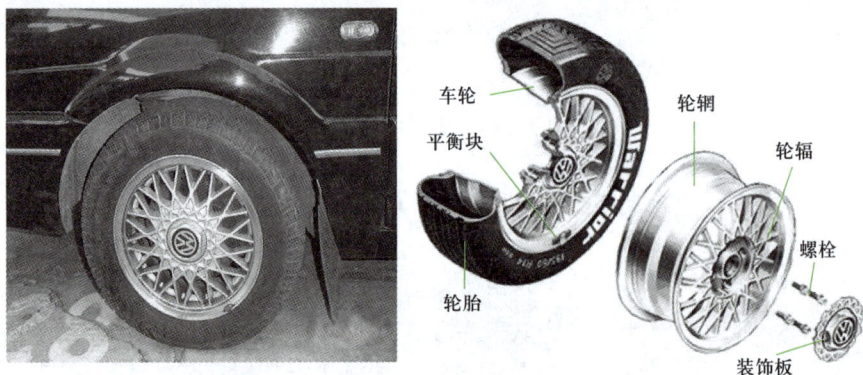

图 4-1-1 车轮总成

4.1.1 车轮

车轮将轮胎固定到车辆底盘上，是介于轮胎和车轴之间承受负荷的旋转组件。其主要由轮辋、轮辐和轮毂组成。轮辋是在车轮上安装和支撑轮胎的部件，轮辐是在车轮上介于车轴和轮辋之间的支撑部件。车轮是用钢或者铝合金制成的。按照轮辐的结构不同，车轮可分为辐板式和辐条式两种。按车轴一端安装的轮胎数目，车轮可分为单式车轮和双式车轮。

1. 轮辐

（1）辐板式车轮

辐板式车轮由挡圈、轮辋、辐板和气门嘴伸出口组成，如图 4-1-2 所示。车轮中用以连接轮毂和轮辋的钢质圆盘称为辐板，轿车的辐板所用板料较薄，常冲压成起伏多变的形状，以提高其刚度。

（2）辐条式车轮

辐条式车轮的轮辐是钢丝辐条或者是和轮毂铸成一体的铸造辐条，如图4-1-3所示。

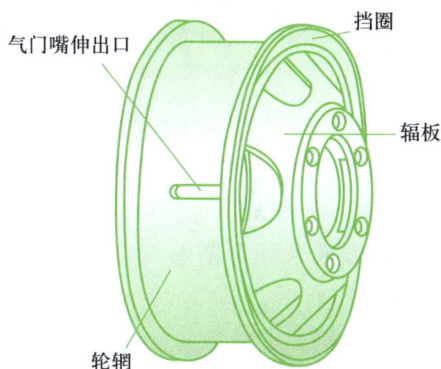

图 4-1-2 辐板式车轮　　　　图 4-1-3 辐条式车轮

现代汽车的轮辐多种多样，与汽车造型融为一个整体，对整车起到了很好的装饰作用，也有利于制动器的散热。铸造辐条式车轮用于装载质量较大的重型汽车。在这种结构的车轮上，轮辋是用螺栓和特殊形状的衬块固定在辐条上，为了使轮辋和辐条很好地对中，在轮辋和辐条上都加工出配合锥面。

2. 轮辋

（1）轮辋的分类与构造

轮辋常见形式主要有两种：深槽轮辋和平底轮辋，如图4-1-4所示。此外，还有对开式轮辋、半深槽轮辋、深槽宽轮辋、平底宽轮辋、全斜底轮辋等。

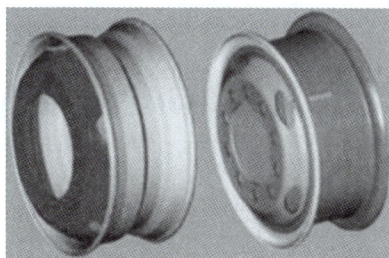

深槽轮辋

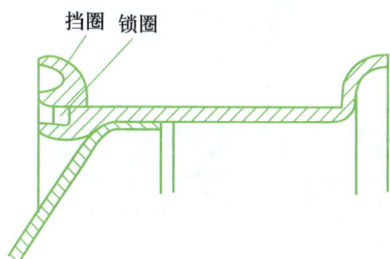

平底轮辋

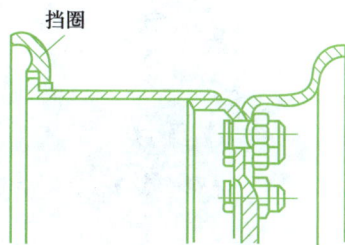

对开式轮辋

图 4-1-4 轮辋形式

① 深槽轮辋。

这种轮辋主要用于轿车及轻型越野车。它有带肩的凸缘，用以安放外胎的胎圈，其肩部通常略向中间倾斜，倾斜角一般是 5°±1°，倾斜部分的最大直径即称为轮胎胎圈与轮辋的着合直径。为便利外胎的拆装，断面的中部制成深凹槽。深槽轮辋的结构简单，刚度大，质量较小，对于小尺寸弹性较大的轮胎最适宜，但是尺寸较大、较硬的轮胎则很难装进这样的整体轮辋内。

② 平底轮辋。

这种轮辋的结构形式很多，是我国货车常用的一种形式。挡圈是整体的。平底轮辋用一个开口锁圈来防止挡圈脱出，在安装轮胎时，先将轮胎套在轮辋上，而后套上挡圈，并将它向内推，直至越过轮辋上的环形槽，再将开口的弹性锁圈嵌入环越过轮辋上的环形槽，再将开口的弹性锁圈嵌入环形槽中。东风 EQ1090E 和解放 CA1091 型汽车均采用这种形式的轮辋。

③ 对开式轮辋。

这种轮辋由内外两部分组成，其内外轮辋的宽度可以相等，也可以不相等，二者用螺栓连成一体。拆装轮胎时拆卸螺栓上的螺母即可。挡圈是可拆的。有的无挡圈，而由与内轮辋制成一体的轮缘代替挡圈的作用，内轮辋与辐板焊接在一起。东风 EQ2080 汽车即采用这种形式的轮辋。

除了深槽轮辋和平底轮辋以外，还有半深槽轮辋，一般用于轻型货车上。由于轮辋是轮胎装配和固定的基础，当轮胎装入不同轮辋时，其变形位置与大小也发生变化。因此，每种规格的轮胎，最好配用规定的标准轮辋，必要时也可配用规格与标准轮胎相近的轮辋。如果轮辋使用不当，会造成轮胎早期损坏，特别是使用过窄的轮辋。近几年来，为了适应提高轮胎负荷能力的需要，开始采用宽轮胎，实验表明，采用宽轮辋可以提高轮胎的使用寿命，并可改善汽车的通过性和行驶稳定性。

（2）国产轮辋规格的表示方法

① 国产轮辋轮廓类型及其代号。

目前，轮辋轮廓类型有 7 种，深槽轮辋：代号 DC；深槽宽轮辋：代号 WDC；半深槽轮辋：代号 SDC；平底轮辋：代号 FB；平底宽轮辋：代号 WPB；全斜底轮辋：代号 TB；对开式轮辋：代号 DT，如图 4-1-5 所示。

② 国产轮辋的规格代号。

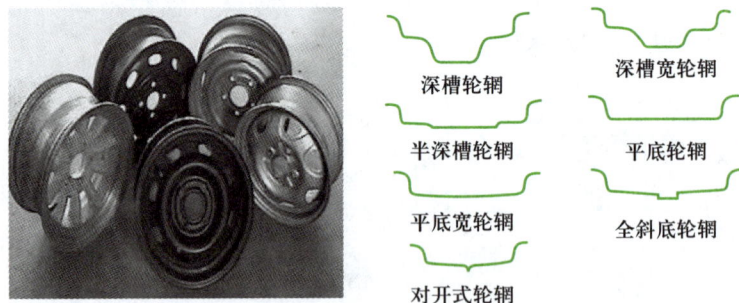

图 4-1-5 轮辋轮廓类型及代号

轮辋规格用轮辋名义宽度、轮辋名义直径、轮辋高度、轮辋轮廓类型及轮辋结构形式代号来表示。轮辋名义宽度和轮辋名义直径一般以英寸数表示（当新设计轮胎以 mm 表示直径时，轮辋直径用 mm 表示）。轮辋名义直径数字前面的符号表示轮辋结构形式代号。符号"×"表示该轮辋为一件式轮辋，符号"-"表示该轮辋为两件或两件以上的多件式轮辋。在轮辋名义宽度代号之后的拉丁字母表示轮缘轮廓（如 E、F、JJ、KB、L、V 等）。有些类型的轮辋（如平底宽轮辋），其名义宽度代号代表了轮缘轮廓，不再用字母表示。最后面的代号表示轮辋轮廓类型代号。例如，北京 BJ2020 型汽车轮辋为 4.50E×16，表明该轮辋名义宽度为 4.5 英寸，名义直径为 16 英寸，"×"为一件式，轮缘轮廓代号 E 为深槽轮辋。对于平底式宽轮辋只有表示轮辋名义宽度和名义直径尺寸的数字，没有表示轮缘轮廓的拉丁字母代号。

（3）车轮常用术语

车轮常用术语包括车轮宽度、车轮高度、偏置距、中央凹槽和气门嘴（气门杆孔）等，如图 4-1-6 所示。

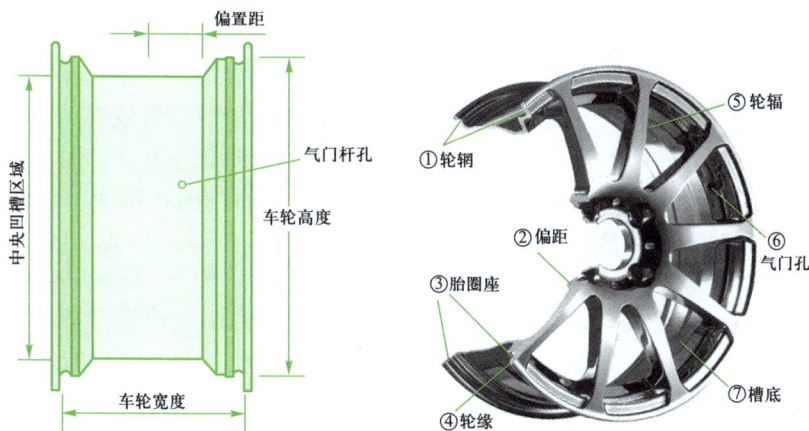

图 4-1-6　车轮术语标识

① 车轮宽度。

车轮宽度是指横过轮辋两侧的唇边之间的距离。

② 车轮高度。

车轮高度（直径）是指在胎圈座区域从车轮的顶部到底部所测得的距离。

③ 偏置距。

车轮的偏置距是指从车轮的中性线到安装法兰盘之间的距离。偏置距是车辆设计的一个非常重要的变量，如果中心孔偏移车轮中心的距离是零，则偏置距为零。如果中心孔在中心线右侧则为正偏置距，反之为负偏置距。通常前轮驱动的车辆使用正偏置距车轮。

④ 气门嘴。

气门嘴是用来给轮胎充气或放气，并保持轮胎压力的单向阀门，也是测量轮胎气压的接口。有内胎式轮胎的气门嘴安装在内胎上，无内胎式轮胎的气门嘴安装于轮辋上的气门杆孔处。

4.1.2　轮胎

1. 轮胎的功用和类型

轮胎安装在轮辋上，直接与地面接触。轮胎的作用：支撑汽车的总质量；与汽车悬架共同吸收和缓和汽车行驶时所受到的冲击和振动，以保证汽车具有良好的乘坐舒适性和行驶平顺性；保证车轮与路面的良好附着而不致打滑，使汽车行驶平稳。

汽车轮胎按用途分，可分为轿车轮胎和载货汽车轮胎及特种用途轮胎。而载货汽车轮胎，又分为重型、中型和轻型载货汽车轮胎。按胎体结构不同可分为充气轮胎和实心轮胎，现代汽车绝大多数采用充气轮胎。按组成结构不同，又分为有内胎轮胎和无内胎轮胎两种。按胎体中帘线排列的方向不同，还可分为普通斜交轮胎和子午线轮胎。现代汽车轮胎的结构设计都趋向于无内胎、子午线结构、扁平比小和轻量化方向发展。

有内胎式轮胎通常由外胎、内胎、衬带三部分组成，其明显特征是在外胎的里面有一个充有压缩空气的内胎。无内胎式轮胎俗称真空胎，与有内胎式轮胎相似，但是没有内胎及衬带，外胎是由气密性很强的橡胶层交织制成，气门嘴使用橡胶垫直接固定在轮辋上，空气直接充入外胎内，其密封性由外胎和轮辋来保证。

有内胎轮胎的主要缺点是不适应高速行驶，高速行驶时温度较高，容易爆胎而造成安全事故。另外，内胎在伸张状态下，一旦穿刺便形成小孔，从而使轮胎压力迅速下降，直接导致轮胎性能失效。无内胎式轮胎没有内胎，消除了内外胎之间的摩擦，可使热量直接从轮辋散出，比普通轮胎降温 20％ 以上。无内胎式轮胎在穿孔较小时，穿孔不会扩大，漏气缓慢，胎压不会急剧下降，仍能够继续行驶一定距离，提高了行驶安全性。另外，修理过程也比有内胎式轮胎容易，不需要拆卸轮辋。无内胎式轮胎能够较好地改善轮胎的缓冲性能，提高轮胎的使用寿命和车辆行驶的安全性，因此被广泛应用在轿车及轻型客车上。

2. 轮胎的结构

（1）有内胎轮胎

有内胎轮胎通常安装在车轮可拆卸轮辋上，如图 4-1-7 所示。

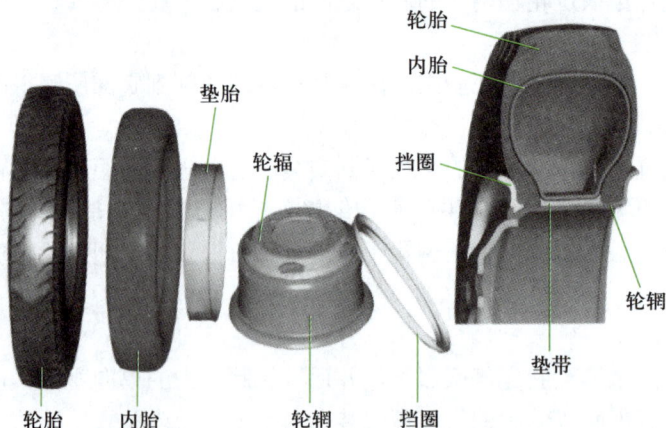

图 4-1-7　普通轮胎结构

① 外胎。

外胎是轮胎的框架，由多层与橡胶粘接在一起的轮胎帘线（多股平行的高强度材料层）构成。它具有足够的刚性，阻止高压空气外泄，又具有足够的弹性，以吸收载荷的变化和冲击。外胎由胎面、帘布层、缓冲层、胎圈四部分组成，如图4-1-8所示。胎面的外部是橡胶层，用来保护胎体免受路面造成的磨损，并与路面直接接触，产生摩擦阻力、驱动力和制动力。胎面由胎冠、胎侧、胎肩组成。

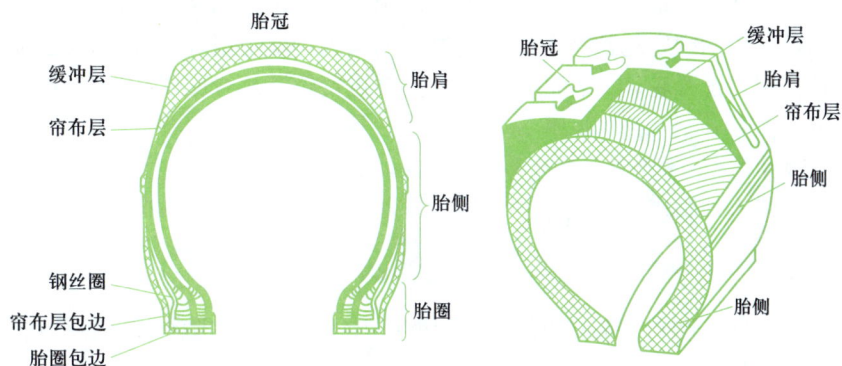

图 4-1-8 外胎结构

为增加轮胎的附着力，避免轮胎纵、横向打滑，保持良好的排水性能，胎冠制有各种花纹，如图4-1-9所示。轮胎花纹按方向可分为横向花纹和纵向花纹。横向花纹耐磨性高，防纵向滑移性能好，不易夹石，但散热性能和防横向移动性能较差，滚动阻力较大。纵向花纹散热性能好，滚动阻力小，防横向滑移性能好，而且操纵性能好、噪声小，但防纵向移动性能差，在泥泞路面和雨天行驶时，排水性能差，并且容易夹石，适用于高速行驶的车辆。

图 4-1-9 轮胎胎面花纹形状

胎肩是较厚的胎冠与较薄的胎侧间的过渡部分，一般也制有花纹，以提高该部位的散热性能。

胎侧是贴在胎体帘布侧壁上的薄橡胶层。胎侧是轮胎上面积最大、弹性最强的部分，主要作用是保护胎体侧面帘布层免受损伤。在行驶过程中，胎侧在载荷作用下会不断地弯曲变形。胎侧上标有厂家名称、轮胎尺寸及其他资料。

　　帘布层是外胎的骨架，主要材料有棉线、人造丝、尼龙、聚酯纤维和钢丝等。为了保持外胎的形状和尺寸，使其具有足够的强度，帘布层由成双数的多层帘布用橡胶贴合而成，相邻的帘线交叉排列。帘布层数越多，轮胎强度越大，而弹性越低。在帘布层与胎面之间，还有用上述材料制成的缓冲层。

　　缓冲层是夹在胎体与胎面之间的纤维层，它用来增强胎体与胎面的附着力，同时减弱路面传至胎体的振动。缓冲层广泛用于斜交轮胎中。大客车、货车及轻型卡车所用的轮胎都采用尼龙缓冲层；小客车所用的轮胎则采用聚酯缓冲层。

　　胎圈是由轮胎固定边缘上各层侧面缠绕的坚固钢丝组成，主要防止施加在轮胎上的各种作用力扯开轮辋。轮胎内的加压空气迫使轮胎边缘胀紧在轮辋边沿，使其牢固定位。

　　② 内胎。

　　内胎是装入外胎内部的一个环形橡胶管，外表面很光滑，上面装有气门嘴，以便充气。

　　③ 垫带。

　　垫带是一个环形橡胶带，它垫在内胎和轮辋之间，保护内胎不被轮辋和胎圈磨损。

　　（2）子午线轮胎

　　按照轮胎结构不同，无内胎汽车轮胎分为斜交线轮胎、带束斜交线轮胎和子午线轮胎三种，如图 4-1-10 所示。斜交线轮胎胎体是由相互之间形成十字交叉状的织物线交织而成；带束斜交线轮胎是在斜交线轮胎结构的基础上附加了具有多条沿轮胎圆周方向安置的带束；子午线轮胎胎体的织物线不是相互交叉排列的，而是与外胎断面接近平行，像地球子午线一样排列，因此被称为子午线轮胎。

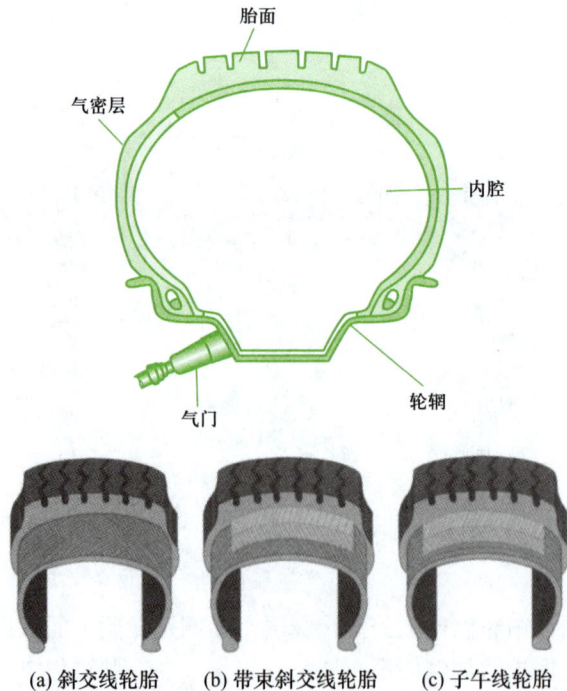

(a) 斜交线轮胎　　(b) 带束斜交线轮胎　　(c) 子午线轮胎

图 4-1-10　无内胎轮胎结构及类型

子午线轮胎在结构设计上优于斜交线轮胎，具有良好的附着性能，高速行驶时散热也较快，不容易刺破，缓冲性能也很好。当前绝大多数小客车采用子午线轮胎。子午线轮胎由胎面、带束层、帘线层、内衬、胎圈和胎肩等构成，如图4-1-11所示。

① 胎面。

胎面是轮胎与路面接触的部分，它具有良好的耐磨性、耐刺穿性、耐冲击性以及散热性。胎面包括花纹、肋条、沟槽、凹坑、开槽、空隙比、磨损指示器等，结构如图4-1-12所示。

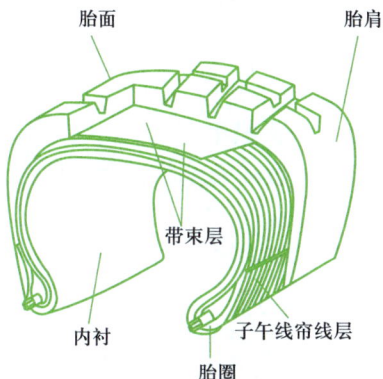

图 4-1-11　子午线轮胎结构

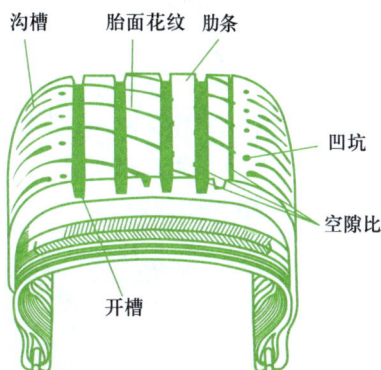

图 4-1-12　胎面区域名称

② 胎面花纹。

胎面花纹即轮胎胎面上各种纵向、横向、斜向组成的沟槽。轮胎花纹的主要作用：增大轮胎与地面的摩擦力，降低胎噪，增强驾乘舒适性，为轮胎散热和排水，提升车辆操控性能以及提升视觉效果等。胎面花纹包括不对称、对称和单方向三种形式，如图4-1-13所示。

(a) 不对称花纹　　　　(b) 对称花纹　　　　(c) 单方向花纹

图 4-1-13　轮胎花纹形式

不对称的胎面纹式子午线轮胎其内侧和外侧的胎面纹式是不同的。对称的胎面纹式子午线轮胎其横过胎面的纹式是一致的，胎面的两半侧有相同的设计纹式。这两种纹式的轮胎均能在两个方向转动。而单方向纹式的胎面具有单一的胎面纹式，只能向一个方向转动。

③ 胎面沟槽。

胎面沟槽是在胎面花纹块中的一些小的切槽。当轮胎在路面上行驶时，胎面沟槽张开后可以产生更多的接触表面区域，从而增加胎面花纹块的柔韧性，并产生尖锐

的边缘来增加牵引力。胎面沟槽在干燥、潮湿、泥浆和雨雪的路面状况下均能提供牵引力，帮助车轮避免打滑。

④ 凹坑。

凹坑的作用是用来疏散轮胎高速行驶时产生的热量，降低轮胎的温度。

⑤ 开槽及空隙比。

开槽用来加强轮胎的排水能力。空隙比是胎面上开口空间所占的数量。开口空间越大，轮胎的排水能力就越强；开口空间越小，轮胎与路面的接触面就越大，附着力也越大，但排水能力也会随之下降。

⑥ 磨损指示器。

在车轮转向时，胎肩可以提供与路面连续的接触面，增大轮胎与地面的附着力。在轮胎两侧的胎肩部分有"▲"标记，其所指向的沟槽中有"磨损限度标记"，如图 4-1-14 所示。当"磨损限度标记"露出沟槽时，意味着轮胎寿命的终结，此时必须更换轮胎。

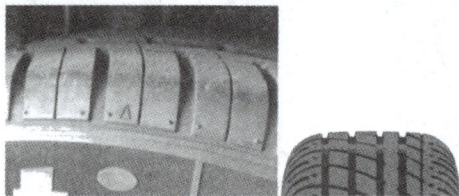

图 4-1-14　轮胎磨损指示器

⑦ 带束层。

在胎面与胎体之间的铁丝帘布称为带束层，其作用是提高胎面刚性和耐磨性，防止外部冲击损伤胎体。带束层还为轮胎提供了抵消离心力和侧向力的强度，并使轮胎足够柔软，以确保驾乘舒适性。

⑧ 帘线层。

由细小的织物纤维黏合在橡胶上制成。这种帘子布在很大程度上决定了轮胎的强度。

⑨ 轮胎内衬。

轮胎内衬也称为气密层，它是由几乎无法渗透的丁基合成橡胶制成，可以防止轮胎内部空气泄漏。在现代无内胎轮胎中，这种材料替代了原来的内胎。

⑩ 胎圈。

胎圈是轮胎的内边缘，它能够使轮胎与轮辋保持接触，将轮胎牢牢地固定在轮辋上。胎圈的周围有一个铁丝圈，用于限制胎圈的膨胀，以保持轮胎内部空间的气密性。

3. 轮胎标识

轮胎标识一般都标注在轮胎的侧面上，这些标识包含了轮胎的厂家名称、生产日期、类型、尺寸、性能等参数。车辆对轮胎规格的要求是不同的，正确识别轮胎上的标识可以帮助人们选择正确的轮胎。

标识中的"P 245/75R 16 109s"包含了轮胎的类型、尺寸、结构、载荷指数及速度等级参数，其代码及含义如图 4-1-15 和图 4-1-16 所示。

① 轮胎类型。

在参数"P 245/75R 16 109S"中，表示乘用车轮胎，其他代号还有 LT（用于轻型货车）和 T（用作临时备胎）。在轮胎类型标识中，"Tubeless"表示该轮胎为无内胎式轮胎，"Tube Type"则表示该轮胎为有内胎式轮胎。

- 胎面磨损指示位置
- 制造商名称
- X=米其林子午线科技
- 轮胎截面宽度mm
- 轮胎高宽比(H/S=0.80*)
- 子午线结构
- 安装轮辋名义直径 (22.5英寸)
- 单胎载荷指数 152=3 550公斤/轮胎
- 双胎并装时载荷指数 148=3 150公斤/轮胎
- 速度级别(M=130公里/小时)
- 轮胎结构
- 无内胎轮胎

(a) 轿车　　　　　　　(b) 货车

图 4-1-15　轮胎标识

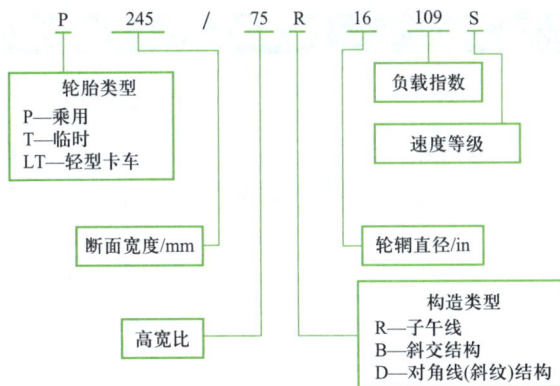

图 4-1-16　标识含义

② 轮胎宽度。

数字 245 表示以毫米（mm）计算的轮胎宽度，轮胎的整体宽度是两个边缘间的距离，如图 4-1-17 所示。

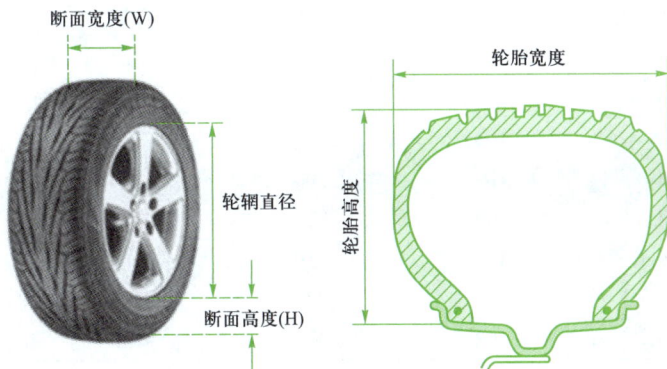

图 4-1-17　轮胎宽度与高度

③ 高宽比。

高宽比是轮胎高度与轮胎宽度之比的百分值。高宽比越大，表明轮胎的侧壁相对于其宽度较长；高宽比越小，表明轮胎的侧壁相对于其宽度较短。高宽比大的轮胎能允许侧臂偏转时有很大的柔韧性，增加了乘坐的舒适性；高宽比小的轮胎能有较大的接地面积，增加了稳定性能和行驶的控制能力。

④ 帘线层。

在轮辋尺寸前面的字母表示轮胎的结构。R 是子午线轮胎，B 是带束斜交线轮胎，D 是斜交线轮胎。

⑤ 车轮尺寸。

车轮尺寸或者轮辋直径以英寸（in）为单位，是指从轮辋唇口到对边的轮辋唇口进行测量的尺寸。

⑥ 载荷指数。

数字 109 是载荷指数，这个数字表示全充气的轮胎能够支撑的最大载荷量。载荷指数见表 4-1-1。

表 4-1-1 轮胎载荷指数表

载重指数	载重能力/kg	载重指数	载重能力/kg	载重指数	载重能力/kg
65	290	87	545	109	1 030
66	300	88	560	110	1 060
67	307	89	580	111	1 090
68	315	90	600	112	1 120
69	325	91	615	113	1 150
70	335	92	630	114	1 180
71	345	93	650	115	1 215
72	355	94	670	116	1 250
73	365	95	690	117	1 285
74	375	96	710	118	1 320
75	387	97	730	119	1 360
76	400	98	750	120	1 400
77	412	99	775	121	1 450
78	425	100	800	122	1 500
79	437	101	825	123	1 550
80	450	102	850	124	1 600
81	462	103	875	125	1 650
82	475	104	900	126	1 700
83	487	105	925	127	1 750
84	500	106	950	128	1 800
85	515	107	975	129	1 850
86	530	108	1 000	130	1 900

⑦ 速度等级。

速度等级是一个字母标识，它表示在正常状态下最大速度的工业标准。例如，S 表示轮胎能够承受 180 km/h 的最大速度。其他部分速度等级见表 4-1-2。

表 4-1-2 轮胎速度等级表

速度等级对应表		
速度级别	最高时速	适用范围
L	120 km/h	
M	130 km/h	
N	140 km/h	
P	150 km/h	
Q	160 km/h	
R	170 km/h	紧凑级轿车
S	180 km/h	
T	190 km/h	
U	200 km/h	
H	210 km/h	中高端轿车
V	240 km/h	
W	270 km/h	
Y	300 km/h	大型豪华轿车、超级跑车等
ZR	超过 240 km/h	

⑧ 其他参数。

a. 性能等级。

如图 4-1-18 所示，轮胎标识中的"TREADWEAR 300"表示磨损标号。标号越大，抗磨损的能力就越高。"TRACTION A"表示牵引力等级，牵引力等级表示轮胎在潮湿的硬路面上停止行驶的能力。它分为 AA、A、B 和 C 四个等级，AA 代表牵引力等级最高，C 表示牵引力等级最低。"TEMPERATURE A"表示温度等级，其分级为 A、B 和 C。A、B 级轮胎的耐温能力要比 C 级好。

b. DOT 标识。

DOT 表示此轮胎符合美国运输部规定的安全标准。在 DOT 代码后面的字母和数字表示制造厂商和工厂代码以及轮胎的生产日期，轮胎的生产日期以年和周来表示，如图 4-1-19 所示。

图 4-1-18　轮胎性能等级参数

图 4-1-19　DOT 标志

c. 颜色标记。

　　新的轮胎和轮辋上面一般标有红色或黄色的圆形标记。红色标记表示此位置是轮胎纵向刚性最大的位置，它与轮胎的销售和维修关系不大。轮辋的黄色标记表示轮辋圆周上质量最大的部位，轮胎的黄色标记代表轮胎圆周上质量最小的部位。在更换轮胎时，必须将轮胎黄色标记与轮辋黄色标记对齐，才能使车轮在行驶中保持最佳平衡，如图 4-1-20 所示。

图 4-1-20　轮胎颜色标记

4. 备胎

　　绝大多数汽车都至少配备一个备用轮胎（简称备胎）。在某个轮胎损坏的情况下，备胎可以替代受损的轮胎而使车辆继续行驶。为了节省空间和燃油经济性，备胎的尺寸一般都小于四个车轮的轮胎。由于车型不同，备胎的存放位置也不尽相同。轿车的备胎通常安放在后备箱里面，越野汽车的备胎通常安放在汽车的尾部。

任务实施

1. 车轮及轮胎外观检查（图 4-1-21）

① 举升车辆。

② 检查轮胎胎面和胎壁是否有裂纹、割痕或其他损坏。

③ 检查轮胎的胎面和胎壁是否嵌入任何金属微粒、石子或其他异物。

④ 检查轮辋和轮辐（图 4-1-22）是否损坏、腐蚀和变形，平衡块是否脱落。

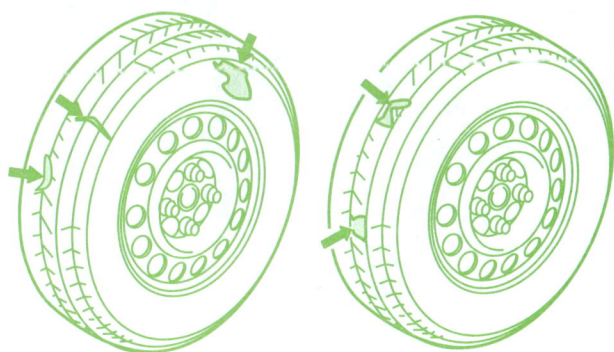

裂纹或者损坏检查　　　　嵌入异物检查
图 4-1-21　车轮及轮胎外观检查　　　　图 4-1-22　轮辋和轮辐检查

2. 车轮轴承摆动及转动状况和噪声检查

用双手转动车轮，应转动自如，再用双手晃动车轮，应轴向推动无间隙。

3. 轮胎异常磨损检查

正常情况下轮胎胎面磨损是均匀的，但当汽车出现故障或使用不当时，轮胎会出现异常磨损，如轮胎局部磨损加快，胎肩磨损，胎面中央磨损，单侧磨损，斑秃状磨损，锯齿状磨损等。

① 胎肩磨损。

如图 4-1-23 所示，轮胎的两侧胎肩磨损过大，主要原因是轮胎充气量不足，或汽车长时间超载行驶。当轮胎充气量不足或超载行驶时，轮胎与地面的接触面会增大，使得轮胎的两侧与地面长时间接触而形成早期磨损。充气不足的轮胎还会造成车辆操纵性能下降、轮胎热量增加，同时轮胎滚动阻力增大，导致油耗增加。

图 4-1-23　胎肩磨损

② 中央磨损。

如图 4-1-24 所示，胎面中央部分磨损过大，主要原因是轮胎充气量过大。适当提高轮胎的充气量，可以减少轮胎滚动阻力，节约燃油，但当胎压过大时，不但会影响轮胎的减振性能，而且会减小轮胎与路面接触面积。因此，轮胎与地面磨损只能由胎面中央部分承担，从而导致胎面中央早期磨损。过度充气的轮胎还会增加噪声和振动，降低乘坐的舒适性。

图 4-1-24   中央磨损

③ 单侧磨损。

如图 4-1-25 所示，轮胎呈现一侧磨损过大，主要原因是前轮外倾角定位失准。当前轮外倾角过大时，轮胎外侧过多地与地面接触，形成过度磨损。同理，当前轮外倾角过小时，轮胎的内侧容易形成过度磨损。

图 4-1-25   单侧磨损

④ 胎面某一部位磨损严重。

如图 4-1-26 所示，胎面某一部位早期磨损严重，主要原因是紧急制动时车轮抱死，胎面与地面之间发生纯滑动摩擦，花纹过早磨损。

图 4-1-26   胎面某一部位磨损严重

⑤ 斑秃状磨损。

如图 4-1-27 所示，轮胎的个别部位出现斑秃状磨损，主要原因是车轮不平衡。当不平衡的车轮高速转动时，个别部位受力大，从而形成轮胎早期磨损。与此同时，车轮不平衡同样会造成转向不顺畅，操纵性能变差等。

⑥ 锯齿状磨损。

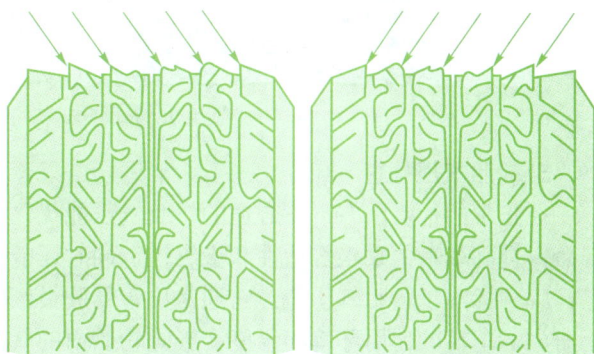

如图 4-1-28 所示，胎面出现锯齿状磨损，主要原因包括前轮前束调整不当、前悬挂系统位置失常、球头松动等。这些故障使正常滚动的车轮发生横向滑动或行驶中车轮定位不断变化，从而形成轮胎锯齿状磨损。

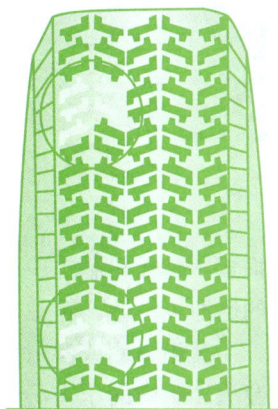

图 4-1-27　斑秃状磨损　　　　　　　　　图 4-1-28　锯齿状磨损

4. 轮胎磨损检查

轮胎在使用过程中应经常检查其花纹的磨损情况，一般通过磨损指示器来进行判断。磨损指示器设计在轮胎胎面沟槽底部，呈凸起窄条状，且从轮胎一侧延伸到另一侧，如图 4-1-29 所示。磨损指示器用于指示胎面花纹深度，当胎面被磨损到了与磨损指示器平齐时，提示需要更换轮胎。

图 4-1-29　轮胎磨损指示器

轮胎花纹深度也可使用轮胎花纹深度计来测量。测量前，首先应清除轮胎花纹中的杂物，以保证测量的准确性。测量时，把轮胎花纹深度计放在胎面沟槽中（不包括胎面指示器）。深度计的读数即为轮胎花纹深度值，如图 4-1-30 所示。

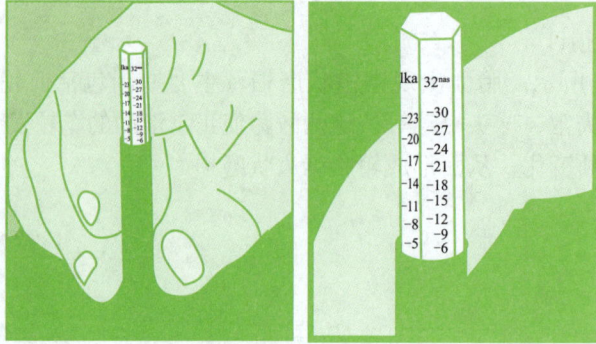

图 4-1-30　轮胎花纹深度计

5. 轮胎气压检查

在正常的行驶状态下，合适的轮胎气压能优化轮胎的磨损量，延长轮胎的使用寿命，提高车辆的乘坐舒适性和操纵性，同时还能提高车辆的燃油经济性。轮胎信息标牌中标注了轮胎气压值，它通常位于驾驶员侧的门框上、手套箱内侧或者用户手册中。车辆的使用环境和温度会影响轮胎内的气压，高温会增加胎内的压力，低温会降低胎内的压力。当使用冷态气压参数进行充气时，车辆需停驶一段时间后再进行操作。许多车辆也给出了热态的气压参数，可以在车辆高速行驶之后以及轮胎温度较高的情况下使用。

目测检查轮胎的变形量，可以帮助确定轮胎的充气状态是否合适，但不能判断轮胎的准确气压值，因此应使用轮胎气压表来准确检查轮胎气压是否符合规格，如图 4-1-31 所示。

轮胎性能		
座位数	总共5个　前面2个	后面3个
乘员和载货的总重量应该不超过×××kg。		
轮胎的尺寸	轮胎冷态充气压力	
P195/70R14 90S	前轮	200 kPa
	后轮	200 kPa
紧凑型备胎	达到最大载重	
T125/70D15 95M	420 kPa	

图 4-1-31　轮胎气压检查

6. 车轮平衡检查

车轮是汽车重要的旋转部件，由于制造工艺、安装误差、磨损变形等因素的影响，车轮的质量可能在其使用过程中会出现相对于车轮转动中心呈不均匀分布的情况，这会影响车轮转动的平衡性能。因此，需要检查车轮的平衡。车轮的平衡包括静平衡和动平衡。

（1）静平衡

静平衡是指车轮质量绕转动中心等量均匀分布。如果车轮上的某一处的质量比转动中心另一侧上相同位置的质量小或大，车轮就处于静不平衡状态。将静不平衡的车轮安装在可以自由旋转的轴上，它会转动，使质量较大的部分转到下方。当静不平衡车轮旋转时，质量较大的部分会产生不均匀的离心力，使车轮沿径向振动。

（2）动平衡

动平衡则是指车轮的转动质量在轴向均匀分布，如果车轮内侧某一处与外侧对应位置的质量不等，车轮就处于动不平衡状态，转动时就会发生轴向力矩不平衡，车轮沿轴向（水平方向）出现左右摆动。

保持车轮平衡能够使车轮在转动时不发生质心偏转，以确保车轮高速行驶时的平稳性。车轮在出厂装配时都进行了严格的平衡测试，但是更换轮胎、车辆碰撞或者车辆行驶在平整路面上出现转向盘抖动时，都需要对车轮进行平衡测试。

车轮动平衡检测可通过车轮动平衡机来完成，如图 4-1-32 所示。车轮动平衡机能够检测车轮动态下的不平衡，并指示不平衡量和位置。将相应质量的平衡块补偿在指定位置，就能够实现车轮的动平衡。车轮动平衡的操作步骤主要包括前期准备、固定车轮、输入参数、采集数据、确定平衡块安装位置和安装平衡块。

① 前期准备。

进行动平衡测试前，应清除轮胎及轮辋上的杂物并取下旧平衡块，保证轮胎和轮圈表面清洁，确保轮胎气压符合标准，如图 4-1-33 所示。

图 4-1-32　动平衡机　　　　图 4-1-33　清除杂物

② 固定车轮。

使用专用固定工具将车轮安装在平衡机上，注意选择的锥体应与轮辋中心孔大小相当，保证固定牢靠，如图 4-1-34 所示。

③ 输入参数。

根据动平衡机的要求测量轮胎和轮辋的相关参数，主要包括：轮辋边缘距离平衡机机箱的距离（使用机箱上的专用刻度尺进行测量，如图 4-1-35 所示）、轮辋宽度（使用专用卡尺测量）和轮圈直径（根据轮胎规格参数得知）。

微课
轮胎动平衡检测

图 4-1-34　固定车轮

图 4-1-35　测量轮辋边缘与平衡机机箱的距离

④ 采集数据。

输入相关车轮数据后，按下确认键开始测量。测量过程中车轮高速旋转，平衡机自动采集数据，待车轮停止后，控制台显示出测量结果，左、右显示器显示的两个数字分别表示车轮内、外两侧需要添加的平衡块的质量，如图 4-1-36 所示。

⑤ 确定平衡块安装位置。

根据平衡机中间显示屏的提示（图 4-1-37），用手慢慢转动车轮，确定平衡块安装位置。

图 4-1-36　采集数据

图 4-1-37　确定平衡块

⑥ 安装平衡块。

平衡块是车轮动平衡校正所使用的基本材料，其表面有规格（质量）和材质信息。按照固定形式不同，平衡块可分为挂钩式和粘贴式两种，如图 4-1-38 所示。平衡块应该按照平衡机的提示进行安装，要保证安装位置和平衡块规格（质量）都正确。安装平衡块后可能产生新的不平衡，应重新进行动平衡测试及校正，直至达到规定要求。

7. 轮胎换位

为了确保轮胎使用寿命和均匀磨损，需要对轮胎进行换位。操作时应遵照用户手册规定的行驶里程间隔和换位模式。当轮胎胎面出现异常磨损时，也可以进行轮胎换位。但是，对异常磨损的轮胎进行换位，只是把轮胎的磨损均摊，并不能消除异常磨损。

微课
更新轮胎

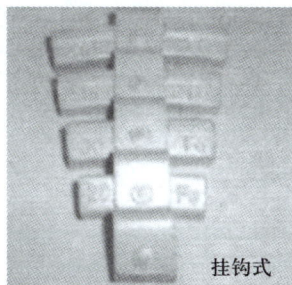

挂钩式

粘贴式

图 4-1-38　平衡块

　　轮胎换位包括交叉换位和单边换位两种模式。交叉换位通常是指将一侧轮胎换到另一侧且前、后位置变换。根据车辆的驱动方式不同，交叉换位又可分为三种形式，如图 4-1-39（a）、（b）、（c）所示。单边换位通常针对单方向花纹轮胎，将前、后轮交换，如图 4-1-39（d）所示。若要进行一侧对另外一侧换位，就需要把轮胎从车轮上拆下后，调整方向再安装。单边换位方式不仅适用于单方向轮胎，同时也适用于不对称轮胎、子午线轮胎、四轮驱动、前驱动和后轮驱动的车辆。

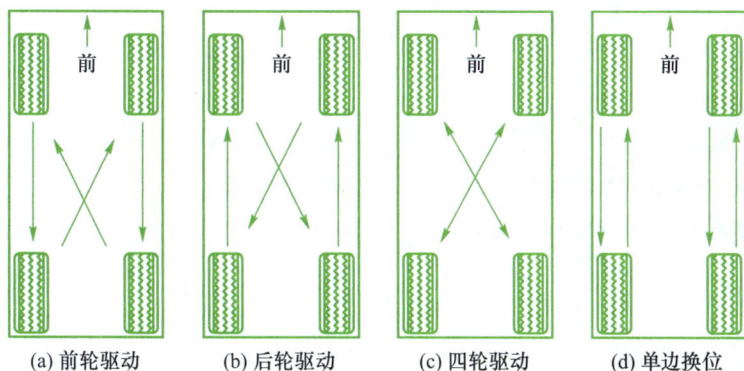

（a）前轮驱动　　（b）后轮驱动　　（c）四轮驱动　　（d）单边换位

图 4-1-39　轮胎换位

8. 车轮拆装时的注意事项

① 拆卸车轮时，应标记车轮相对于轮毂的安装位置，以确保车轮总成保持动平衡。

② 拆装和安装防盗螺栓时，禁止使用气动工具，防止螺栓损坏。

③ 检查并清除车轮和轮毂安装面上的锈蚀或异物，防止车轮行驶时松旷。

④ 检查并清除车轮双头螺栓和螺母上的螺纹，防止因卡滞而影响螺栓紧固力矩。

⑤ 安装车轮螺栓时，按图 4-1-40 所示顺序均匀交替紧固车轮螺栓至厂商规定力矩。

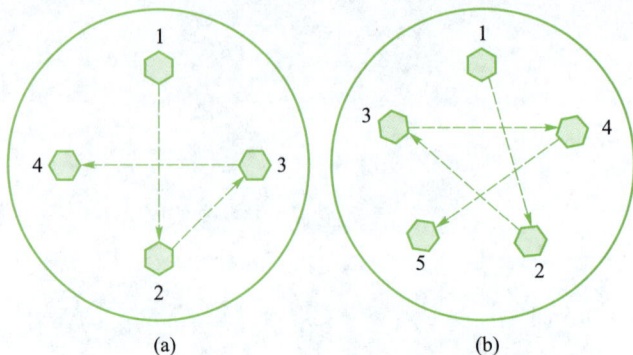

图 4-1-40　车轮螺栓紧固顺序

9. 轮胎拆装时的注意事项

① 拆装轮胎要在清洁、干燥、无油的场所进行，通常使用轮胎拆装机进行操作。

② 安装新轮胎时要注意轮胎尺寸、旋转方向及轮胎的平衡标记。

③ 检查并清除轮辋上的橡胶和锈蚀，便于轮胎与轮辋接合。

④ 检查气门嘴与轮辋或气门芯是否配合平整，并清除灰尘。充气后应检测气密性，并安装气门芯帽。

⑤ 涂抹适量的润滑剂于轮胎胎圈和轮辋上，便于轮胎的安装。

⑥ 充气时注意安全防护，并在充气开始时用橡胶锤轻击轮胎，使轮胎平稳嵌入轮辋圈槽内，防止轮胎跳动。

习题与思考

1. 车轮主要由 _____、_____、_____ 组成。

2. 子午线轮胎由 _____、_____、_____、_____、_____、_____ 等构成。

3. 轮胎规格为 P 245/75R 16 109S，其含义是什么？

4. 简述轮胎动平衡操纵过程。

任务 2　悬架的拆检

任务引入

悬架是承载式车身与车轮之间的所有传力连接部件的总称。它使得车身与车轮之间的连接具有弹性，以吸收路面的冲击和振动，保证驾驶平稳、转向精确，并防止轮胎异常磨损。其技术状况变差，将直接影响汽车的平顺性和操控性，增加汽车的冲击载荷，加剧汽车零件的磨损。本任务将介绍悬架各组成部件的工作原理等知识以及悬架的拆检过程。

知识链接

悬架是车架（或承载式车身）与车桥（或车轮）之间的所有传力连接装置的总称。悬架的功用为：把路面与车轮之间的摩擦所产生的驱动力和制动力，传递到车架（或承载式车身）上，保证汽车的正常行驶。利用弹性元件和减振器吸收各种摇摆和振动，保障乘客和货物的安全。利用悬架的某些传力杆件使车轮按一定轨迹相对于车架或车身跳动，即起导向作用，保证各部件适当的几何位置。利用悬架中的辅助弹性元件横向稳定器，防止车身在转向等行驶情况下发生过大的侧向倾斜。

微课
悬架的认识

4.2.1　悬架的组成

汽车有前悬架和后悬架，它们的结构形式很多，但基本结构是相似的。悬架主要由弹性元件、减振器、导向机构（或传力机构）、横向稳定杆等组成，如图 4-2-1 所示。

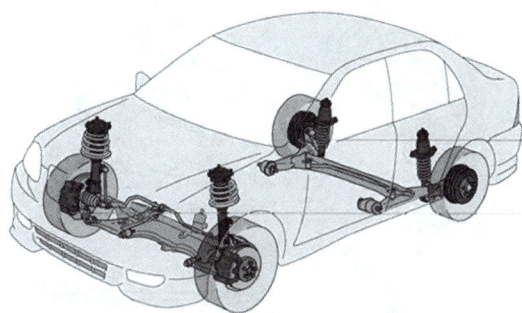

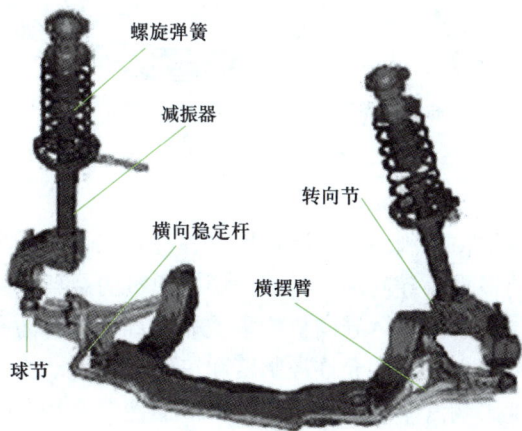

图 4-2-1　悬架组成

悬架各组成部件的作用：

① 弹性元件的作用是承受和传递垂直载荷，缓冲并抑制不平路面所引起的冲击；

② 减振器用以加快振动的衰减，使车身和车轮的振动得以控制；

③ 导向装置用来传递纵向力、侧向力及其力矩，并保证车轮有正确的运动关系；

④ 横向稳定杆用以阻止车身在不平路面上行驶或转向时发生过大的横向倾斜。

悬架包括弹簧、减振器、推力杆、稳定杆、球铰链（上球铰链和下球铰链）、控制臂和垫片、转向节及轮轴等零部件。这些零部件装配起来组成完整的悬架，保证驾驶的安全性和舒适性。

1.弹性元件

汽车悬架系统的弹性元件使车身与车轮之间实现弹性连接，并支撑汽车的绝大部分质量，保持正确的车身高度，缓和汽车行驶中来自路面的冲击，弹簧的性能常用刚度来衡量（刚度是指材料在受力时抵抗弹性变形的能力，是材料弹性变形难易程度的一个象征）。由弹性元件支撑的质量称为簧载质量，如车身、动力装置等。汽车上有一部分质量不是由弹性元件支撑的，如车轮、制动器、转向节等，它们属于非簧载质量。悬架系统的非簧载质量应尽可能小，否则会反制簧载质量，减慢轮胎对路面的反应能力，最终导致车辆操纵性变差、牵引力损失、零部件过早损耗等故障。悬架系统的弹性元件主要有螺旋弹簧、钢板弹簧、扭杆弹簧和空气弹簧等几种结构形式，如图 4-2-2 所示。

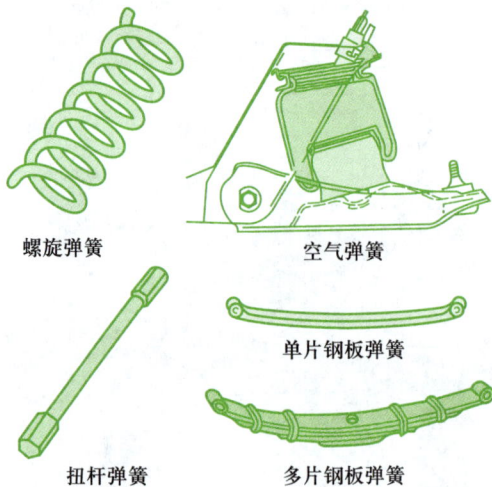

螺旋弹簧   空气弹簧

单片钢板弹簧

扭杆弹簧   多片钢板弹簧

图 4-2-2 弹性元件

① 螺旋弹簧。

螺旋弹簧用弹簧钢棒卷制而成，通常用于各种独立悬架或半独立悬架，其特点是只能承受垂直载荷，没有导向功能。使用螺旋弹簧的悬架系统必须有减振器和导向机构，减振器吸收振动能量，导向机构承受非垂直方向的力和力矩。螺旋弹簧通常安装在上、下控制臂之间，并允许控制臂和车轮上下运动。

螺旋弹簧的刚度影响汽车的操控性和乘坐舒适性，有些车辆使用固定刚度螺旋弹簧，这种弹簧具有相同尺寸的螺旋直径和相同的空间占位。有些车辆使用可变刚度螺旋弹簧，这种弹簧既能够承受重载，又能够提高轻载时的乘坐舒适度。受到使用时间和老化的影响，螺旋弹簧最终都会垂弛。垂弛的弹簧会影响车辆的乘坐高度、车轮定位参数、转向性能、制动性能，并造成轮胎磨损、悬架零部件异常磨损。螺旋弹簧采用更换的方式进行维修，更换螺旋弹簧时需要核对打印在弹簧上的标记或零件号和弹簧端部的类型，并使用专用工具卸载弹簧的应力。

②钢板弹簧。

钢板弹簧将车桥连接到车架上，通常应用在轻型货车、运动型多功能汽车（SUV）上，它具有很好的负载承受能力，且强度高，能够控制车身的摇摆和阻止侧向运动。

汽车使用的钢板弹簧有单片钢板弹簧和多片钢板弹簧。单片钢板弹簧是一片厚的弓形的弹簧钢板或复合材料制成的弹簧片，其两端弯成卷耳，如图4-2-3（a）所示，多片钢板弹簧由若干片等宽但不等长的弹簧钢板组合而成，相当于一根近似等强度的弹性梁，如图4-2-3(b)所示。多片钢板弹簧可以起到缓冲、减振、导向和传力的作用。

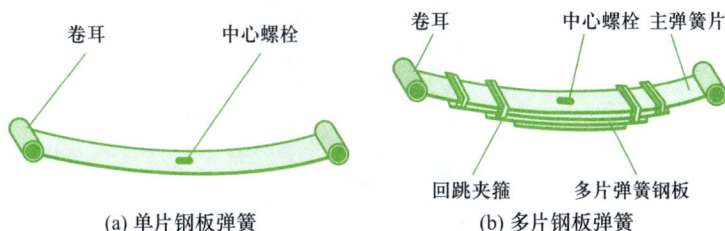

(a) 单片钢板弹簧　　　　　　　(b) 多片钢板弹簧

图 4-2-3　钢板弹簧结构

③扭杆弹簧。

扭杆弹簧是一根具有扭转弹性的直线金属杆件，除了它是直杆外，其余和螺旋弹簧相似。扭杆用铬钒合金弹簧钢制成，表面通常涂以沥青和防锈油漆或者包裹一层玻璃纤维布，以防碰撞、刮伤和腐蚀。断面一般为圆形，少数为矩形或管形。它的两端可以做成花键、方形、六角形或带切面圆柱形等，以便将一端固定在车架上，另一端通过摆臂固定在车轮上。当车轮跳动时，控制臂便绕着扭杆弹簧轴线摆动，使扭杆弹簧产生扭转弹性变形，以保证车轮与车架弹性连接，如图4-2-4所示。为避免左、右侧悬架高度及刚度受其影响，扭力杆上通常有区别左右的标记。使用扭杆弹簧的悬架质量较小，结构比较简单，也不需润滑，并且通过调整扭杆弹簧固定端的安装角度，容易实现车身高度的调节。因此，许多汽车前悬架使用扭杆弹簧式悬架，尤其是四轮驱动车型。

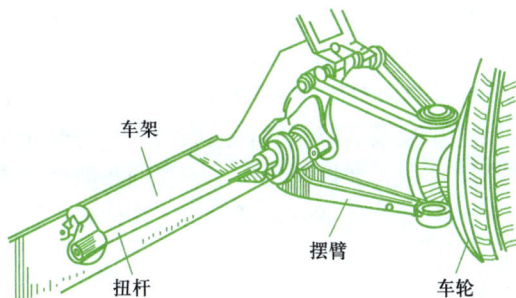

图 4-2-4　扭杆弹簧

④ 空气弹簧。

空气弹簧是一种充满压缩空气的橡胶圆柱体密封容器，它利用气体的可压缩性实现弹簧作用，可用来代替螺旋弹簧，这种弹簧的刚度是可变的，因为作用在弹簧上的载荷增大时，容器内的定量气体受压缩，气压升高，则弹簧的刚度增大；反之，载荷减小时，容器内的气压降低，刚度减小。空气弹簧具有比较理想的变刚度特性。

空气弹簧有囊式和膜式两种。囊式空气弹簧由夹有帘线的橡胶气囊和密闭在其中的压缩空气组成，膜式空气弹簧的密闭气囊由橡胶膜片和金属压制件制成，如图 4-2-5 所示。与囊式空气弹簧相比，膜式空气弹簧的弹性特性曲线比较理想，因刚度较囊式小，车身自然振动频率较低，且尺寸较小，在车上便于布置，大多应用在小客上。

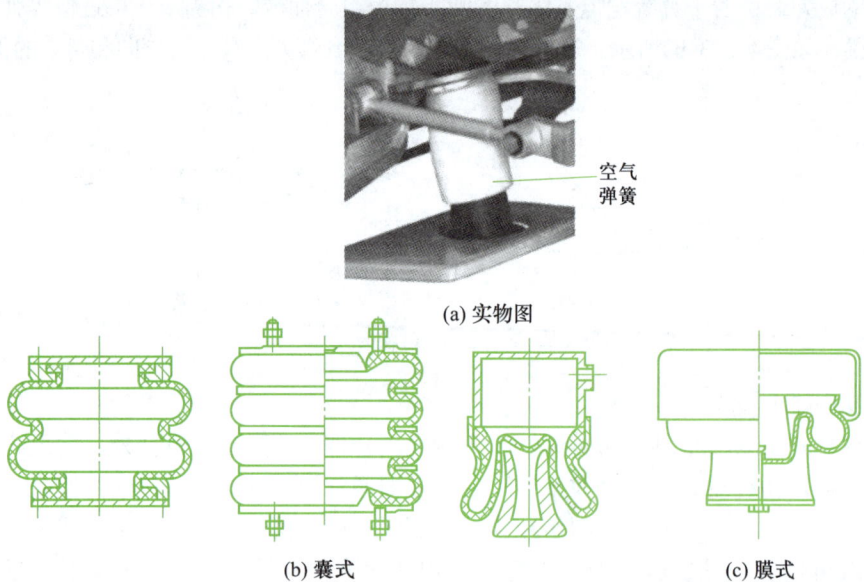

(a) 实物图

(b) 囊式　　　　　　　　　　　　　　(c) 膜式

图 4-2-5　空气弹簧

2. 减振器

当道路表面有一个凸起时，车轮及车桥被迅速抬高。此时，螺旋弹簧被压缩并推动汽车车身升高。作用在汽车上的冲击被弹簧吸收，弹簧被压缩后试图复原，这样整个过程引起振动发生。汽车如果没有减振器，在受到冲击之后，弹簧不断振动，直至全部能量都被吸收为止。在连续冲击之后，会导致行驶不稳定，而且会对悬架和转向系统造成重大磨损。减振器安装在车桥和车架（或车身）之间。减振器使其能够减少撞击地面凸起后引起的振动次数，实现减振并控制汽车弹簧运动。汽车车身和车桥之间没有安装减振器和安装有减振器产生的振动波形如图 4-2-6 所示。

大多数车辆使用液压式减振器或充气式减振器，有些豪华小客车或越野车使用可变阻尼式减振器和高度可调式减振器。在压缩和伸张两行程内均能起减振作用的减振器称为双向作用式减振器，另有一种减振器仅在伸张行程内起作用，称为单向作用式减振器。

（1）液压式减振器

液压式减振器的减振原理：当活塞在减振器的缸筒内作往复移动时，减振器壳

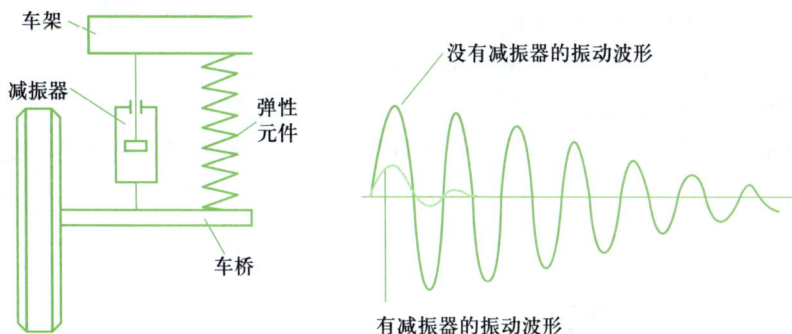

图 4-2-6 减振器的安装与作用

体内的油液便反复地从一个腔室经活塞上的节流孔进入另一个腔室。此时，液体与孔壁的摩擦及液体分子间的摩擦便形成衰减振动的阻尼力，使车身振动的能量转化为热能并被油液和减振器壳体吸收，然后散发到大气中。减振器的阻尼力越大，振动消除得就越快，但会导致弹性元件的缓冲作用不能充分发挥；同时，过大的阻尼力还可能导致减振器相关零件损坏。

减振器阻尼力的大小随着车身和车轮间的相对运动速度的增减而增减，并且与油液的黏度及节流孔的大小有关。如果节流孔大小不变，当减振器受到较大的冲击力时，过大的阻尼力会影响对冲击的吸收。因此，在节流孔的出口处设置有阀门。当压力变大时，阀门被顶开，节流孔开度变大，阻尼力变小。液压式减振器以双筒式居多，双筒式是指减振器有内外两个筒，如图 4-2-7 所示。

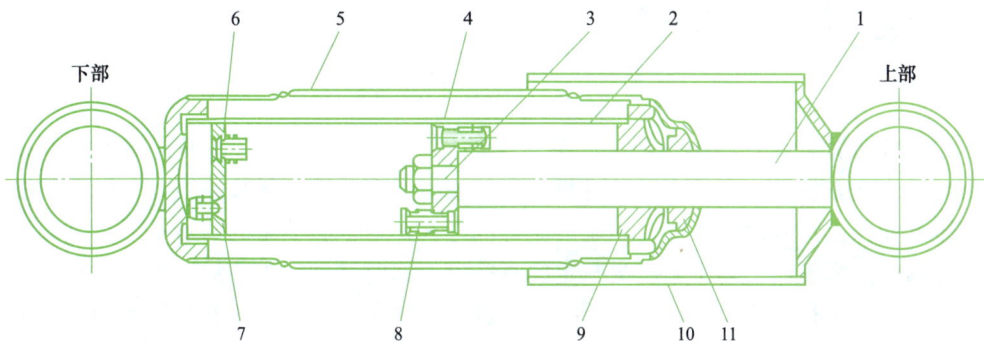

1—活塞杆；2—工作缸筒（内筒）；3—活塞；4—伸张阀；5—储油缸筒（外筒）；6—压缩阀；

7—补偿阀；8—流通阀；9—导向座；10—防尘罩；11—油封

图 4-2-7 双筒式减振器的结构

外面钢筒是防尘罩，上部通过圈环与车身（车架）连接。中间钢筒是储油缸，内部装有一定量的减振器油液，下部通过圈环与车桥连接。里面钢筒是工作缸，内部装满减振器油液。在工作缸的内部，有与防尘罩和上部圆环制成一体的活塞杆，其下端固定着活塞。活塞上装有伸张阀和流通阀，在工作缸的下部底座上装有压缩阀和补偿阀。为了满足减振器的工作要求，流通阀和补偿阀的弹簧比较软，较小的油压便可以打开或关闭。而压缩阀和伸张阀的弹簧比较硬，只有当油压增大到一定的程度时，才能打开；而只要油压稍有下降，阀门立刻关闭。伸张阀弹簧的刚度和预紧力大于压缩阀弹簧，在同样力的作用下，伸张阀及相应的常通缝隙通道的截面积总和小于压缩阀及相应常通缝隙通道的截面积总和，使得减振器伸张行程产生的阻尼力大于压缩行程时产生的阻尼力，从而达到迅速减振的要求。

双向作用筒式减振器工作过程分为压缩行程和伸张行程，如图 4-2-8 所示。

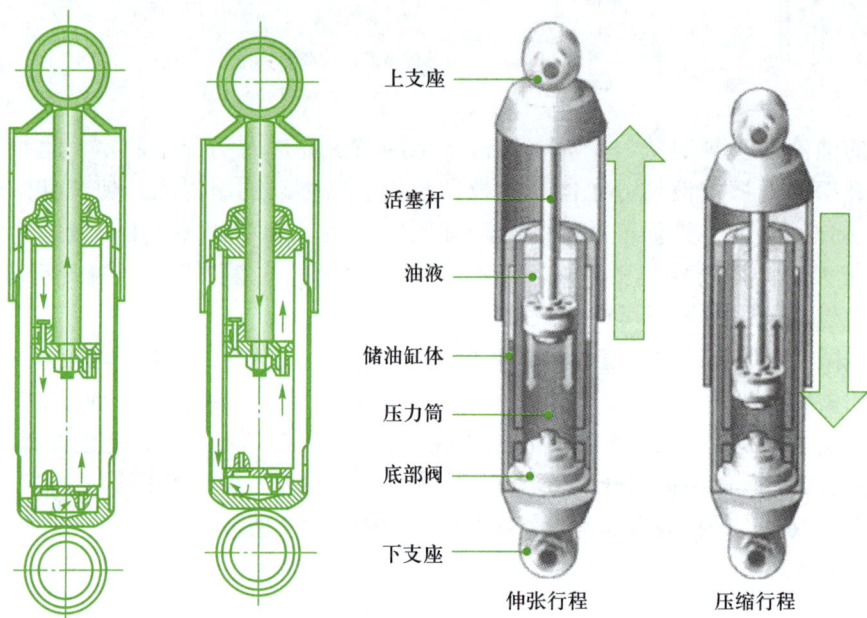

图 4-2-8　减振器的工作过程

在伸张行程时，汽车车轮远离车身（车架），减振器受拉伸，减振器的活塞在工作缸内向上移动，活塞上腔的容积减小，油压升高，流通阀被关闭，上腔内的油液压开伸张阀流入活塞下腔。由于活塞杆的存在，自上腔流来的油液不能完全充满下腔增加的容积，使得下腔产生一定的真空度，这时储油缸中的油液推开补偿阀流进活塞下腔进行补充。油液通过阀孔时，这些阀的节流产生了对悬架伸张行程的阻尼作用。

在压缩行程时，汽车车轮靠近车身（车架），减振器受压缩，减振器的活塞在工作缸内向下移动，活塞下腔的容积减小，油压升高，下腔内的油液压开流通阀流入活塞上腔，由于上腔被活塞杆占去了一部分空间，因而上腔增加的容积小于下腔减小的容积，于是另一部分油液就推开压缩阀，流回到储油缸内。油液通过阀孔时，这些阀的节流产生对悬架压缩行程的阻尼作用。

减振器的工作有如下特点：

① 在悬架压缩行程内，减振器的阻尼力应较小，以便充分利用弹性元件的弹性来缓和冲击；

② 在悬架伸张行程内，减振器的阻尼力应较大，以便迅速减振吸能。

③ 当车轮与车身的相对速度过大时，减振器应当能自动加大油液通道截面积，使阻尼始终保持在一定限度之内，以避免承受过大的冲击载荷。

（2）充气式减振器

充气式减振器在液压式减振器的基础上增加了气室，其结构特点如下：工作缸筒的下部装有一个浮动活塞，浮动活塞与缸筒形成的密闭气室中充有高压氮气；浮动活塞之上是减振器油液，如图 4-2-9 所示。浮动活塞上装有大断面的 O 形密封圈，把油和气完全分开，此活塞亦称为封气活塞。工作活塞上装有随运动速度大小变化而改变通道面积的压缩阀和伸张阀。充气式减振器衰减振动的原理与液压式减振器相似。

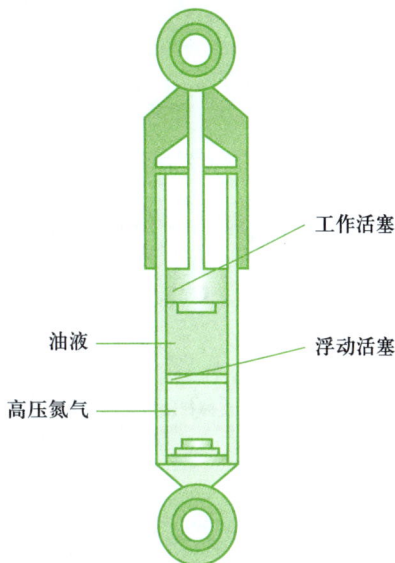

图 4-2-9 充气式减振器

由于活塞杆进出而引起的缸筒容积的变化由浮动活塞的上下运动来补偿，因此这种减振器不需要储液缸筒，所以亦称为单筒式减振器。与双筒式减振器比较，充气式减振器具有以下优点：

① 减少了一套阀门系统，结构大为简化；

② 减振器内充有高压气体，能有效地降低车轮受到突然冲击时产生的高频振动，有助于消除噪声，并且能够改善汽车行驶平顺性和轮胎接地性；

③ 在防尘罩直径相同的情况下，充气式减振器的工作缸筒和活塞直径更大，在单位活塞行程中流经阀门的流量更大，因此在同样泄流不利的条件下，它比双筒式更能可靠地保证产生足够的阻尼力；

④ 充气式减振器内部有高压气体，且油气被浮动活塞隔开，消除了油液的乳化现象。

3. 导向机构

悬架系统中的弹性元件大多只能传递垂直载荷而不能传递纵向或侧向的力矩，所以必须设置导向机构（也叫传力机构），以承受、传递纵向和侧向力矩。导向机构的主要组成部件包括控制臂、球节、转向节等，如图 4-2-10 所示。

控制臂（摆臂）将转向节、车轮凸缘或车桥连接到车身或车架上。控制臂一端采用球节或轴衬套安装于转向节或车轮凸缘上，另一端通过枢轴及轴衬套安装到车身或车架上，保证其可以允许车轮上下跳动。常见的控制臂有上控制臂、下控制臂、牵拖控制臂等类型，如图 4-2-11 所示。上、下控制臂一般用于独立悬架，上控制臂通常比下控制臂要短一些，在悬架向上运动时把轮胎的顶端向内拉动，以减少轮胎与路面接触和分离时产生的摩擦，从而提高轮胎的寿命。牵拖控制臂多用于后悬架，它将车桥或车轮连接到车身或车架上。

球节（球铰链）通常安装在上控制臂或者下控制臂上，当控制臂上下运动或转向盘转动时，球节能随之转动，从而允许转向节的转动和摆动。球节通常用螺栓连接、铆接

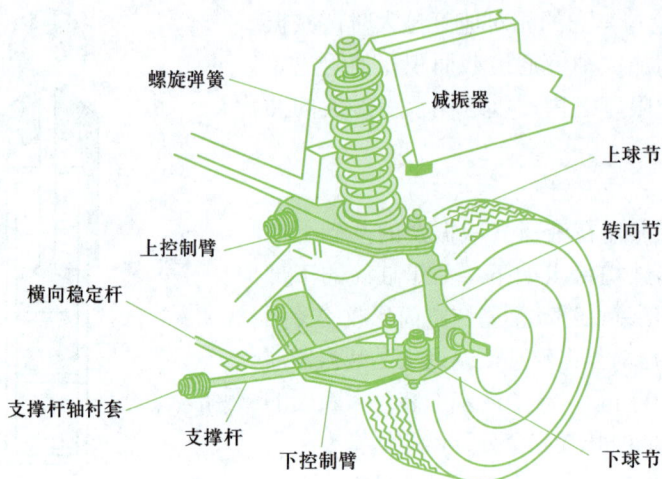

图 4-2-10 导向机构

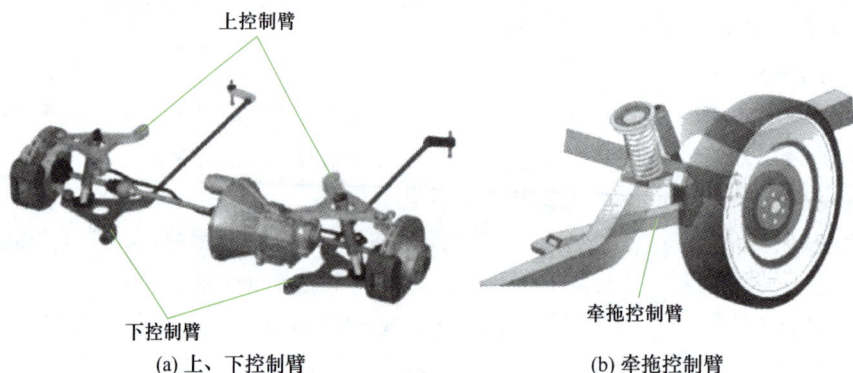

(a) 上、下控制臂

(b) 牵拉控制臂

图 4-2-11 控制臂

或者压入控制臂内，将转向节轴连接到摆臂上，转向节安装在锥形部分并用螺母固定，在总成附近安装橡胶防护罩以便润滑脂不会泄漏出来并且外界灰尘不会进入。由于悬架的形式不同，承载车身质量的部件也不同。因此，球节也分为负荷球节和从动球节。

转向节将车轮连接到上、下控制臂，并为悬架系统的其他部件提供安装位置，如图 4-2-12 所示。

4. 横向稳定杆

U 形横向稳定杆是悬架中的一种辅助弹性元件，用于把车辆一侧的受力传送到另一侧，防止车身侧倾，以保持车身的水平状态，如图 4-2-13 所示。横向稳定杆由弹簧钢制成，中部通过衬套固定在车身或副车架上，两端通过稳定连接杆连接到控制臂或减振器滑柱上，稳定连接杆可以由塑料、橡胶或金属制造。当车身只作垂直移动而两侧悬架变形相等时，横向稳定杆在支座的套筒内自由转动，横向稳定杆不起作用。当两侧悬架变形不等而车身相对于路面横向倾斜时，稳定杆一端向上运动，另一端向下运动，从而被扭转。弹性稳定杆所产生的扭转内力矩妨碍了悬架弹簧的变形，因而减小了车身的横向倾斜和横向角振动。

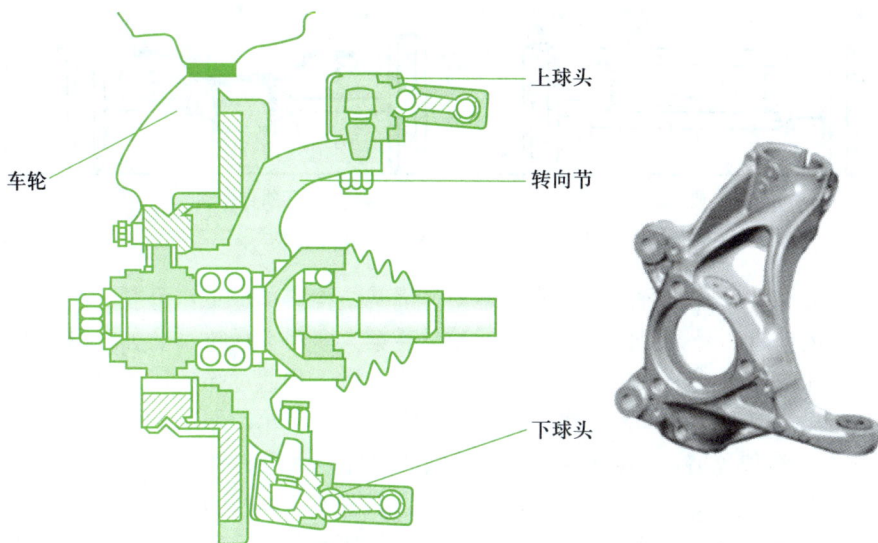

图 4-2-12　转向节

上球头

车轮

转向节

下球头

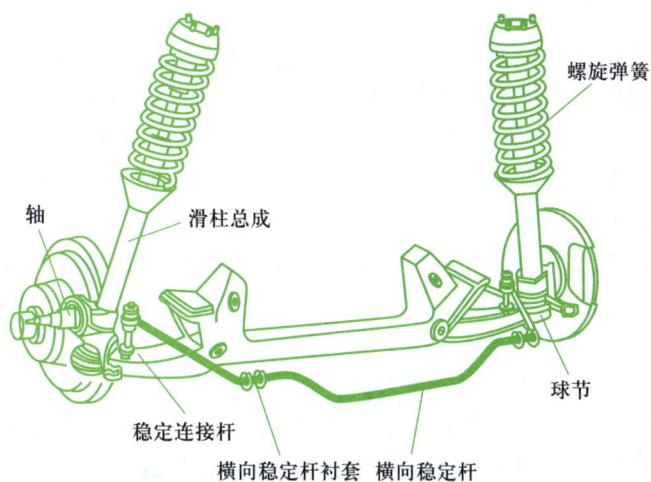

螺旋弹簧

轴

滑柱总成

球节

稳定连接杆

横向稳定杆衬套　横向稳定杆

图 4-2-13　横向稳定杆

4.2.2　悬架的类型

悬架的结构，特别是导向机构的结构，随所采用的弹性元件的不同而有较大差异。采用螺旋弹簧、气体弹簧时需要有较复杂的导向机构。而采用钢板弹簧时，由于钢板弹簧本身可兼起导向机构的作用，并有一定的减振作用，使得悬架结构大为简化。

悬架系统需要快速通过凹凸不平的路面时，车轮能够上下运动而尽量不影响整车质量。由悬架系统支撑的汽车质量称为簧载质量，不由弹簧支撑的哪些部件的质量称为非簧载质量。车身、车架、发动机、变速器等属于簧载质量，车下部件如转向节、后桥总成（通常不含变速器）等为非簧载质量。

按悬架系统结构不同，分为非独立悬架和独立悬架两种类型，如图 4-2-14 所示。

(a) 非独立悬架   (b) 独立悬架

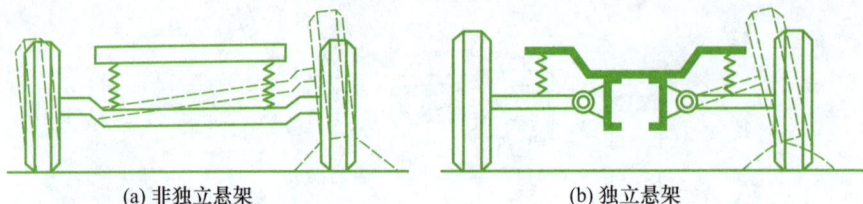

图 4-2-14 非独立悬架与独立悬架

非独立悬架（整体桥悬架或刚性悬架）因其结构简单，工作可靠，而被广泛应用于货车的前、后悬架；在轿车中，非独立悬架大多用于后桥。非独立悬架的特点是两侧车轮安装于同一整体式车桥上，车轮与车桥一起通过弹性元件悬挂在车架或车身上，当一侧车轮受到冲击时会直接影响到另一侧车轮，左右两轮都会运动（图4-2-14 中虚线位置）。非独立悬架由于簧载质量比较大，特别是汽车高速行驶，悬架受到较大的冲击载荷时，汽车平顺性较差，如图 4-2-14（a）所示。

独立悬架的特点是两侧车轮分别独立地与车架或车身弹性地连接，当一侧车轮受到冲击时，其运动不会直接影响到另一侧车轮。独立悬架所采用的车桥是断开式的，这样可使发动机降低安装位置，有利于降低汽车重心，并使结构紧凑。独立悬架允许前轮有较大的跳动空间，这样便于选择较软的弹性元件使平顺性得到改善。同时，独立悬架簧载质量小，可提高汽车车轮的附着性能，如图 4-2-14（b）所示。

独立悬架的轮距和前轮定位随车轮的上、下运动而改变，结构相对复杂。由于左、右车轮之间没有车轴连接，地板和发动机的安装位置可以降低，这意味着车辆的重心降低，乘客车厢和行李舱增大，乘坐舒适性和操作稳定性提高。在独立悬架系统中，弹簧只支撑车身，不用帮助车轮定位（这由联动装置完成），这样就可以使用较软的弹簧，车轮的方向稳定性良好。独立悬架被现代小客车广泛采用，尤其是前悬架。常见的独立悬架有麦弗逊式、长短臂式、多连杆式等。

（1）麦弗逊式悬架

麦弗逊式悬架是美国汽车工程师麦弗逊在 20 世纪 40 年代后期开发的，并于 1953年申请了专利，这种悬架结构简单，占用空间小，操纵性很好，是目前最常用的悬架，特别是前悬架。

麦弗逊式悬架主要由麦弗逊滑柱、下控制臂及横向稳定杆等组成，如图 4-2-15 所示。麦弗逊滑柱包括螺旋弹簧、减振器、滑柱支座、隔振垫、防尘罩等部件。减振器位于螺旋弹簧的中间，但它们的中心线不重合，隔振垫集成了压力轴承，以便减振器活塞在转向时能够旋转。麦弗逊滑柱的上部通过安装支架固定在车身上（翼子板），下部连接转向节。下控制臂内端采用铰链连接在车身或车架上，外端通过球节连接转向节，它可以上下摆动。转向时，车轮以滑柱压力轴承中心和下控制臂球节中心的连线作为主销轴线转动。由于下摆臂可以上下摆动，因此主销轴线和轮距都会变化。

（2）长短臂式悬架

长短臂式悬架使用一短一长上、下两个控制臂，上控制臂和下控制臂是悬架系统两根主要连杆，如图 4-2-16 所示。上、下控制臂通常呈 A 形，且上控制臂比下控制臂要短，因此这种悬架也叫作不等臂悬架、双 A 形臂悬架或双叉臂悬架。

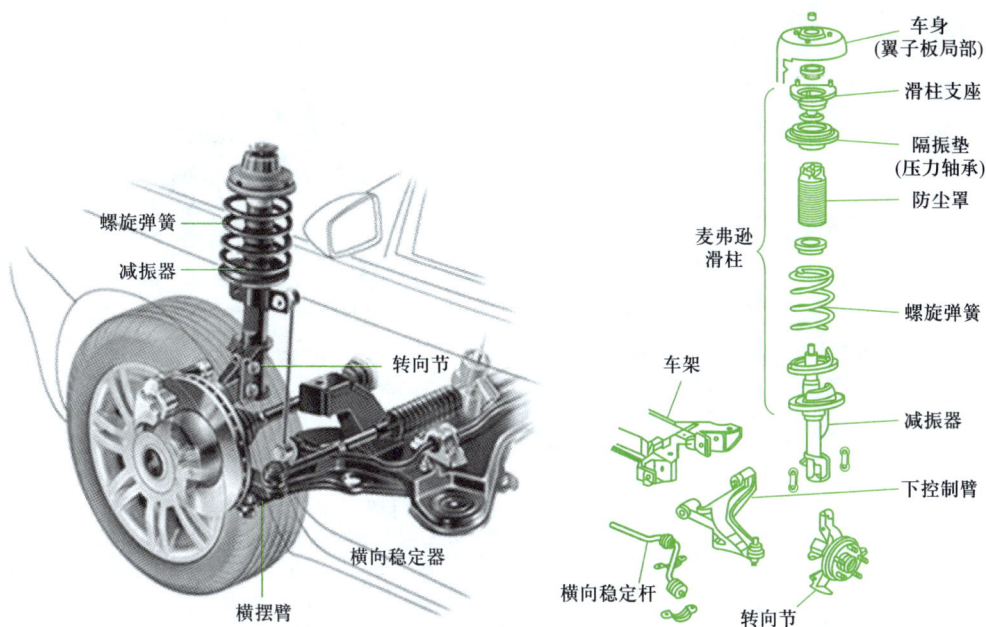

图 4-2-15　麦弗逊式悬架

长短臂式悬架既可以应用于前悬架，也可以应用于后悬架。A 形控制臂外端通常采用一个球节与转向节连接，内端与车身（或车架）采用两个铰链连接，以便控制臂可以上下摆动。有些汽车的下控制臂与车身或车架之间只有一个铰链连接，这时下控制臂与车身或车架之间通常安装有一根支撑杆。支撑杆、下控制臂、车身（车架）之间形成三角形结构，这种结构能够抵抗各个方向的力和力矩，使悬架更稳定。长短臂式悬架大多使用螺旋弹簧，它一般与减振一起安装在下控制臂与车架之间，但越野车经常使用扭杆弹簧代替螺旋弹簧。

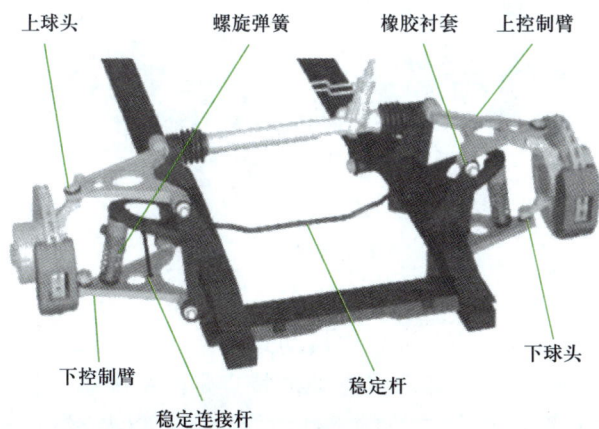

图 4-2-16　长短臂式悬架

（3）多连杆式悬架

多连杆式悬架通常应用于高档小客车，它一般由 4 根或 4 根以上连杆构成。多连杆式悬架可以对车轮多个方向的作用力进行控制，增强了车桥的刚度，提高了车辆的稳定性，同时允许车轮定位参数独立调整。图 4-2-17 所示为多连杆式悬架。

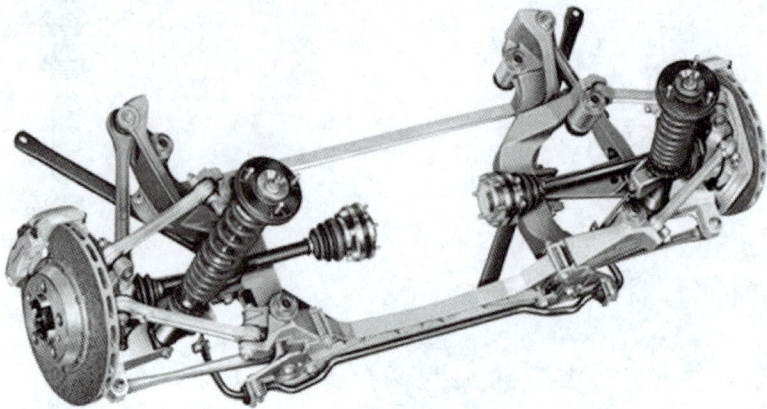

图 4-2-17　多连杆式悬架

　　使用扭力梁式车桥的非独立悬架也称为半独立悬架，来自于车桥一侧的反作用力不会全部被传递到另一侧，当一侧车轮受到比较小的冲击力时，该侧车轮单独跳动，扭力梁式车桥自身弯扭变形吸收该冲击，使冲击力不能传送到另一侧车轮。当冲击力较大时，扭力梁式车桥自身弯扭变形达到极限，冲击力将能送到另一侧车轮，使其产生相应的跳动。

　　半独立悬架通常应用在前轮驱动车辆的后桥，它主要由扭力梁式车桥、牵拖控制臂、螺旋弹簧、减振器等组成，如图 4-2-18 所示。牵拖控制臂将扭力梁式车桥及车轮连接在车身或车架上。

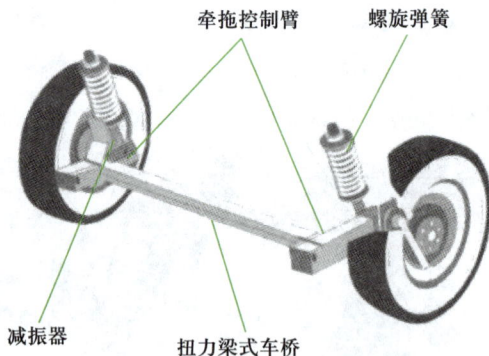

图 4-2-18　扭力梁悬架

　　按照控制形式不同，悬架可分为被动式悬架和主动式悬架两大类。目前多数汽车上采用被动式悬架。被动式悬架的特点是汽车姿态（状态）只能被动取决于路面、行驶状况和汽车的弹性元件、导向装置以及减振器这些机械零件。20 世纪 80 年代，主动悬架开始在一部分汽车上应用，随着电子技术的快速发展，主动悬架越来越多地应用在高级汽车上。主动悬架可以根据路面和行驶工况自动调整悬架的刚度和阻尼，从而使车辆能主动地控制垂直振动及其车身或车架的状态。该系统通常由传感器、控制单元、执行机构组成。

▶ 任务实施

▶ 任务一　悬架的拆装

1. 拆卸悬架

（1）拆卸前轮。

（2）拆下制动软管，从减振器支架上拆下螺栓、制动软管和 ABS 车速传感器线束夹箍，如图 4-2-19 所示。

（3）拆下带螺旋弹簧的前减振器。

① 拆卸两个螺母和螺栓后，将减振器从转向节上拆下，如图 4-2-20 所示。

图 4-2-19　拆卸制动软管　　　　图 4-2-20　拆卸转向节

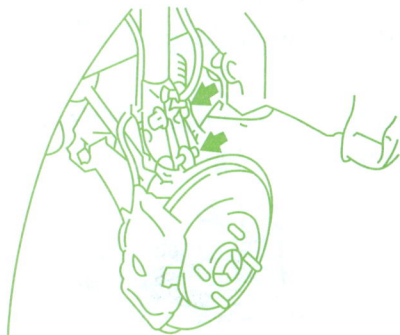

② 拆下上部安装悬架支架的 3 个螺栓，如图 4-2-21 所示。

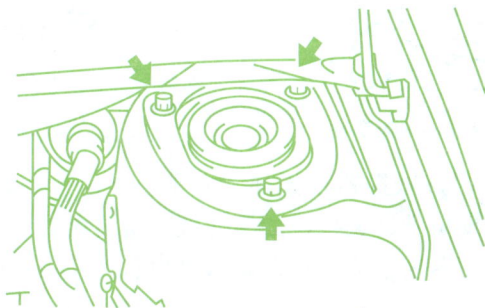

图 4-2-21　拆卸悬架上支架螺栓

（4）固定带螺旋弹簧的前减振器。

① 在减振器下侧的支架上安装两个螺母和 1 个螺栓，并将其固定在台虎钳上。

② 用专用工具压紧螺旋弹簧，如图 4-2-22 所示。

（5）拆下前悬架支架防尘盖。

（6）拆卸前减振器螺母后，拆下前支架。用两个螺母和一把螺钉旋具或相似物把持，然后拆下中央螺母，如图 4-2-23 所示。注意：不要损伤悬架支架双头螺栓。

（7）拆下前悬架支架总成。

（8）拆卸前悬架支架防尘罩油封。

（9）拆卸螺旋弹簧座。

（10）拆卸螺旋弹簧隔垫。

（11）拆卸螺旋弹簧。

（12）拆卸弹簧缓冲垫。

（13）拆卸减振器总成垫。

2. 车下减振器的检查

目视检查减振器外部筒体是否变形或锈蚀，是否存在漏油，上下端衬套是否磨损、老化或损坏。若减振器漏油，应更换减振器总成；如减振器筒体变形、锈蚀，应校正、除锈和重涂漆。用手握住减振器的两端，快速拉动

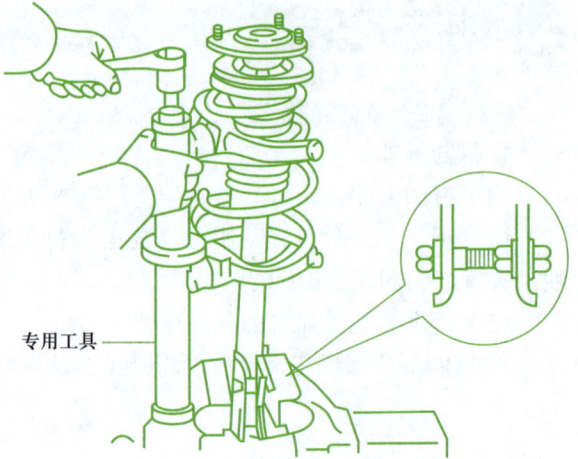

图 4-2-22　专用工具压紧螺旋弹簧

或压缩减振器，在操作过程中有异常阻力或不正常响声，压缩阻力应明显小于拉动阻力，如图 4-2-24 所示。

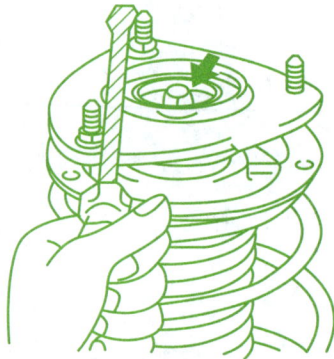

图 4-2-23　拆卸减振器中央螺栓

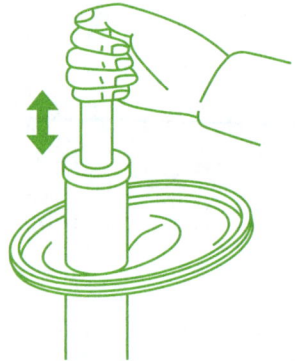

图 4-2-24　检查减振器总成

如有异常，则说明该减振器已损坏，必须更换。一般减振器是不进行修理的，如有很小的渗油现象不必调换，如漏油较多可通过拉伸和压缩减振器来检查渗油现象。漏出的减振器油不能再加入减振器内重新使用，漏油的减振器不能再使用。

3. 悬架的安装

（1）安装前减振器总成。

（2）安装前弹簧缓冲垫。

（3）安装前螺旋弹簧，安装方法如下：

① 用专用工具，压紧螺旋弹簧，如图 4-2-25 所示。注意：不能用冲击扳手，它会损坏专用工具。

② 把螺旋弹簧装入减振器。注意：把螺旋弹簧下端紧固到弹簧下支座缺口内；安装上部隔垫，带有"▲"记号的朝向车辆外侧；安装弹簧上支座，带有"OUT"记号的朝向车辆外侧，如图 4-2-26 所示。

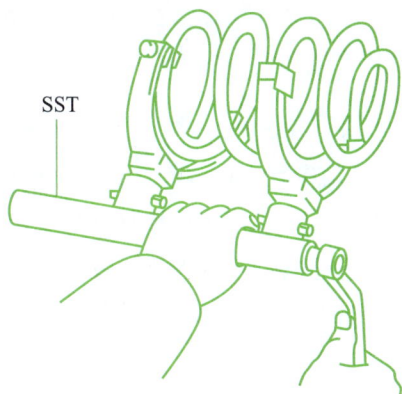

图 4-2-25 压紧前螺旋弹簧

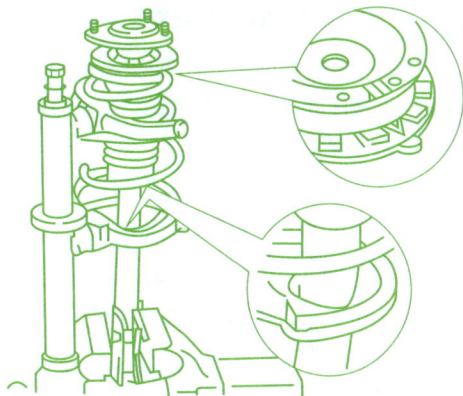

图 4-2-26 将螺旋弹簧装入减振器

（4）安装前悬架支架防尘油封。

（5）安装前悬架支架总成。

（6）把前支架安装到前减振器螺母上，安装方法如下：

① 用两个螺母和一把螺钉旋具夹持，安装新的中央螺母（图 4-2-23），拧紧到规定力矩。注意：不要损坏悬架支架双头螺栓。

② 采用拆卸专用工具。

③ 在悬架支架上涂上多用途润滑脂。

（7）安装悬架支架防尘盖。

（8）安装带螺旋弹簧的前减振器，安装方法如下：

① 安装悬架支架。

② 用 3 个螺母安装带螺母弹簧的前减振器。

③ 把减振器安装到转向节上。

④ 用发动机机油涂抹两个螺母的螺纹。

⑤ 安装两个螺栓和螺母，拧紧到规定力矩。

（9）安装制动软管，拧紧到规定力矩。

（10）安装前轮，拧紧到规定力矩。

▶ **任务二 部件的检查**

1. 车上减振器的检查

减振器的寿命取决于车辆和行驶环境。随着控制臂衬套的磨损，车辆弹簧伸张状态也会发生变化，减振器的负荷也随之加大。同时，减振器内部油封的磨损也会加速减振器性能的下降。更换减振器，弹簧和减振器应该成对更换。为了保证车辆最佳的操控性，两个前减振器和两个后减振器应该同时被更换。减振器的车上检查方法如下。

目视检查减振器外部筒体是否变形或锈蚀，是否存在漏油，上下端衬套是否磨损、老化或损坏。目视检查后，检查轮胎的压力并调整至规定值，在需要检查的减振器一侧按压车辆，使车体上下连续回跳 3 ～ 4 次。每次按压时所用的力应相等，同时还应注意在松手之后车体要回跳多少次才能够停下来。用同样的方法检查另一侧的

微课
前轮带弹簧的
减振器的检查
与更换

减振器，比较左、右两侧减振器的阻力和回跳次数，左、右两侧减振器的阻力和回跳次数必须相等。如果减振器功能正常，则一松手车体就应该停止回跳，或者回跳一、两次后便会停下来，否则应更换新减振器。

2. 弹簧的检查

检查悬架弹簧表面是否存在变形、裂纹、锈蚀等现象，然后测量左、右侧悬架弹簧的自由长度。如果弹簧的实际长度比标准长度缩短 5%，应该更换悬架弹簧。

不正确的车身高度可能导致车辆底盘在颠簸路面时拖底、损坏悬架系统部件，并出现与轮胎定位问题类似的症状。诊断悬架系统故障以及检查车轮定位情况，先要检查车身高度。

3. 球节的检查

球节的寿命是由车辆的行驶环境、汽车质量和球节的润滑维护状况来决定的。但是同样维护条件下，负荷式球节由于负荷比从动球节大，所以磨损程度要比从动球节严重一些。当球节磨损严重时，经常会出现以下故障现象：

① 当车辆行驶在车道时发出"吱吱"声或者爆裂声；

② 感觉到转向盘有摆振现象；

③ 车辆不稳定，有偏摆的感觉；

④ 转向盘间隙过大。

球节应成对更换，以确保车辆的操控性。更换球节之前，需要对车辆进行球节磨损检查。在车上检查球节磨损程度时，用千斤顶在下控制臂下面尽可能接近球节的位置将车轮顶起至规定高度（25 ～ 5 cm），保证球头处于空负荷状态，如图 4-2-27 所示。用手或撬棍上下左右方向晃动轮胎，如果轮胎球节产生移动间隙，则必须更换球节。在检查负荷球节时也应该同时检查从动球节。同样，用手或者撬棍在轮胎顶部和底部交错搬动车轮，观察并感知球节是否有移动间隙。

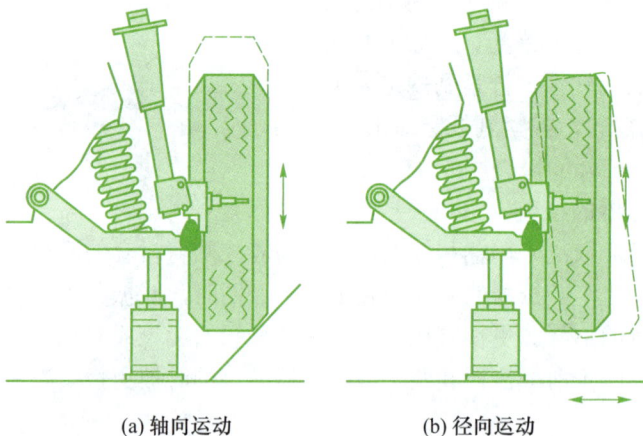

(a) 轴向运动   (b) 径向运动

图 4-2-27   球节检查

4. 车轮轴承的检查

车轮轴承的车上检查方法如下：

① 举升待检查车辆，升至轮胎中心与维修人员胸口平齐的位置，锁止举升机；

② 两手分别放在轮胎的上、下侧，用力晃动，以检查轴承有无松动。

如果感觉到轮胎出现摆动，则让一名维修人员协助，踩下制动踏板并保持，然后再次重复步骤 2 的操作。如果此时轮胎没有更大的摆动，应考虑车轮轴承故障；如果轮胎仍然摆动较大，则故障有可能是球节等其他部件。

5. 其他部件的检查

检查横拉杆和衬套是否变形或损坏，若存在缺陷，应更换。检查摆臂是否变形，摆臂的衬套两端是否存在裂纹、焊缝脱落等缺陷，若有，应更换。检查各轮盘是否压伤、裂纹和变形，严重损伤的轮盘必须要进行更换。

习题与思考

1. 悬架主要组成部件有哪些？作用分别是什么？
2. 筒式减振器的工作过程是什么？
3. 常见的独立悬架有哪些？
4. 悬架车上检查项目有哪些？

任务 3　车轮定位

任务引入

车轮定位是用来保证汽车直线行驶的稳定性和操作轻便性的，并且可以减少轮胎和其他机件的磨损。车轮定位涉及部件和系统较多，定位参数也可用来作为故障诊断。本任务将介绍与定位有关车架、车桥等相关知识和车轮定位参数及检测调整方法。

知识链接

4.3.1　车架及车身

车架是跨接在各车桥之间的桥梁式结构，是整个汽车的安装基础。其功用如下。

① 支撑连接发动机、电机、变速器、传动轴、前后桥、车身等各总成和部件。
② 保持各总成相对正确的位置，并承受汽车内外的各种载荷。
③ 车架通过悬架装置坐落在车轮上。车架的类型主要有边梁式、中梁式、综合式及承载式车身（现代许多轿车和大客车大多没有车架，车架的功能由车身骨架承担），如图 4-3-1 所示。

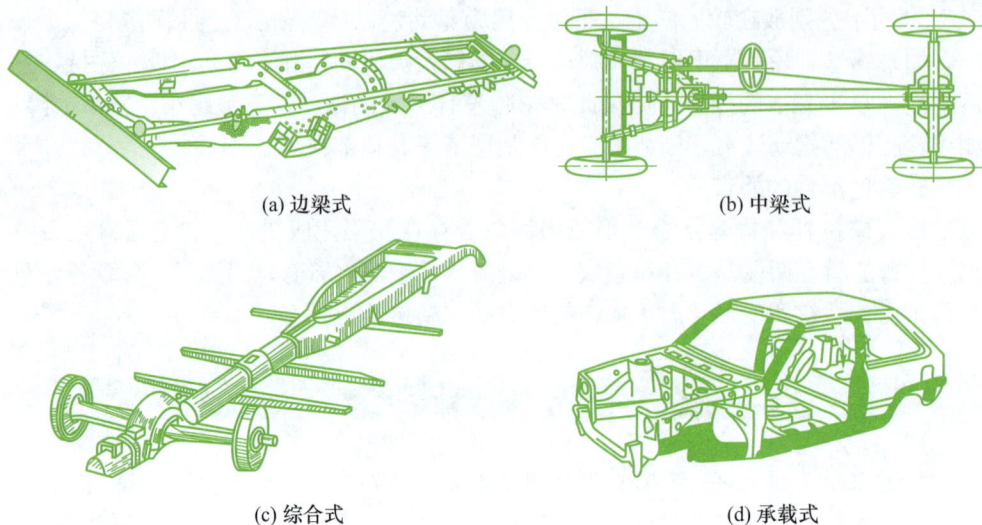

(a) 边梁式　　　　　　　　　　　　(b) 中梁式

(c) 综合式　　　　　　　　　　　　(d) 承载式

图 4-3-1　车架类型

　　纯电动汽车车身造型与传统燃油汽车既有相近之处，又有较大区别。汽车车身主要由车身本体、开启件（各种门、窗、后备厢和车顶盖等）、各种座椅、内外饰附件和安全保护装置（保险杠、安全带、安全气囊灯）组成。针对纯电动汽车能源少的特点，对于汽车车身的外形应尽可能通过缩小其迎风面积来降低空气阻力，并采用轻型高强度材料来减轻汽车自身的质量。对于车内各个部件的布局也相当重要，由于电动汽车动能主要是通过柔性电缆传递，即减少了大量刚性机械连接部件的动能传递，因此电动汽车各部件布置具有较大的灵活性，并且蓄电池组也可分散布置，作为配重物来布局。纯电动汽车各个部件总体布局的原则：符合车辆动力学对汽车重心位置的要求，并尽可能降低车辆重心高度。特别是对于采用轮毂电机驱动实现"零传动"方式的电动汽车，不仅去掉了发动机、排气消声系统和燃油箱等相应的辅助装置，还省去了变速器、驱动桥及所有传动链，既减轻了汽车自重，又留出了许多空间，其结构发生了很大变化。因此，车辆的整体结构布局需要重新设计，全面考虑各种因素。

　　由于增加了蓄电池的质量，故对于安装蓄电池部位的车架强度必须有所考虑，同时为了方便蓄电池的充电、维护及更换，对蓄电池的安装方法和位置也要考虑其方便性。对环境温度有要求的蓄电池还需要考虑其散热空间及调温控制。为确保安全，还须采取密封等预防措施，以防汽车发生撞击事故时电解液泄漏而伤及人身，且应具有防火等措施。

　　车身必须对动力蓄电池组形成多重防护。由于纯电动汽车的被动安全性在很大程度上取决于对动力蓄电池组的防护程度，所以纯电动汽车的车身除与传统汽车同样有对乘坐人员安全性保护外，更为重要的是对动力蓄电池组的防护。

4.3.2　车桥

1. 功用与类型

（1）车桥的功用

通过悬架与车架（或承载式车身）相连，两端安装车轮。车桥的功用是传递车架（或承载式车身）与车轮之间各方向的作用力及其产生的力矩。

（2）车桥的类型

根据车辆悬架类型以及传动系的不同，车桥有以下两种分类。

① 按悬架结构的不同，车桥可分为整体式和断开式两种。断开式车桥为活动关节式结构，它与独立悬架配合使用；整体式车桥的中部是刚性实心或空心梁，它多配用非独立悬架。

② 按车轮所起作用的不同，车桥分为转向桥、驱动桥、转向驱动桥和支持桥。在后轮驱动的汽车中，前桥不仅用于承载，还起到转向作用，称为转向桥；后桥不仅用于承载，还起到驱动作用，称为驱动桥。越野车和前轮驱动汽车的前桥除了承载和转向的作用外，还兼起驱动的作用，称为转向驱动桥。只起支撑作用的车桥称为支持桥。支持桥除了不能转向外，其他功能和结构与转向桥相同。转向桥和支持桥均属于从动桥。

2. 组成

（1）转向桥

转向桥承受车轮与车架之间的垂直载荷、纵向的道路阻力、制动力、侧向力，以及这些力所形成的力矩，并通过转向节带动车轮偏转一定的角度以实现汽车的转向。汽车转向桥的结构大致相同，主要由前轴、转向节和主销等部分组成，如图 4-3-2 所示。

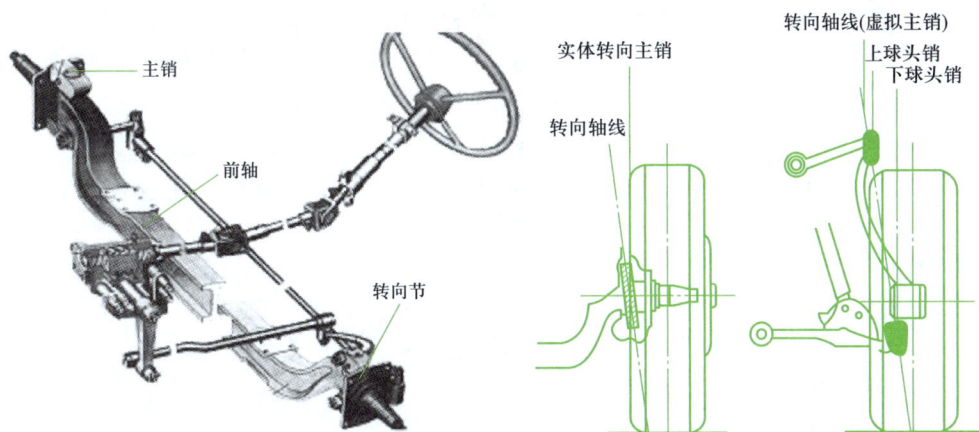

图 4-3-2　转向桥

（2）转向驱动桥

转向驱动桥具有转向和驱动两种功能。其结构既包括了一般驱动桥具有的主减速器、差速器及半轴等基本部件，也包括一般转向桥所具有的转向节壳体、主销和轮毂等部件。

转向驱动桥与单独的驱动桥、转向桥相比，不同之处是，驱动所需要的半轴被分成两段，分别叫内半轴（与差速器相连接）和外半轴（和轮毂连接），二者用等速万向节连接起来。许多现代轿车采用了发动机／电动机前置前驱动的布置形式，其前桥为转向驱动桥。这种车桥多采用麦弗逊式独立悬架，其特点是结构简单，布置紧凑，具有良好的接近性，而且转弯直径小，机动性好，便于维修。

综上，具有转向的车桥，车轮的偏摆轴线即为主销。根据车桥是否具有驱动及所配悬架，主销主要有整体实心式、上下断开式及空间连线式。

（3）支持桥

支持桥通常只起支撑作用，属于从动桥。发动机 / 电机前置前驱动轿车的后桥属于支持桥；单桥驱动的三轴汽车，后桥设计成支持桥；挂车上的车桥也是支持桥。支持桥主要由后轴及轮毂等部分组成。

4.3.3　车轮定位

汽车的四个车轮、悬架组件以及前后车轴都具有一定的相对位置。在车辆使用一段时间后，这些位置可能会发生变化。这些位置的变化会影响车辆的操纵性和行驶性，例如减振弹簧松弛或变形会影响车辆的行驶高度；转向系统组件的磨损会造成转向回位不良，稳定性变差；车轮位置的改变则会造成轮胎磨损，寿命缩短。

按照厂商设定的标准值对车轮位置进行调整的过程称为车轮定位。车轮定位是为了保持汽车稳定的直线行驶性能和转向操纵性能以及良好的转向自动回正性能，同时减少汽车行驶中轮胎及转向系统等相关部件出现不正常的磨损。

1. 定位参考线

小客车的转向车轮、转向节和前轴三者之间的安装具有一定的相对位置，这种具有一定相对位置的安装称为前轮定位。前轮定位主要包括主销后倾角、主销内倾角、前轮外倾角、前轮前束、包容角。对两个后轮来说，同样也存在与后轴之间相对的安装位置，称为后轮定位。后轮定位包括后轮外倾角、后轮前束、推力角。前轮定位和后轮定位总称为四轮定位。可以调节的四轮定位参数主要包括主销内倾角、主销后倾角、车轮外倾角、前束、推力角等。

为了比较四轮定位参数，确定它们的相对位置，通常设定车身中心线、车轮中心垂直线和转向轴线来作为参照，如图 4-3-3 所示。车身中心线是指车身底部纵向平分的一条虚拟线；轮胎中心垂直线是指以胎面宽度中间为基点的垂直线；转向轴线是指车轮左右转动时会绕一条轴线转动，实际就是减振器上支承轴承（或上控制臂球节）和下控制臂球节旋转中心之间的直线。

2. 前轮定位

前轮为转向轮，其基本定位参数如下。

（1）主销后倾角 γ

主销后倾角是转向轴线向后倾斜的角度。主销后倾角是从汽车纵向平面观察时，测量转向轴线至垂直线之间的角度而得，用 γ 表示，如图 4-3-4 所示。

从垂直线向后倾斜，称为正主销后倾角；向前倾斜则称为负主销后倾角。转向轴线的中心线与地面有一个交点，轮胎与路面接触面有一个中心点，该点到转向轴中心线之间的距离 L 称为主销后倾移距。

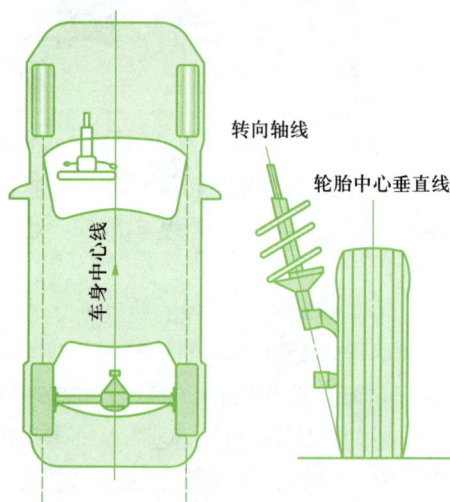

图 4-3-3　定位参考线

主销后倾角 γ 能形成回正的稳定力矩。如果车辆具有正主销后倾角，当汽车直线行驶时，若转向轮偶然受到外力作用而稍有偏转（例如向右偏转，图 4-3-4 中箭头所示），将使汽车行驶方向向右偏离。这时，由于汽车本身离心力的作用，侧向推力 F_y 就会对车轮形成绕主销轴线作用的力矩 M（$M = F_y L$），其方向正好与车轮偏转方向相反。在此力矩作用下，将使车轮回复到原来中间的位置，从而保证汽车稳定的直线行驶。但此力矩不宜过大，否则在转向时为了克服此稳定力矩，驾驶员须在转向盘上施加较大的力（即所谓转向盘沉重）。

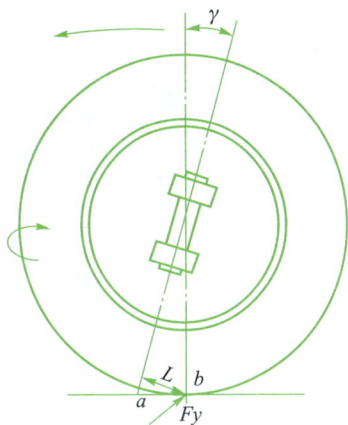

图 4-3-4　主销后倾

主销后倾角 γ 愈大，车速愈高，力矩 M 愈大，转向轮偏转后自动回正的能力也愈强。一般 γ 角不超过 $2° \sim 3°$。主销后倾角一般是将前轴连同悬架安装在车架上，使前轴向后倾斜而形成的。

（2）主销内倾角 β

在汽车的横向平面内，主销上部向内倾斜一个角度，这个主销轴线与垂线之间的夹角 β 称为主销内倾角，车辆向左或向右转向时，车轮会围绕主销轴线转动，该轴线称为转向轴线。在减振器上支撑轴承和下悬架臂球节之间，画一条假想直线，也是转向轴线，如图 4-3-5（a）所示。

主销内倾角有使车轮自动回正的作用，如图 4-3-5（b）所示。当转向车轮在外力作用下由中间位置偏离左右一个角度时，车轮的最低点将陷入路面以下 h 处，但实际上车轮边缘不可能陷入路面以下，而是将转向轮连同整个汽车前部向上抬起一个相应的高度 h，这样汽车本身的重力有使转向轮回复到原来中间位置的效应，即能自动回正，主销内倾角愈大或转向轮偏转角愈大，汽车前部就被抬起得愈高，转向轮自动回正的作用就愈大。

主销内倾角的另一个作用是使转向轻便，如图 4-3-5（a）所示。由于主销的内倾使得主销轴线与路面的交点到车轮中心平面与地面交线的距离 c 减小，转向时路面作用在转向轮上的阻力矩减小（因力臂 c 减小），从而可降低转向时驾驶员加在转向盘上的力，使转向操作轻便，同时也可以减小因路面不平从转向轮传到转向盘上的冲击力。但 c 值也不宜过小，即内倾角不宜过大，否则在转向时，车轮绕主销偏转的过程中，轮胎与路面间将产生较大的滑动，因而增加了轮胎与路面的摩擦阻力，这不仅使转向变得很沉重，而且加速了轮胎的磨损。

主销内倾角通过前梁的设计来保证，由机械加工来实现。加工时将前梁两端的主销轴线上端内倾斜就形成了内倾角。悬架类型不同，转向轴线结构有可能不同。对于非独立悬架，车桥每端都装有一个主销。转向主销轴线就相当于其他类型悬架中的转向轴线，在独立悬架中，上球节与下球节之间的连线便构成了主销轴线。

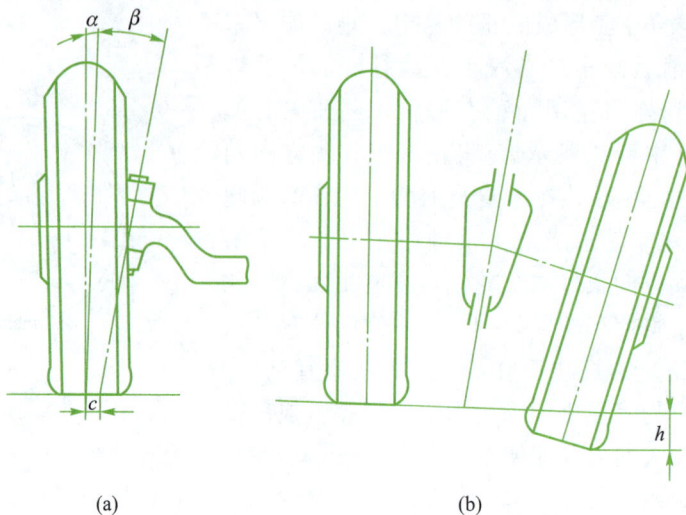

图 4-3-5　主销内倾

（3）前轮外倾角 α

由汽车前后方向看车轮，轮胎并非垂直安装，而是稍微倾斜。在汽车的横向平面内，前轮中心平面向外倾斜一个角度 α，称为前轮外倾角，如图 4-3-6 所示。

轮胎呈现"八"字形张开时称为负外倾，而呈现"V"字形张开时称为正外倾。前轮外倾角具有提高转向操纵轻便性和车轮工作安全性的作用。为了使轮胎磨损均匀和减轻轮毂外轴承的负荷，安装车轮时预先使其有一定的外倾角，以防止车轮内倾。如果空车时车轮的安装正好垂直于路面，则满载时车桥将因承载变形而可能出现车轮内倾，这样将加速汽车轮胎的偏磨损。另外，路面对车轮的垂直反作用力沿轮毂的轴向分力将使轮毂压向轮毂外端轴承，加重了外端轴承及轮毂紧固螺母的负荷，降低它们的使用寿命，严重时会损坏外端的锁紧螺母而使车轮松脱，造成交通事故。

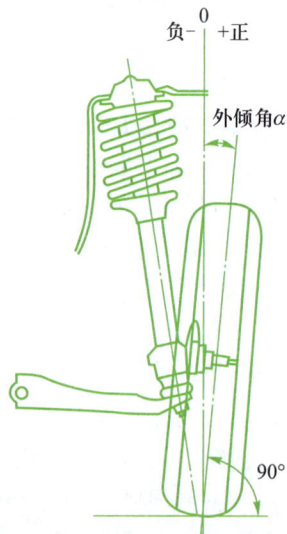

图 4-3-6　前轮外倾

外倾角也不宜过大，否则也会使轮胎产生偏磨损。前轮的外倾角是在转向节的设计中确定的。设计时使转向节轴颈的轴线与水平面成一角度，该角度即为前轮外倾角。在使用不同斜交轮胎的时候，由于使轮胎倾斜触地便于转向盘的操作，所以外倾角设计得比较大。随着汽车装用的扁平子午线不断普及，并由于子午线轮胎的特性（轮胎花纹刚性大，胎体比较软，外胎面宽），若设定较大外倾角，会使轮胎偏磨，缩短轮胎的使用寿命。现在的汽车一般都将外倾角设定为 $10°$ 左右。为改善前桥的稳定性，早期汽车的车轮采用正外倾角，使轮胎与地面成直角，防止在中间高于两边的路面上行驶时，轮胎不均匀磨损。在现代汽车中，由于悬架和车桥比过去的坚固，加之路面平坦，在车轮调整上，倾向于采用接近零度的外倾角，某些车辆甚至采用负外倾角，以改善转向性能。

另外，如果两侧车轮外倾角不相等，车辆将被拉向具有较大外倾角的一侧，当两侧的车轮外倾角相差 1° 以上时，将导致车辆向车轮外倾角较大的一侧跑偏。

（4）车轮前束

俯视车轮，汽车的两个前轮的旋转平面并不完全平行，而是稍微带一些角度，这种现象称为前轮前束。在通过两前轮中心的水平面内，两前轮的前边缘距离 B 小于两前轮后边缘距离 A，A、B 之差称为前轮前束，如图 4-3-7 所示。像内八字一样前端小后端大的称为正前束，而像外八字一样后端小前端大的称为后束或负前束。

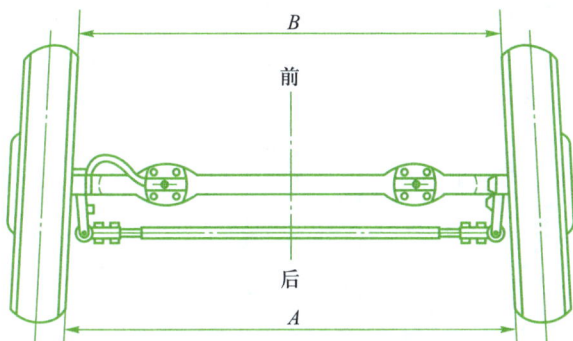

图 4-3-7　车轮前束

前轮前束的作用是为了消除由车轮外倾而引起的前轮"滚锥效应"。即车轮有了外倾角后，在滚动时，就类似于圆锥滚动，从而导致两侧车轮向外滚开。由于转向横拉杆和车桥的约束使车轮不可能向外滚开，车轮将在地面上出现边滚边向内滑移的现象，从而增加了轮胎的磨损。为了消除车轮外倾带来的这种不良后果，在安装车轮时，使汽车两前轮的中心平面不平行，两轮前边缘距离 B 小于后边缘距离 A。这样可使车轮在每一瞬时滚动方向接近于向着正前方，从而在很大程度上减轻和消除了由于前轮外倾而产生的不良后果。

3. 后轮定位

后轮一般为非转向轮，无转向轴线，其基本定位参数如下。

（1）后轮外倾角

像前轮外倾角一样，后轮外倾角也对轮胎磨损和操纵性有影响。后轮的负外倾角可增加车轮接地点的跨度，增加汽车的横向稳定性。

后轮外倾角不是静态的，它随悬架的上下移动而变化。车辆加载后悬架下沉就会引起车轮外倾角改变。为了对载荷进行补偿，采用独立后悬架的大多数车辆常有一个较小的正后轮外倾角。滑柱筒破坏或错位、滑柱弯曲、上控制臂衬套破坏、上控制臂弯曲、弹簧压缩或悬架过载都会使后轮外倾角产生变成负外倾角的趋势。

（2）后轮前束

后轮前束也是后轮定位的非常重要的项目，后轮前束可抵消汽车高速行驶且驱动力较大时，车轮出现的负前束（前张），减少轮胎的磨损。

像后轮外倾角一样，后轮前束也不是一个静态量。悬架摇动和反弹时它就要起变化。滚动阻力和发动机转矩对它也有影响。对于前驱动车辆，前驱动轮宜前束，后从动轮宜负前束。后驱动车辆则相反，前轮宜负前束，独立悬架的后驱动轮应尽可能为前束。当汽车在路面上行驶时，最理想的状态是所有车轮的运动前束量均为零。如果后轮前束不符合技术要求，就要影响轮胎磨损和转向稳定性。

（3）推力角

后轮总前束的平分线称为推力线，推力线与车辆中心线之间形成的夹角称为推力角，又称为推进角，如图 4-3-8 所示。理论上，推力线与车身中心线一致，推力角是后轮行驶的轨迹与车身中心线的夹角。推力角是车轮定位的基础，在车轮定位时先要检查推力角。如果推力角设置不正确，将会导致后轮循迹与前轮循迹不同，转向盘可能无法回正。

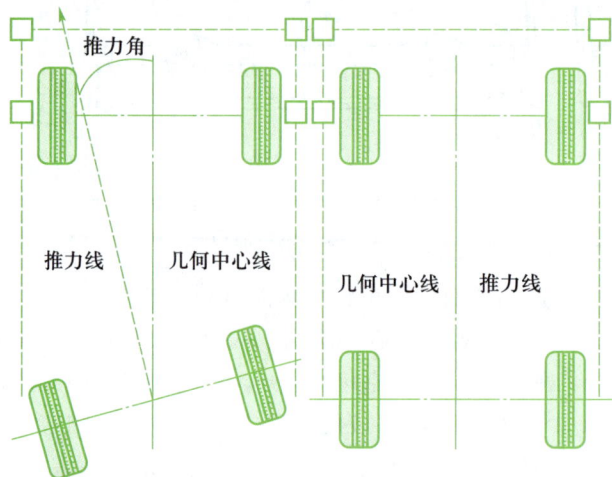

图 4-3-8 推力角

适当的车轮定位能确保车辆在水平路面上直线行驶，提高转向操控性能。适当的车轮定位不仅可以延长轮胎的使用寿命，也能因减小路面的摩擦而提高车辆燃油经济性能。通常在下列情况出现时，需要对车轮进行定位检测。

① 直线行驶时转向盘不正。

② 行驶中转向盘振动、发抖或太重。

③ 转向时不能自动归位。

④ 行驶中左右跑偏、车身颠簸等。

⑤ 轮胎呈单面、不规则或锯齿状磨损。

⑥ 碰撞事故维修后。

⑦ 更换新的悬架或与转向有关的配件后。

4. 四轮定位仪

四轮定位仪是一个底盘检测设备，其最大功能是测量车轮相关角度及相对位置，以诊断底盘故障。如果底盘部件及车身磨损或变形轻微，则可通过相关调整来修正车轮定位参数。如果底盘部件及车架磨损或变形严重，则应先更换相关部件或者进行车身校正，然后再进行相关调整。

在进行事故车辆车身校正时，四轮定位仪不能用来测量底盘尺寸，而需要使用专用的车身测量设备来测量车辆的几个点，以便确定车辆车身是否损坏。在车身校正后，再用四轮定位仪微调定位角度，以完成维修工作。

四轮定位仪是精密检测设备，操作人员在使用前需要进行专业培训，并认真研读四轮定位仪的使用说明书。

由于车型、悬架、转向等不同，车轮定位参数的规格也不会是统一的，任何车辆的车轮定位检测和调整都要参照汽车厂商提供的参数规格进行。测量车轮定位参数后，将它们与标准定位参数值进行对比，如果测量值偏离标准值，则需要进行调整；如果所测参数有相应的调整机构，则应利用这些机构加以调整；如果所测参故没有调整机构，则应找出故障部件，进行修理或更换。有些车辆的前、后轮定位参数都可以调整，而单个车轮可调整的定位参数通常有主销后倾角、车轮外倾角、车轮前束值，调整的正确顺序是，先调整后轮定位参数，再调整前轮定位参数；同一车轮上，先调整主销后倾角，然后调整车轮外倾角，最后调整车轮前束值。不同品牌、不同车辆所使用的四轮定位仪不尽相同，但车轮定位的调整和定位仪的使用方法是大同小异的。

任务实施

▶ 任务　车轮定位

1. 初始检测

定位检查前，首先要路试车辆，判断车辆是否存在振动、跑偏、噪声或异响等问题，这些问题会影响车轮定位参数。除此以外，还要进行以下检查和调整，确保车轮定位测量值准确无误。

① 检查每个轮胎的充气压力与轮胎标签上的规格是否一致。

② 检查轮胎和车轮的尺寸与轮胎标签上的规格是否一致。

③ 检查轮胎和车轮是否损坏。

④ 检查轮胎是否不规则磨损或过早磨损。

⑤ 检查轮胎和车轮是否跳动量过大，必要时测量车轮和轮胎的动平衡。

⑥ 检查车轮轴承是否存在游隙或间隙过大。

⑦ 检查相关部件是否松动或磨损，必要时维修部件。

⑧ 检查车辆车身高度。

⑨ 检查是否因部件僵硬或锈蚀而导致转向系统拖滞或回正性差。

⑩ 检查燃油油位，如果燃油箱不满，向车辆增加质量，以模拟燃油箱加满。

注意：任何损伤或磨损严重的部件必须在车轮定位参数测量之前予以更换。测量前，还应考虑额外的载荷，如工具箱、试样盒等。如果这些物品通常装在车上，在进行定位测量时应将它们保留在车上。

2. 四轮定位参数检查

① 检查前轮是否正确地放置在转角盘上，后轮是否正确地放置在侧滑板上。

② 接上四轮定位仪的电源，开机运行。

③ 操作计算机，选择检测车辆的型号和制造年份。

④ 按计算机屏幕的显示，目视检查所列各项项目。

⑤ 正确安装快速卡具，如图 4-3-9 所示。

微课
车轮定位检查

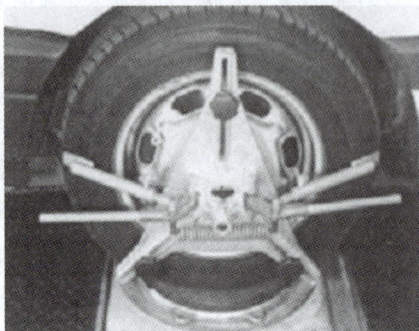

4-3-9　安装快速卡具

图 4-3-10　安装传感器

⑥ 安位置要求：正确安装各车轮上的传感器，并调至水平位置，如图 4-3-10 所示。

技术提示：

后轮举升机滑板一定要用销子进行固定，否则影响定位测量的准确。

⑦ 固定转向盘，举升起车辆，进行轮胎偏位补偿。

技术提示：

轮胎偏位补偿方法是，举升车辆，使车轮离地，依次对四个车轮进行偏位补偿。用一只手扶住传感器不动，另一只手按汽车行驶方向转动车轮 90°，并使传感器处于水平位置。然后按下传感器上的补偿按钮，直至指示灯亮或听到提示音。然后继续以相同的方法转动车轮 90°，使传感器处于水平位置，按下传感器上的补偿按钮，直至指示灯亮或听到提示音。依照这种方法操作，直至车辆旋转一周。

依次对四个车轮进行轮胎偏位补偿。补偿结束后严禁转动车轮。

⑧ 降落举升机至车轮完全落地，按压车辆前后部，检查汽车悬架和滑板是否有异常。

技术提示：

在落车前应将前轮转角盘和后轮滑板上的固定销取下，并将转角盘推至最里侧。

⑨ 安装制动踏板固定架。

⑩ 取下转向盘固定装置，按屏幕提示向左、右转转向盘规定角度，最后回到直行位置。

⑪ 再次固定转向盘。

⑫ 电脑屏幕显示前、后轮各定位参数值，并显示参数是否超出规定值。

⑬ 根据显示参数值，按要求对需要调整的参数值进行调整。

⑭ 调整完毕，整理设备和工具并清洁场地卫生。

3. 后轮定位参数调整

（1）后轮外倾角的调整

微课
车轮定位调整

调整后轮外倾角之前，应先检查弹簧、扭杆是否弹性过弱或过载；后轴、纵臂或后控臂是否弯曲；悬架支架位置或车身尺寸是否正确。后车轮外倾角不正确的原因可能与事故有关，根据车型选择调整方法，有的使用可旋转偏心螺栓调整，有的可使用垫片调整，如图 4-3-11 所示。

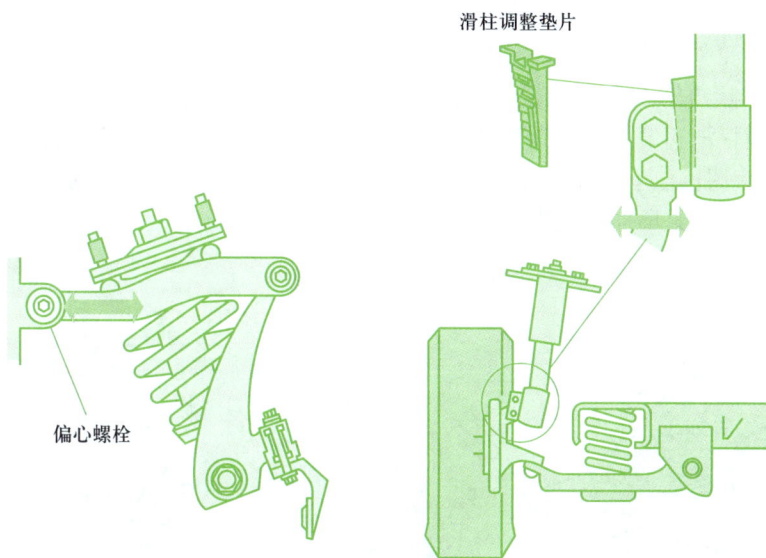

图 4-3-11　后轮外倾角调整

（2）后轮前束的调整

调整后轮前束可以调节推力角，通常使用可调节的横拉杆或下控制臂上的偏心螺栓来调整，也可以使用售后市场提供的垫片进行调节。调节车辆悬架上的横拉杆或偏心螺栓，可以使悬架控制臂向左、右侧移动，以改变车轮的方向，从而调整后轮前束，如图 4-3-12 所示。采用垫片调整时，需要注意垫片的厚度和安装角度。

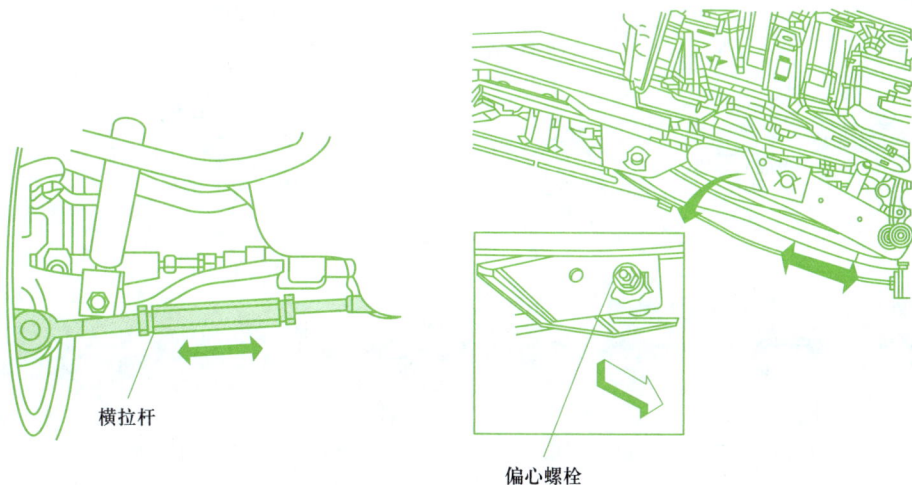

图 4-3-12　后轮前束调整

4. 前轮定位参数调整

（1）主销后倾角

如果前轮主销后倾角不在规定范围内，则检查悬架支座是否错位或前悬架是否损坏，如有必要，更换损坏的悬架部件。在有些车辆上，可以通过调整滑柱位置进行调整。

（2）车轮外倾角

车轮外倾角的调整方法根据车型各有不同，主要的调整方法包括：垫片调整法、槽孔调整法和偏心螺栓调整法等。

① 垫片调整法　如果减少车架上的垫片，则控制臂向内侧移动，外倾角向负的方向改变；如果增加车架上的垫片，则控制臂向外侧移动，外倾角向正的方向改变，如图 4-3-13 所示。

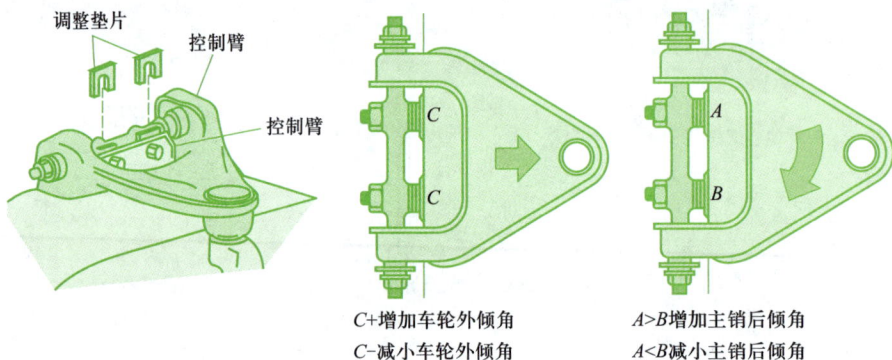

C+增加车轮外倾角
C-减小车轮外倾角

A>B增加主销后倾角
A<B减小主销后倾角

图 4-3-13　垫片调整法

② 槽孔调整法　如图 4-3-14（a）所示，车辆控制臂的紧固螺栓安装在槽型孔中，紧固螺栓在槽型孔中的位置不同，则车轮外倾角也不同。只要前后两个螺栓孔的位置相对移动相同的刻度，就可以调整外倾角。槽孔调整法也可以用于转向节与滑柱之间调节车轮外倾角，如图 4-3-14（b）所示。

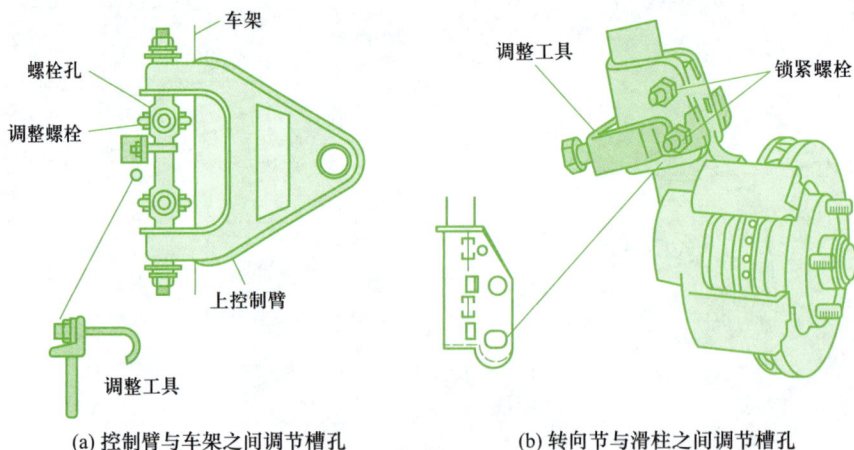

(a) 控制臂与车架之间调节槽孔

(b) 转向节与滑柱之间调节槽孔

图 4-3-14　车轮外倾角槽孔调节法

③ 偏心螺栓调整法　如图 4-3-15 所示，车辆的悬架控制臂与车架之间或转向节与滑柱之间采用偏心螺栓连接，调节该偏心螺栓的角度，就可调整车轮的外倾角。

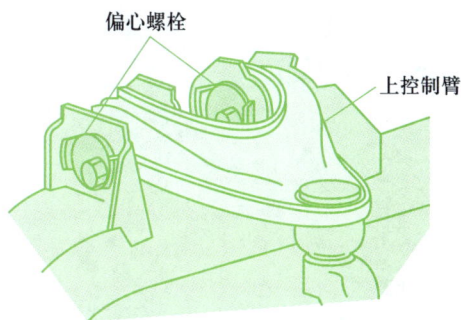

图 4-3-15　偏心螺栓

（3）前轮前束调整法

调整前轮前束时，应调整好后轮前束，前轮前束可通过调整转向内外横拉杆的长度进行调整，如图 4-3-16 所示。在调整前，确保转向盘处于正中位置，然后将横拉杆左、右两边的锁紧螺栓松开，再根据四轮定位仪提供的资料进行调整。对于使用拉杆式转向传动机构且横拉杆位于车轮中心之后的车辆，增加转向横拉杆的长度可以增大其前轮前束；若转向横拉杆位于车轮中心之前的车辆，增加转向横拉杆的长度可以减小其前束。

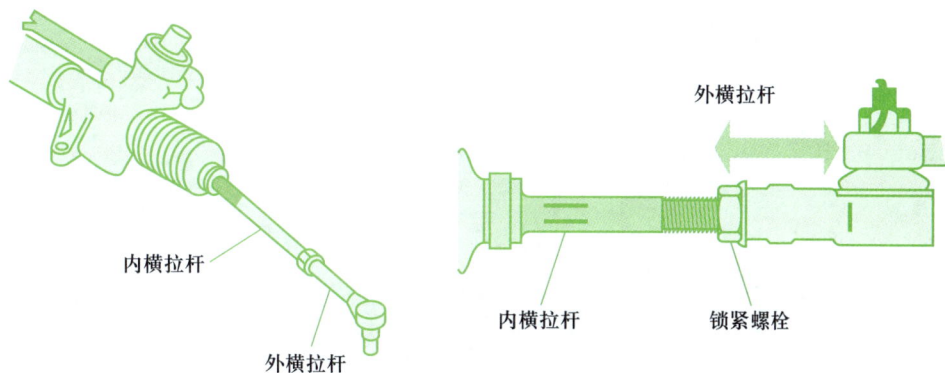

图 4-3-16　前轮前束调整

习题与思考

1. 转向驱动桥主要由 _____ 、 _____ 、 _____ 、 _____ 、 _____ 、 _____ 、 _____ 等组成。

2. 转向桥的基本定位参数有 _____ 、 _____ 、 _____ 、 _____ 。

3. 定位参数的作用分别是什么？

4. 定位参数调整顺序的基本原则是什么？

项目 5 ▶▶▶

常规制动系统

● 沟通与服务 ●

　　汽车作为经常使用的物品，使用中不可避免会出现问题，某些问题是因设计不科学或生产制造质量不良引起的。有些厂家对出现的问题服务到位，及时召回，解决消费者顾虑，合理解决问题，赢得了消费者的满意和信任，对车辆的品牌和公司的运行影响不大；而个别厂家存在隐瞒、敷衍或不作为等行为，如某汽车的断轴问题，厂家不承认自身问题，把问题归咎于消费者的不当使用，不处理问题，这样就出现了维权事件，闹的沸沸扬扬，影响了品牌形象，业绩严重下降，甚至售后公司无法正常营业。作为汽车售后服务相关工作人员，要有为客户服务的意识和责任，硬件服务方面确保维修质量，软件服务方面注意及时沟通处理问题。

任务 1　鼓式制动器的拆检

任务引入

鼓式制动器的检修是汽车制动系统定期保养作业的重要内容。制动器是实现制动系统功能的执行部件，能够使汽车减速甚至停车，一旦制动器不能正常工作，汽车制动性能将变差，甚至完全失效。本任务将介绍鼓式制动器的基本构造和类型以及鼓式制动器的检修方法。

知识链接

鼓式制动器类型较多，其旋转元件是制动鼓，固定元件是制动蹄，制动时制动蹄在促动装置作用下向外张开，制动蹄外表面的摩擦片压靠到制动鼓的内圆柱面上，对鼓产生制动摩擦力矩。

5.1.1　鼓式制动器的组成

鼓式制动器的组成主要由制动鼓、制动蹄、制动分泵（制动轮缸）等组成，如图 5-1-1 所示。

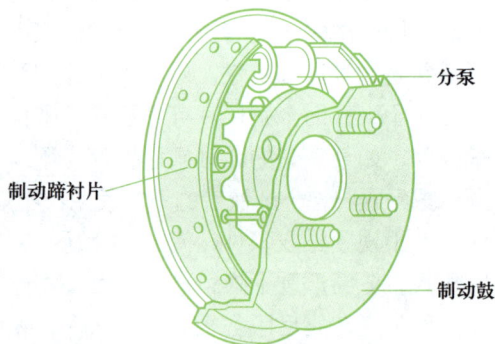

图 5-1-1　鼓式制动器组成

凡对制动蹄端加力使蹄转动张开的装置统称为制动蹄促动装置。制动蹄促动装置有轮缸、凸轮和楔三种形式。

以液压制动轮缸作为制动蹄促动装置的制动器称为轮缸式制动器，轿车多用；以凸轮作为促动装置的制动器称为凸轮式制动器，通常利用气压使凸轮转动，用于大型汽车的气压制动系统；用楔作为促动装置的制动器称为楔式制动器，适用于冰雪路面制动，可缩短制动距离 15%。

常见的桑塔纳轿车的液压轮缸张开式鼓式制动器结构如图 5-1-2 所示。

图 5-1-2 桑塔纳轿车鼓式制动器的结构

制动器的固定部分包括制动底板、制动蹄等元件；旋转部分为制动鼓；轮缸为张开机构。定位调整机构有支承销、回位弹簧等。

制动时，轮缸活塞在制动液的作用下向外推动制动蹄，制动蹄克服复位弹簧的弹力使制动蹄向外张开，压向制动鼓，产生制动力矩使汽车制动。解除制动时，制动液压力消失，在复位弹簧的作用下制动蹄复位。

（1）制动底板

制动底板是鼓式制动器的基础，所有摩擦总成部件安装在制动底板上。底板安装在后桥轴端支撑座上，底板具有防尘和防水保护制动器不受污染的功能。制动轮缸固定在底板上方，支架、止挡板紧固在底板下方。下复位弹簧使制动蹄的下端钳入底板的切槽中。

（2）定位调整机构

复位弹簧使两制动蹄的上端压靠到推杆上，楔形调节板在其拉簧作用下，向下拉紧在制动蹄与推杆之间。

定位销、定位弹簧及弹簧座用以限制制动蹄的轴向移动，并保持蹄面与底板的垂直。

（3）制动鼓

制动鼓安装在车轮轮毂上，与车轮一起旋转，内表面与制动蹄摩擦片匹配。常用铸铁或带铸铁摩擦片的铸铝制成。

（4）制动蹄

制动蹄由钢材焊制。制动蹄的外面部分弯曲与制动鼓外形相匹配，制动摩擦片铆在制动蹄外部表面上，制动蹄端部与轮缸接触。制动蹄内面腹板上有制动蹄复位弹簧、自行调节装置、驻车制动连杆装置等。

（5）制动轮缸

制动轮缸为单活塞或双活塞内张型液压轮缸，常用的双活塞结构如图 5-1-3 所示。轮缸体内有两活塞、两皮碗，弹簧使皮碗、活塞、制动蹄紧密接触。制动时，

动画
鼓式制动器制动轮缸

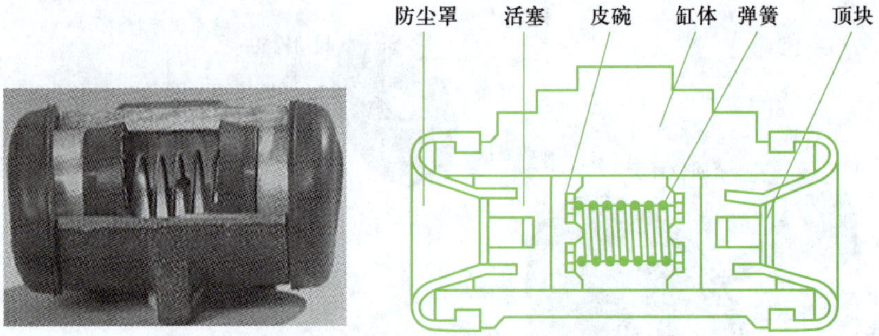

图 5-1-3　双活塞制动轮缸的组成

液压油进入两活塞间的油腔，进而推动制动蹄张开，实现制动。轮缸缸体上有放气螺栓，以保证制动灵敏可靠。

5.1.2　鼓式制动器的类型

（1）领从蹄式制动器

如图 5-1-4 所示，其特点是两个制动蹄各有一个支点，一个蹄在轮缸促动力作用下张开时的旋转方向与制动鼓的旋转方向一致，称为领蹄；另一个蹄张开时的旋转方向与制动鼓的旋转方向相反，称为从蹄。

领蹄在摩擦力的作用下，蹄和鼓之间的正压力较大，制动作用较强。从蹄在摩擦力的作用下，蹄和鼓之间的正压力较小，制动作用较弱。

两个制动蹄受到的轮缸促动力相等，称为等促动力制动器。

领从蹄式制动器的两个制动蹄作用在制动鼓上的法向反力大小不等，这种制动器称为非平衡式制动器。

（2）双领蹄和双向双领蹄式制动器

汽车前进时两个制动蹄均为领蹄的制动器称为双领蹄式制动器，如图 5-1-5 所示。

双领蹄式制动器的结构特点是，每一制动蹄都用一个单活塞制动轮缸促动，固定元件的结构布置是中心对称式。

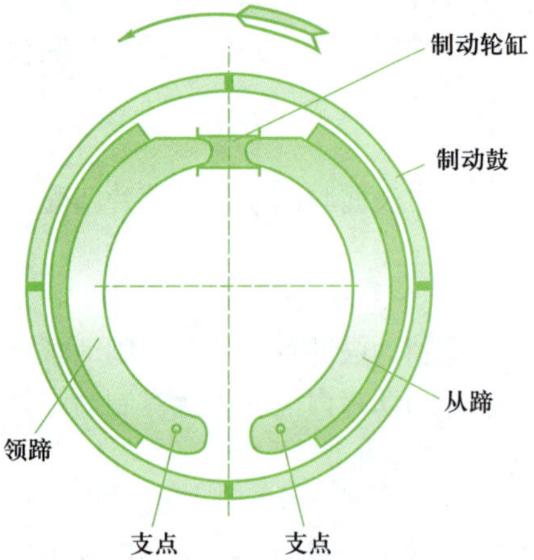

动画

鼓式制动器的类型

图 5-1-4　领从蹄式制动器

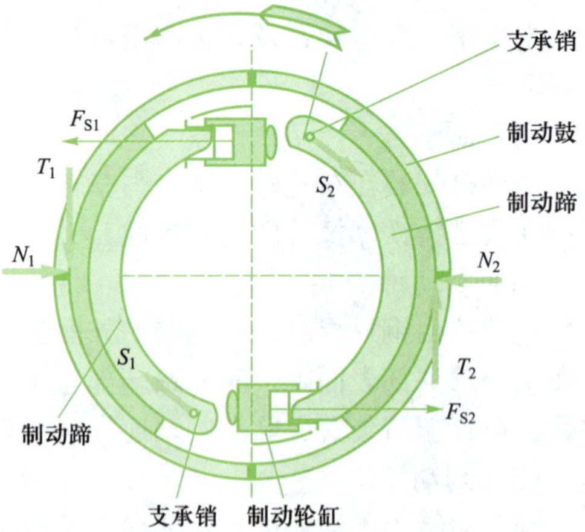

图 5-1-5　双领蹄式制动器

双向双从蹄式制动器使用了两个双活塞轮缸，无论汽车前进还是倒车，都是双领蹄式制动器，故称双向双领蹄式制动器，如图 5-1-6 所示。

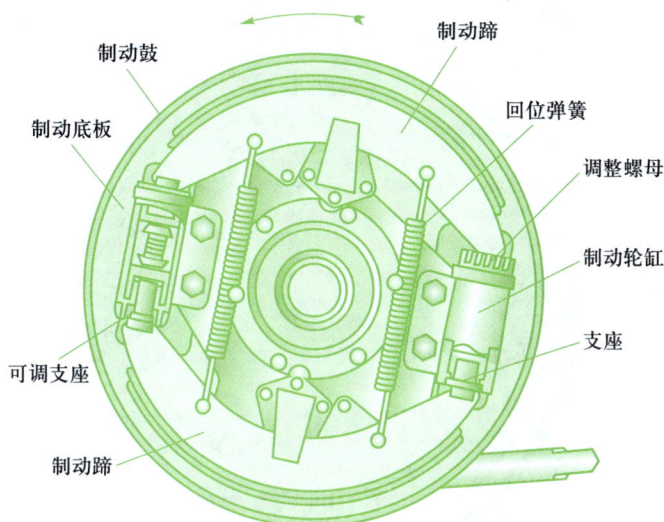

图 5-1-6　双向双领蹄式制动器

（3）双从蹄式制动器

汽车前进时两个制动蹄均为从蹄的制动器称为双从蹄式制动器，如图 5-1-7 所示。

双领蹄、双向双领蹄、双从蹄式制动器固定元件的布置都是中心对称，两制动蹄作用在制动鼓上的法向反力大小相等、方向相反、相互平衡，这种形式的制动器称为平衡式制动器。

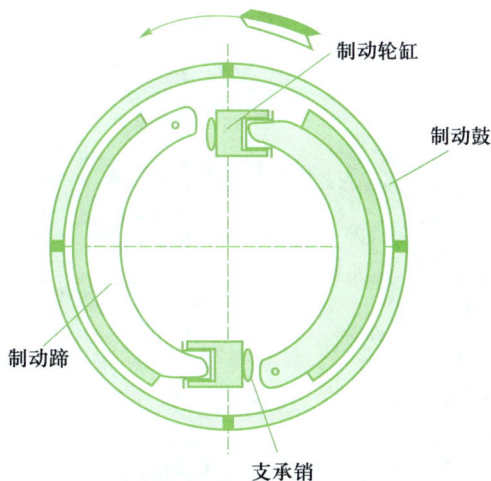

图 5-1-7　双从蹄式制动器

（4）单向自增力式制动器

如图 5-1-8 所示，其特点是两个制动蹄只有一个单活塞的制动轮缸，第二制动蹄的促动力来自第一制动蹄对顶杆的推力，两个制动蹄在汽车前进时均为领蹄，但倒车时能产生的制动力很小。

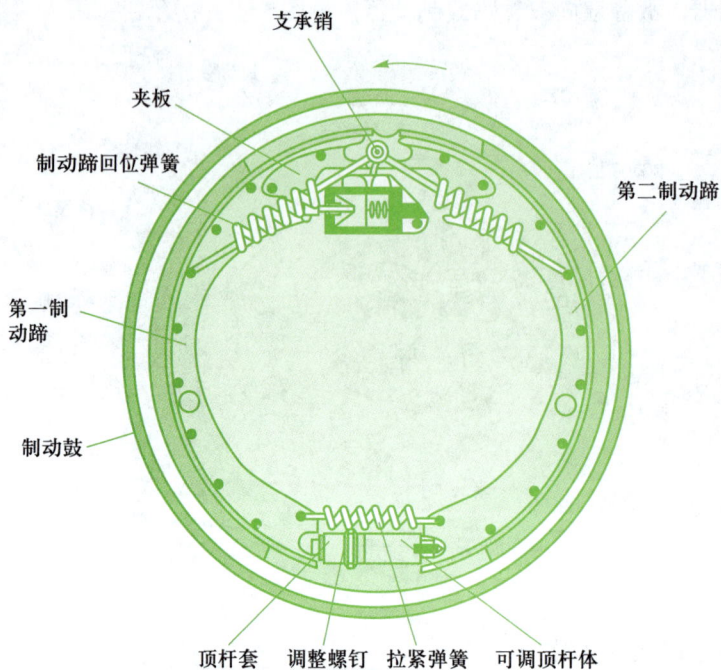

图 5-1-8　单向自增力式制动器

（5）双向自增力式制动器

如图 5-1-9 所示，其特点是两个制动蹄的上方有一个双活塞制动轮缸，轮缸的上方还有一个制动蹄支承销，两制动蹄的下方用顶杆相连。无论汽车前进还是倒车，都与自增力式制动器相当，故称双向自增力式制动器。

图 5-1-9　双向自增力式制动器

5.1.3　制动器间隙的调整

制动器间隙是指在不制动时，制动鼓和制动蹄摩擦片之间的间隙。

制动器间隙过小，不能保证完全解除制动，此间隙过大，制动器反应时间过长，直接威胁到行车安全。制动器在使用过程中，随着摩擦片的磨损，制动器间隙会变大，要求制动器必须有检查和调整间隙的可能。

（1）手动调整装置

① 转动调整凸轮和带偏心轴颈的支承销。

如图 5-1-10 所示，凸轮固定在制动底板上，支承销固定在制动蹄上，沿图中箭头所示方向转动调整凸轮时，通过支承销将制动蹄向外顶，制动器间隙将减小。

图 5-1-10　转动调整凸轮调整制动间隙

② 转动调整螺母。

有些制动器轮缸两端的端盖制成调整螺母，用一字螺钉旋具拨动调整螺母的齿槽，使螺母转动，带螺杆的可调支座便向内或向外做轴向移动，使制动蹄上端靠近或远离制动鼓，制动间隙减小或增大。间隙调整好以后，用锁片插入调整螺母的齿槽中，固定螺母位置，如图 5-1-11 所示。

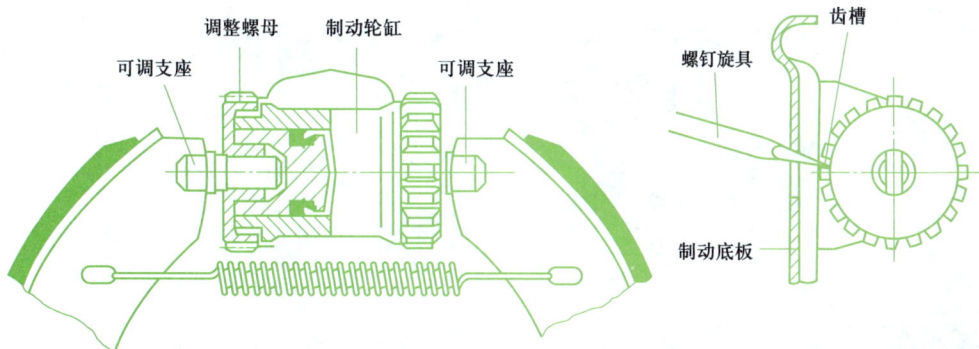

图 5-1-11　用调整螺母调整制动间隙

③ 调整可调顶杆长度。

可调顶杆由顶杆体、调整螺钉和顶杆套组成。顶杆套一端具有带齿的凸缘，套内制有螺纹，调整螺钉借螺纹旋入顶杆套内。拨动顶杆套带齿的凸缘，可使调整螺钉沿轴向移动，从而改变了可调顶杆的总长度，调整了制动器间隙。此调整方式仅适用于自增力式制动器，如图 5-1-12 所示。

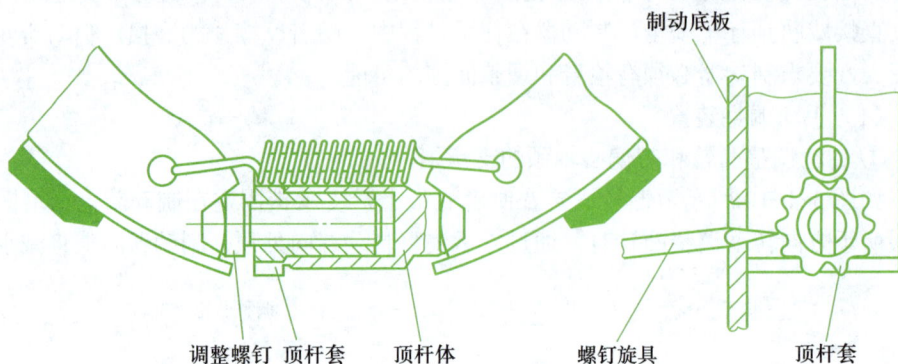

调整螺钉　顶杆套　顶杆体　　　螺钉旋具　　　顶杆套
制动底板
图 5-1-12　改变顶杆长度调整制动间隙

（2）自动调整装置

现在很多汽车的制动器都装有制动器间隙自动调整装置，它可以保证制动器间隙始终处于最佳状态，不必经常人工检查和调整。

① 摩擦限位式间隙自调装置。

如图 5-1-13 所示，用以限定不制动时制动蹄内极限位置的限位摩擦环装在轮缸活塞内，限位摩擦环是一个有切口的弹性金属环，压入轮缸后与缸壁之间的摩擦力可达 400～550 N。如果制动器间隙过大，活塞向外移动靠在限位环上仍不能正常制动，活塞将在油压作用下克服制动环与缸壁间的摩擦力继续向外移动，摩擦环也被带动外移。解除制动时，制动器复位弹簧不可能带动摩擦环回位，也即活塞的回位受到限制，制动器间隙减小。

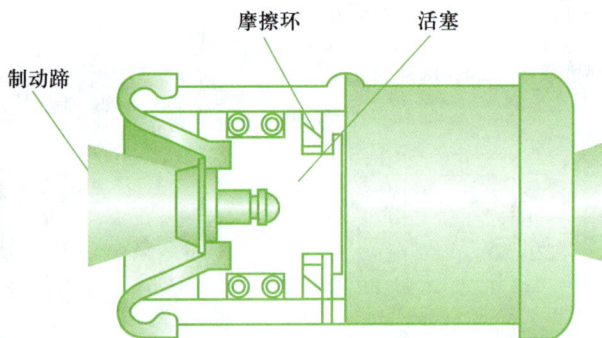

制动蹄　　摩擦环　　活塞
图 5-1-13　摩擦限位式间隙自调装置

② 楔块式间隙自调装置。

桑塔纳轿车的制动器间隙主要依靠楔形调节块调整，如图 5-1-14 所示。

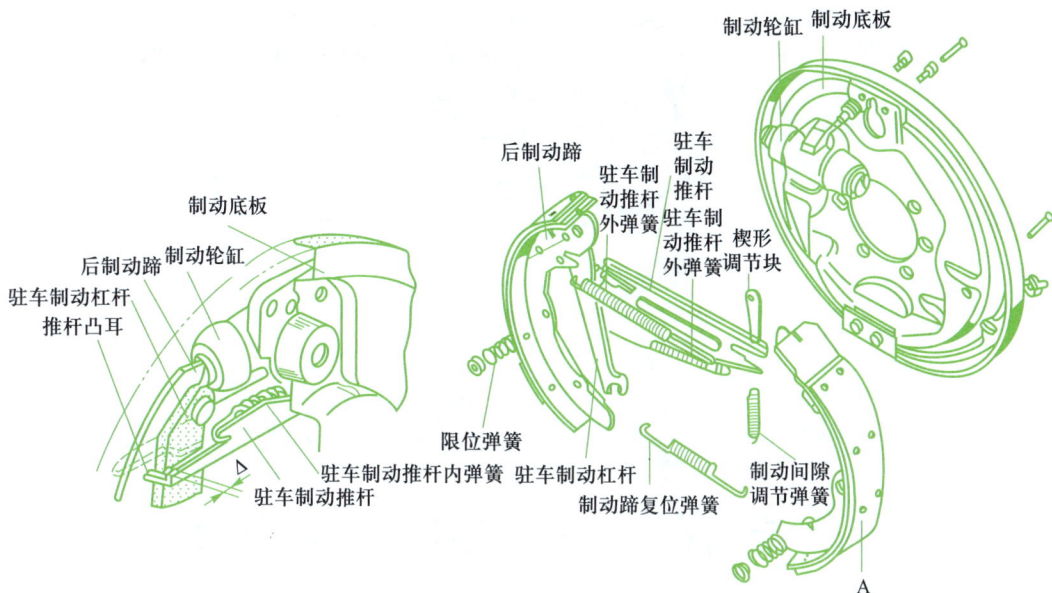

图 5-1-14　楔块式间隙自调装置

任务实施

1. 拆卸制动蹄

① 松开驻车制动器，举升车辆，然后按照图 5-1-15 所示顺序拆下车轮螺栓并拆下车轮。

② 在制动鼓和轮毂上做标记，拆下制动鼓，如图 5-1-16 所示。

微课
鼓式车轮制动
器的拆装与
检修

图 5-1-15　拆下车轮

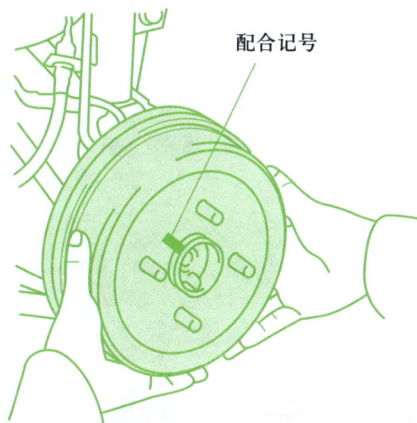

配合记号

图 5-1-16　拆下制动鼓

③ 拆下制动蹄回位弹簧，如图 5-1-17 所示。

④ 拆下制动蹄压紧弹簧，如图 5-1-18 所示。

⑤ 拆下前制动蹄，如图 5-1-19 所示。

SST(制动蹄回位弹簧工具)

前制动蹄

回位弹簧

SST(制动蹄回位弹簧工具)

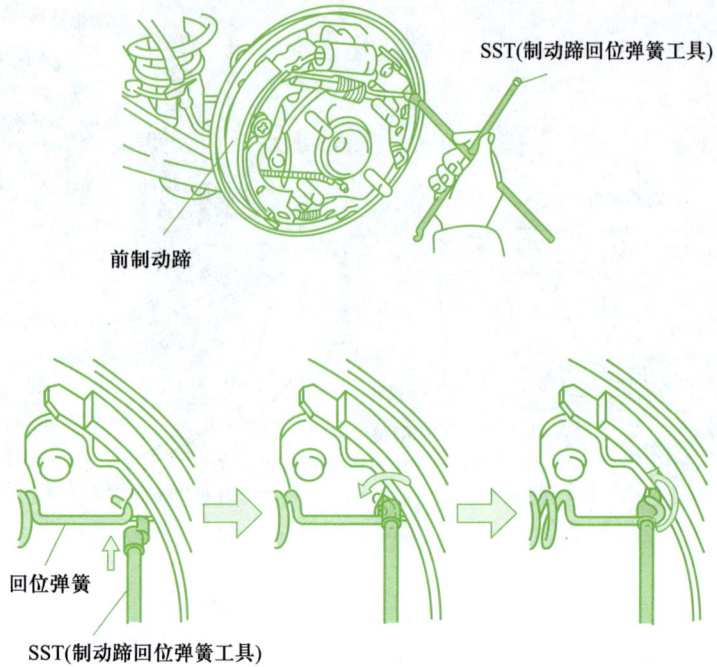

图 5-1-17 拆下制动蹄回位弹簧

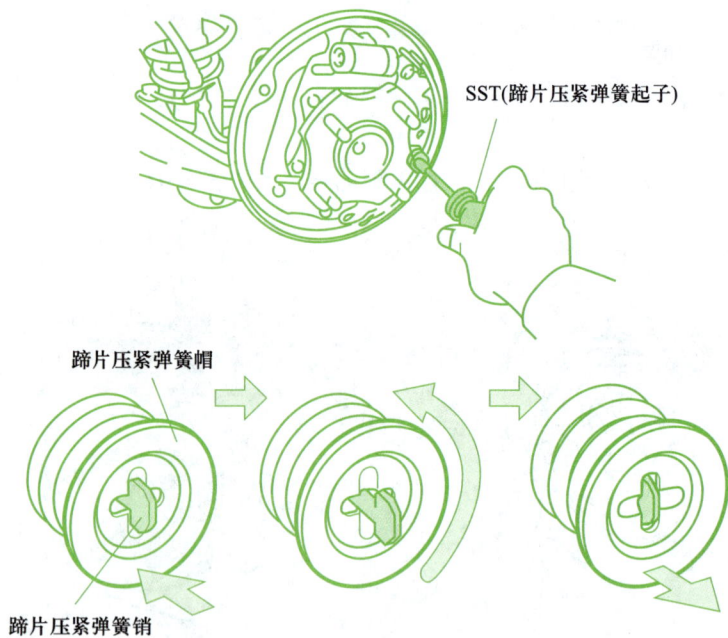

SST(蹄片压紧弹簧起子)

蹄片压紧弹簧帽

蹄片压紧弹簧销

图 5-1-18 拆卸制动蹄压紧弹簧

⑥ 拆下驻车制动拉线，拆下后制动蹄，如图 5-1-20 所示。

⑦ 分解前制动蹄，检查自动调节杆弹簧的方向并用尖嘴钳把弹簧从前制动蹄上拆下，然后拆下自动调节杆，如图 5-1-21 所示。

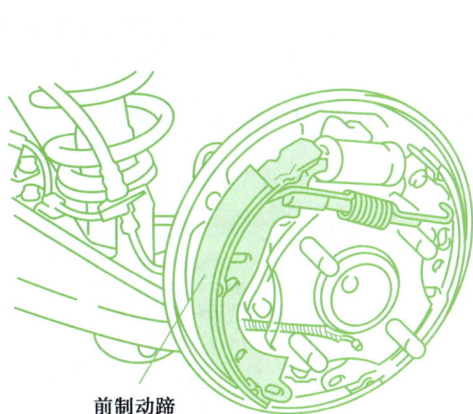

前制动蹄

图 5-1-19　拆下前制动蹄

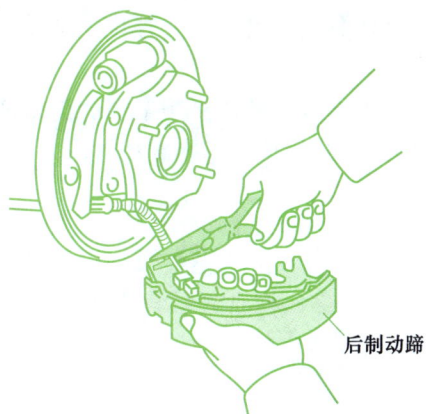

后制动蹄

图 5-1-20　拆下后制动蹄

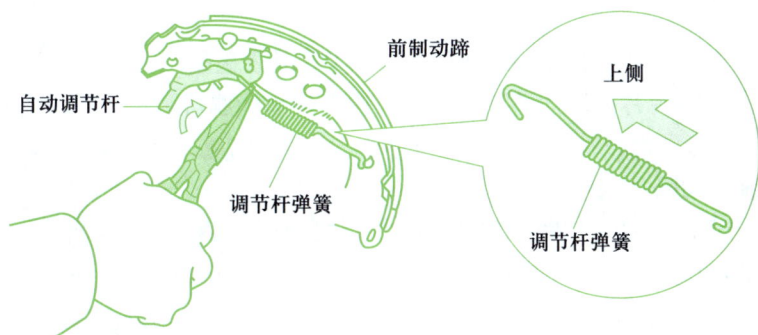

自动调节杆

前制动蹄

调节杆弹簧

上侧

调节杆弹簧

图 5-1-21　分解前制动蹄

⑧ 分解后制动蹄，用一字螺钉旋具撬开 C 型垫圈，然后拆卸驻车制动杠杆，如图 5-1-22 所示。

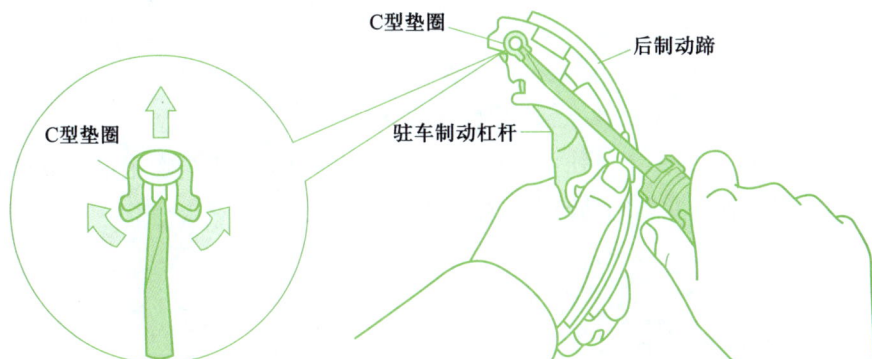

C型垫圈

后制动蹄

C型垫圈

驻车制动杠杆

图 5-1-22　分解后制动蹄

2. 检查鼓式制动器

① 检查制动蹄滑动区域是否有异常磨损。

② 检查制动蹄和背板及固定件之间接触表面是否有异常磨损。

③ 检查制动蹄和背板及固定件是否锈蚀。

④ 测量制动器衬片厚度，如果小于 1 mm，则更换新的制动蹄，如图 5-1-23 所示。

⑤ 清洁制动鼓，测量制动鼓内径，从维修手册中查取制动鼓的最大值，如果内径超过最大值，更换制动鼓，如图 5-1-24 所示。

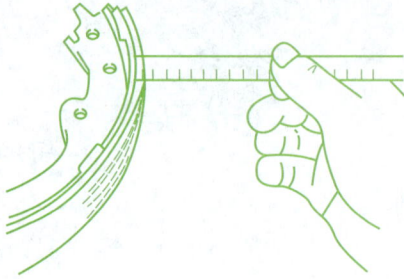

图 5-1-23　测量制动器衬片厚度　　　　图 5-1-24　测量制动鼓内径

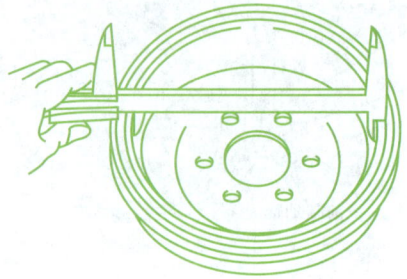

⑥ 检查制动轮缸是否漏油，制动轮缸防尘罩是否破损。

⑦ 检查摩擦衬片的表面情况，表面是否有裂纹和脱落，是否有较明显的沟槽，是否有硬化或者油污。

3. 安装制动蹄

① 组装后制动蹄，把驻车制动杠杆和 C 型垫圈安装到后制动蹄上，用钳子夹住 C 型垫圈，检查驻车制动杠杆是否能够顺利移动，如图 5-1-25 所示。

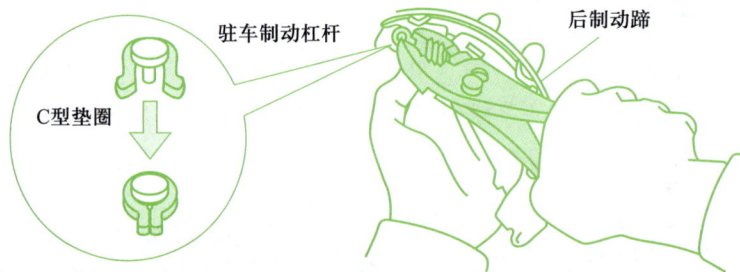

图 5-1-25　组装后制动蹄

② 组装前制动蹄，将自动调节杆安装到前制动蹄上，用尖嘴钳把调节杆弹簧安装到自动调节杆上和前制动蹄上，如图 5-1-26 所示。

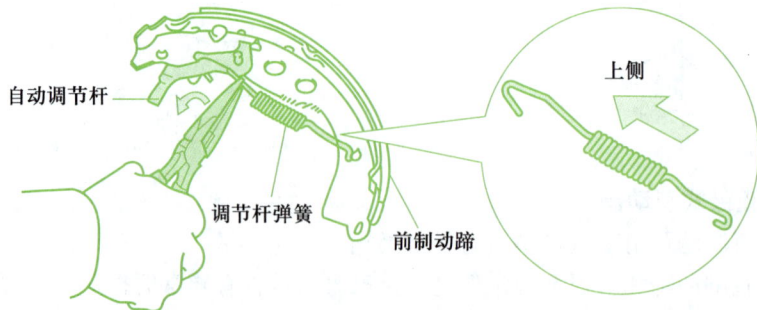

图 5-1-26　组装前制动蹄

③ 清洁驻车制动调节器和背板，并给调节器和背板在图 5-1-27 中箭头所指部位涂上润滑脂。

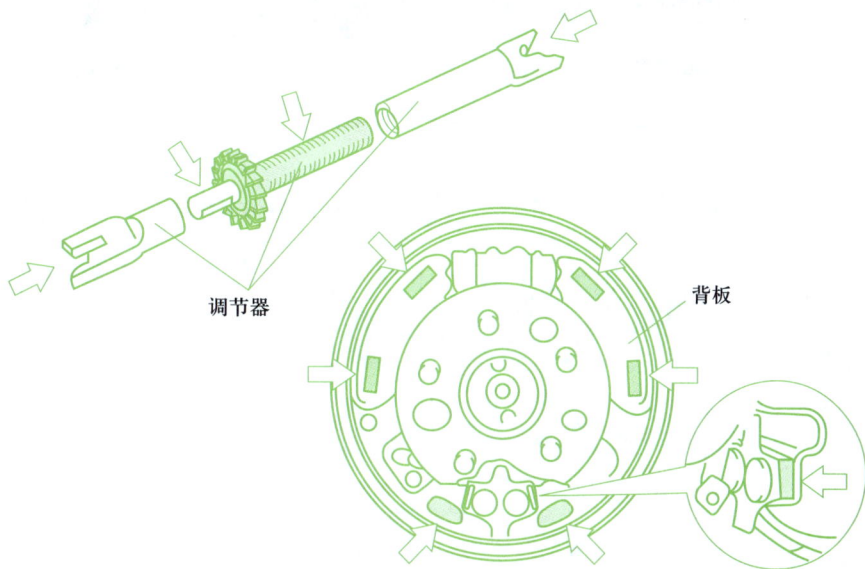

图 5-1-27　给调节器和背板上涂抹润滑脂

④ 安装后制动蹄，用钳子夹住驻车制动器拉索，将驻车制动器拉索连接到驻车制动杠杆上，并用 SST 安装蹄片压紧弹簧销和弹簧帽，如图 5-1-28 所示。

⑤ 安装驻车制动调节器，检查驻车制动调节器的方向，并将其安装在后制动蹄上，然后安装回位弹簧，如图 5-1-29 所示。

⑥ 安装前制动蹄，安装前、后制动蹄上的定位弹簧，使驻车制动调节器与前制动蹄凹槽对齐，如图 5-1-30 所示。

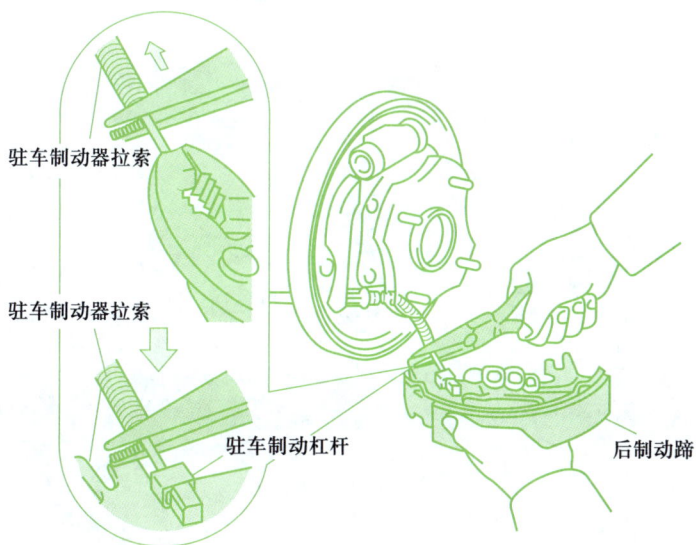

蹄片压紧弹簧帽

蹄片压紧弹簧销

SST(蹄片压紧弹簧起子)

蹄片压紧弹簧起子

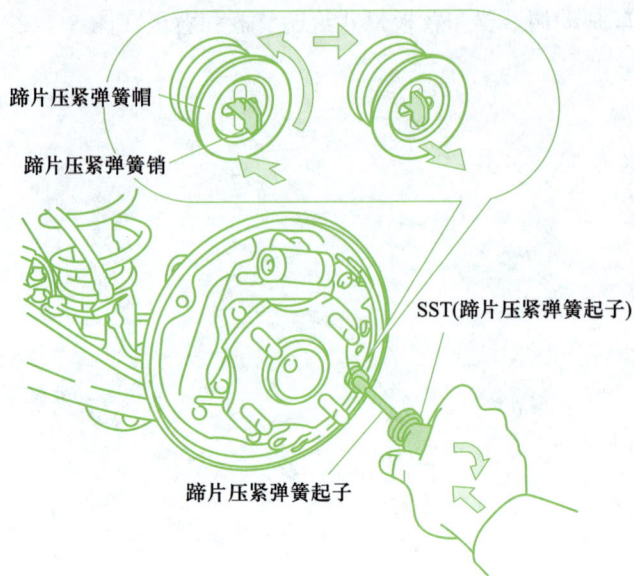

图 5-1-28 安装后制动蹄

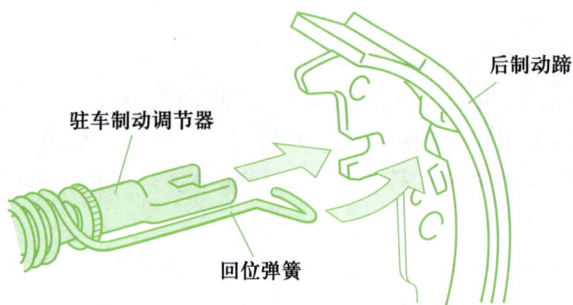

驻车制动调节器

后制动蹄

回位弹簧

图 5-1-29 安装驻车制动调节器

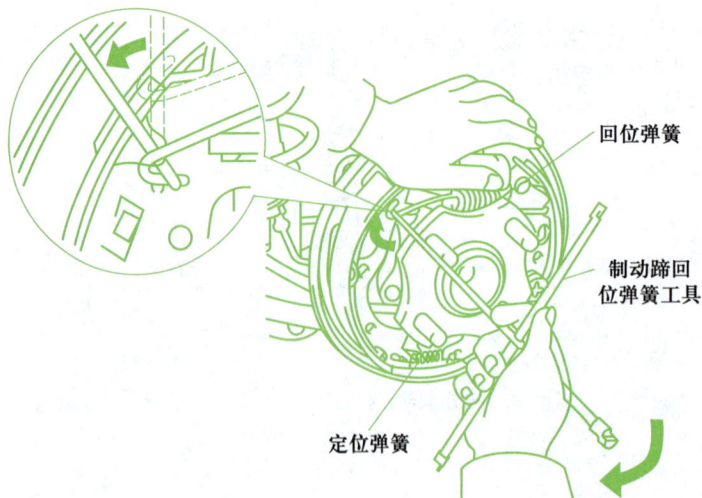

回位弹簧

制动蹄回
位弹簧工具

定位弹簧

图 5-1-30 安装前制动蹄

⑦ 安装制动鼓，用制动鼓量具测量制动鼓的内径，旋转驻车制动调节器以调节制动蹄的最大直径比制动鼓内径小 1.0 毫米，然后对齐在拆卸制动鼓时所做的装合标记，重新安装制动鼓，如图 5-1-31 所示。

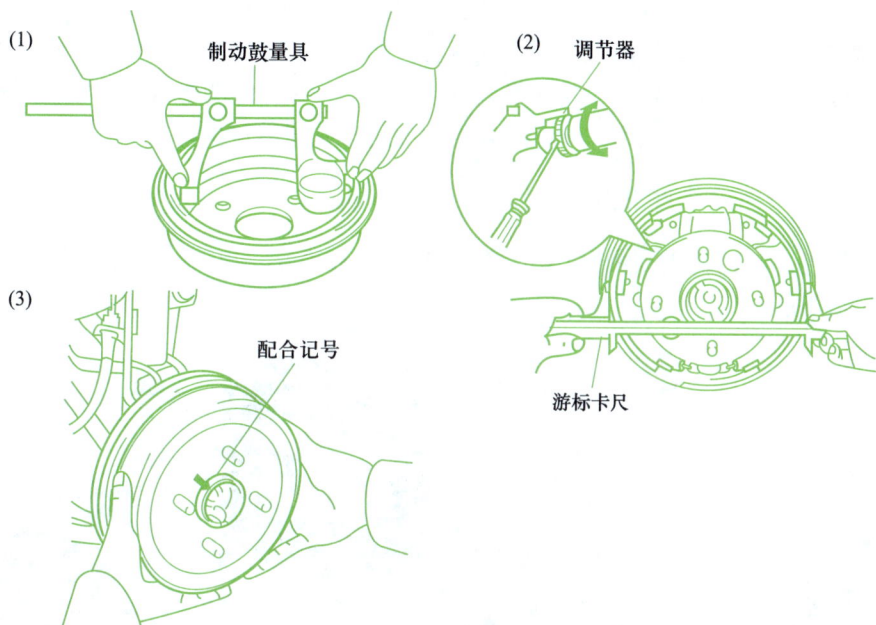

图 5-1-31   调节蹄鼓间隙并安装制动鼓

⑧ 安装车轮并按规定力矩拧紧车轮螺栓。

习题与思考

1. 鼓式制动器由 _____、_____、_____、_____、_____、_____等组成。

2. 领蹄是指 _____。

3. 什么是摩擦制动器？它是如何分类的？各自的结构特点是什么？

4. 鼓式车轮制动器有几种形式？各有何特点？

任务 2   盘式制动器的拆检

任务引入

盘式制动器的检修是汽车制动系统定期保养作业的重要内容。制动器正常工作时能够使汽车减速甚至停车，一旦制动器不能正常工作，汽车制动性能将变差，甚至完全失效。本任务将介绍盘式制动器的组成和工作过程以及盘式制动器的检修。

知识链接

盘式制动器主要有钳盘式和全盘式两种。钳盘式制动器按制动钳固定在支架上的结构分为定钳式和浮钳式。定钳盘式制动器使用较少，浮钳盘式制动器在轿车前轮或四轮中应用广泛；全盘式制动器在重型商用车中应用较多。

5.2.1　盘式制动器的组成

浮钳盘式制动器主要由制动钳、制动轮缸、制动片、制动盘和防溅板等组成，如图 5-2-1 所示。

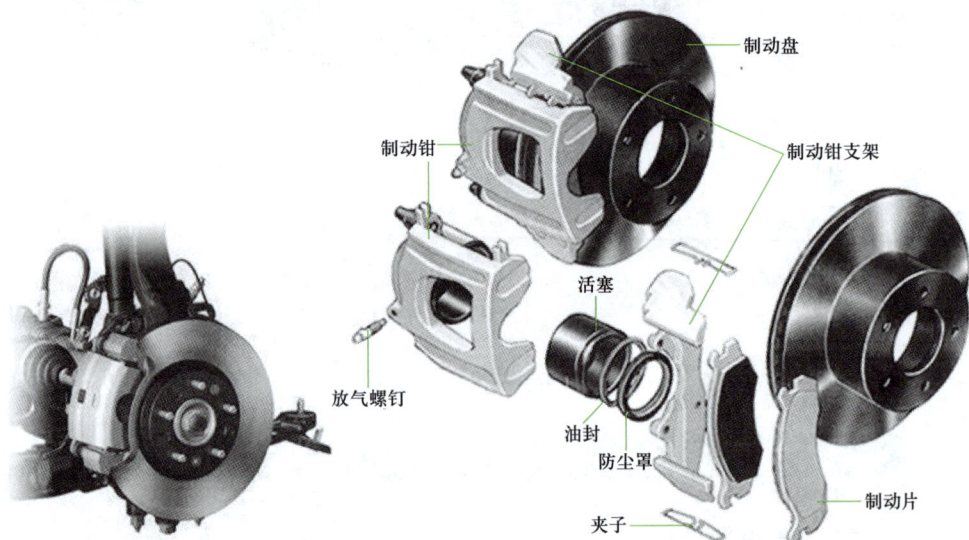

图 5-2-1　钳盘式制动器实物图

1. 制动钳及制动轮缸

如图 5-2-2 所示，制动钳安装在转向节或车桥凸缘上，并横跨在制动盘上，其内部装有活塞，并与之形成液压腔。在制动主缸高液压压力的作用下，制动钳及活塞使制动片压向制动盘。

制动钳由支架和钳体两部分组成，支架紧固在悬架部件上，钳体通过导向销连接在支架上，并可以沿导向销左右滑动。钳体一侧装有活塞并由密封圈密封，形成制动轮缸，活塞与制动盘之间装有制动片，钳体另一侧只有制动片，如图 5-2-3（a）所示。

制动轮缸也叫制动分泵，它位于制动器中，其作用是将液压压力转换成机械作用力，并施加给制动片。浮钳盘式制动器轮缸由制动钳、活塞、密封圈、防尘罩、排气螺栓等组成，如图 5-2-3（b）所示。活塞与制动钳组成液压腔，并采用密封圈密封。除了密封液压腔以外，密封圈还具有活塞回位和制动器间

隙调整的功能。防尘罩位于制动钳和活塞之间，防止水、灰尘、制动片磨屑等进入液压腔。位于制动钳上的排气口用排气螺栓封堵。

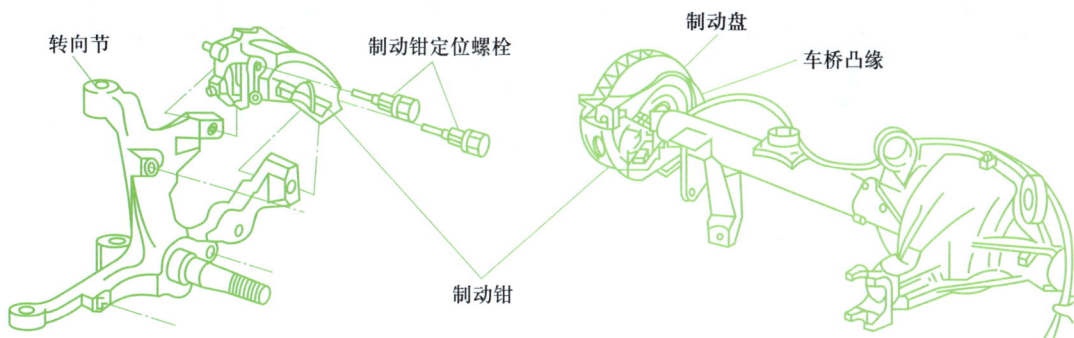

图 5-2-2   制动钳的安装位置

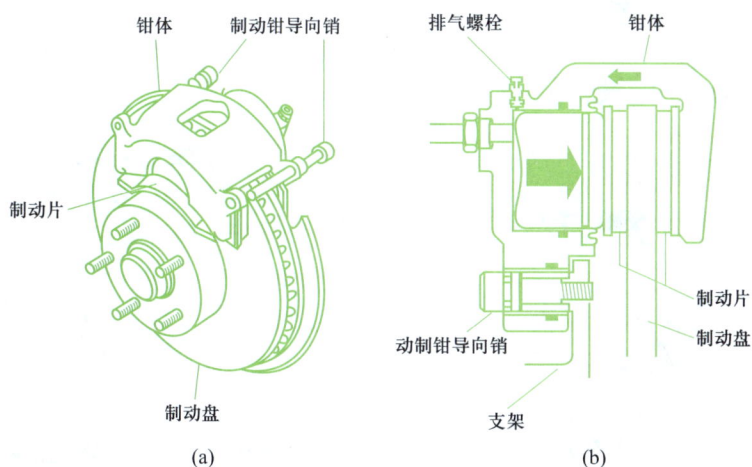

(a)   (b)

图 5-2-3   浮动式制动钳及轮缸

2. 制动盘

制动盘是制动器中最大和最重的部件，常采用耐磨的铸铁材料制成，并通过螺栓安装在轮毂上，它与制动片相接触并产生摩擦力来阻止车轮转动。制动盘通常有两种形式：实心式和通风式，如图 5-2-4 所示。实心式制动盘是一个实心圆盘，通风式制动盘则由内带辐射式散热片的中空金属盘组成。由于通风式制动盘比实心式制动盘散热性能好，因此被越来越多的汽车采用。

3. 制动片

制动片的作用是与制动盘相接触产生摩擦力，阻止制动盘转动。制动片由摩擦材料和钢制底板制成，常见的固定方式有铆接、粘接和模铸粘接，如图 5-2-5 所示。

为了防止制动热衰退，许多制动片上设计有槽缝，如图 5-2-6（a）所示，便于热量散发和摩擦时产生的微粒散开，制动片上的铆钉孔也起同样的作用。另外，高性能车辆的制动盘上也开有孔洞或槽缝，如图 5-2-6（b）所示，以便热量和水分快速散发出去，同时这些空隙的边缘也能够把制动片摩擦产生的松散微粒擦掉。

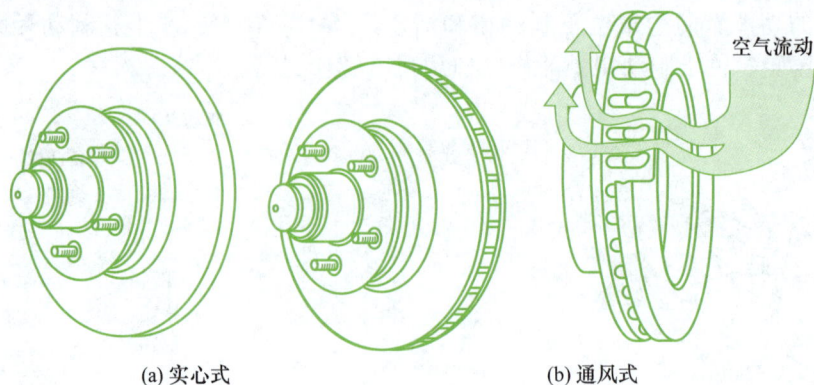

(a) 实心式　　　　　　　　(b) 通风式

图 5-2-4　制动盘的类型

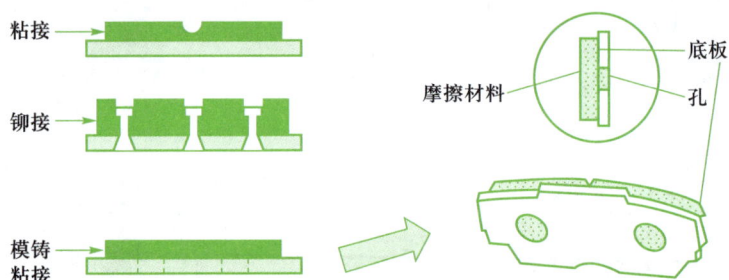

图 5-2-5　制动片的固定方式

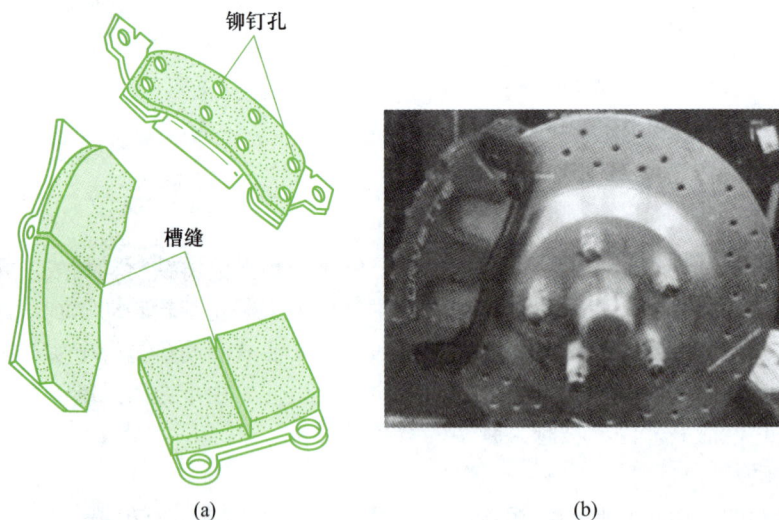

(a)　　　　　　　　　　　(b)

图 5-2-6　制动片与制动盘的散热

　　盘式制动器工作时易产生噪声，加强制动片在制动钳上的固定是降低噪声的主要手段。如图 5-2-7 所示，加强制动片固定的方法通常有以下三种：制动片底板两端设计有向外弯曲的固定凸耳；制动片底板设计有定位销孔凸耳，并用定位销固定；制动片底板采用定位弹簧固定在制动钳上。

出于安全考虑，大多数厂商会在制动片上安装磨损指示器，以便提示驾驶员何时需要更换制动片。机械式磨损指示器如图 5-2-8 所示。机械式磨损指示器是指一种固定在底板上的弹簧钢片，当摩擦材料磨损到一定厚度、弹簧钢片接触到制动盘时，磨损指示器就会发出刺耳的尖叫声，以提醒驾驶员。

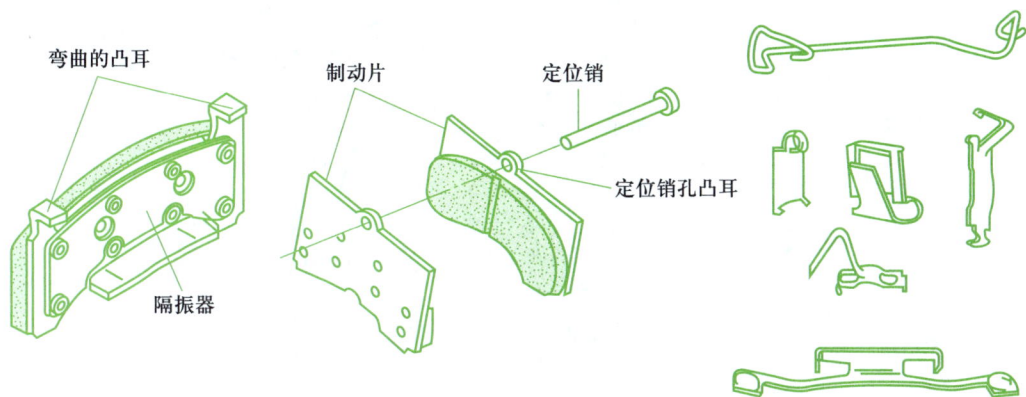

图 5-2-7 制动片降噪方式

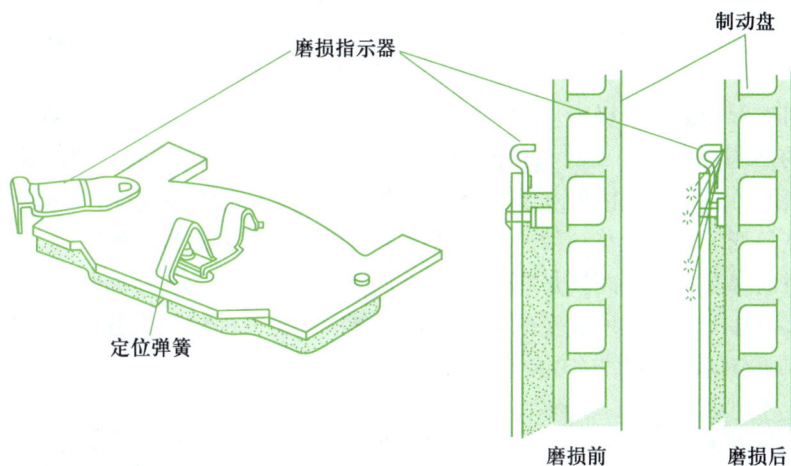

图 5-2-8 机械式制动片磨损指示器

4. 防溅板

防溅板（图 5-2-9）的作用主要是保护制动盘的内侧不受泥水、小石子等的影响，而制动盘的外侧由车轮保护。大部分防溅板由冲压钢或塑料制成，并用螺栓固定在转向节或车桥上。

5.2.2 盘式制动器的工作过程

如图 5-2-3 所示，制动踏板未被踩压时，制动分泵活塞处于初始位置。当制动踏板被踩下后，制动主缸内的高压制动液进入制动轮缸，活塞在液压力的作用下右移，将内侧制动片推向制动盘。与此同时，制动钳也在液压力的作用下左移，将外侧制动片推向制动盘。于是，制动盘被两侧的制动片压紧，使车轮制动。在活塞移动的过程中，密封圈的刃边在摩擦力的作用下随活塞移动，使密封圈发生弹性形变。当制动踏板松开后，液压腔内的液压力减小，活塞密封圈的弹力使活塞回位，钳体也回到初始位置，制动片与制动盘分离。

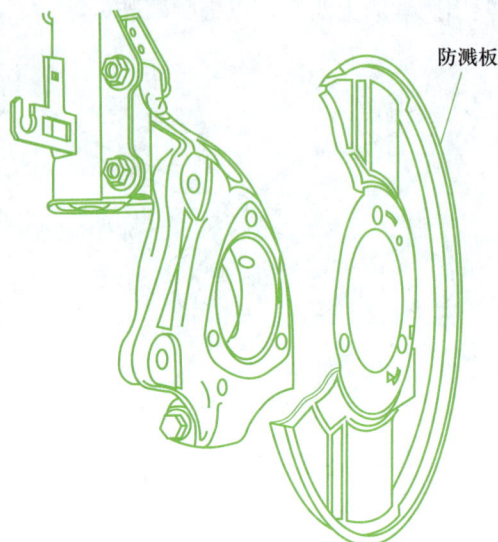

图 5-2-9　防溅板

密封圈形变量是有极限值的，这个极限值等于制动器在其间隙正常时完全制动所需要的活塞行程。如果制动器间隙过大，制动时密封圈形变量达到极限值以后，活塞在液压力的作用下相对密封圈刃边移动，直到实现完全制动为止。解除制动后，密封圈恢复变形，相对移动部分不可能恢复，活塞被密封圈拉回的距离与制动器间隙正常时活塞被拉回的距离是相同的，活塞相对密封圈移动的距离弥补了制动器间隙的增大，移动量即为所调整的间隙量，于是制动器的间隙又恢复到正常值。这就是密封圈调节制动器间隙的功能，如图 5-2-10 所示。

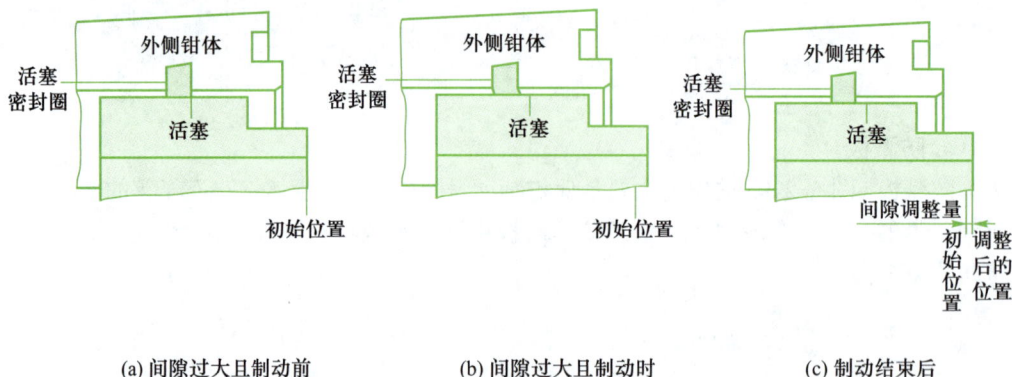

(a) 间隙过大且制动前　　　(b) 间隙过大且制动时　　　(c) 制动结束后

图 5-2-10　活塞密封圈调整间隙的原理

故盘式制动器的活塞密封圈除了起密封作用外，还兼起活塞回位作用和调整间隙的作用。

🔆 动画
盘式制动器回位与调整

盘式制动器的优缺点

1. 优点

① 盘式制动器无摩擦助势作用，制动力矩受摩擦因数的影响较小，即热稳定性好。

② 盘式制动器浸水后效能降低较少，而且只需经一两次制动即可恢复正常，即基本不存在水衰退问题。

③ 在输出相同制动力矩的情况下，盘式制动器尺寸和质量一般较小。

④ 制动盘沿厚度方向的热膨胀量极小，不会像制动鼓的热膨胀那样使制动器间隙明显增加而导致制动踏板行程过大。

⑤ 较容易实现间隙自动调整，其他维修作业也较简便。

2. 缺点

① 效能较低，所需制动促动管路压力较高，一般要用伺服装置。

② 兼用于驻车制动时，需要加装的驻车制动传动装置较鼓式制动器复杂。

任务实施

1. 拆卸盘式制动卡钳和制动块

① 举升车辆，然后顺序拆下车轮螺栓，卸下车轮，注意在使用风动扳手等旋转类工具工作时不能戴手套。

② 松开制动钳体固定螺栓，旋转制动钳体，然后用铁丝钩把制动钳体挂在螺旋弹簧上以避免损坏制动油管，如图 5-2-11 所示。

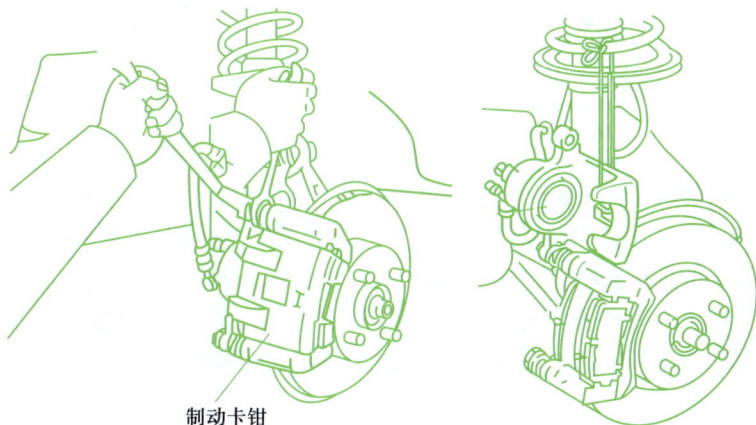

制动卡钳
图 5-2-11　拆卸制动钳体及悬挂钳体

③ 拆下两个制动片，如图 5-2-12 所示。

注意：此时不要踩制动踏板，以免活塞移出。

2. 目视检查

尽管制动片上设计有磨损指示器，但全面的外观目视检查也是非常重要的。目视检查包括以下内容。

微课
盘式车轮制动器的拆装与检修

① 检查钳体和支架是否损坏或松动。
② 检查制动钳排气螺栓是否松动。
③ 检查制动盘表面是否有划痕或污物。
④ 检查制动片表面颜色是否正常。
⑤ 检查制动器是否存在漏油现象。

3. 制动钳的检修

检修制动钳时，需要拆下制动钳，然后按照以下内容进行检查。

① 检查钳体是否有锈蚀和损伤现象，轮缸橡胶防尘套是否完好且有良好的弹性。
② 检查活塞在钳体中是否能平滑移动。
③ 检查导向销是否磨损或变形，弹性夹的弹性是否正常。

4. 制动片的检修

如图 5-2-13 所示，在制动片多个位置测量其厚度，查看制动片是否达到磨损极限及磨损是否均匀，并根据情况进行更换。更换制动片时，同一车轮上的制动片应一起更换。当制动片出现不均匀的磨损时，应查找故障原因并进行修理。

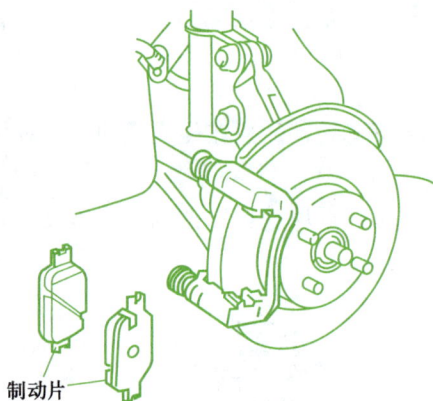

制动片

图 5-2-12   拆下制动片   图 5-2-13   制动片厚度的测量

5. 制动盘的检修

在检查制动盘表面和磨损时，先用工业酒精或经许可的制动器清洗剂清洁制动盘的摩擦面，然后检查制动盘摩擦面是否存在锈蚀、点蚀、开裂、灼斑、变形等情况。如果制动盘的摩擦表面出现上述情况，则制动盘需要表面修整或更换。制动盘磨损会导致其发生形变，这可通过制动盘厚度偏差测量和制动盘端面跳动量测量进行判断。

6. 制动盘厚度偏差的测量

① 拆卸制动钳及制动片，并清洁制动盘的摩擦面，以便于千分尺能接触到清洁的制动盘内摩擦面。

② 使用千分尺测量并记录制动盘圆周上均匀分布的 4 个点或更多点的厚度。操作时，务必确保在制动盘摩擦面内进行测量，且每次测量时千分尺与制动盘外边缘的距离相等（约 10 mm），如图 5-2-14 所示。

　　③ 计算所记录的最大厚度和最小厚度之差，得出厚度偏差值，并根据维修手册判断该差值是否符合规定。如果制动盘厚度偏差超出规定，则制动盘需要进行表面修整或更换。

　　注意：对制动盘进行表面修整或更换后，必须测量制动盘端面跳动量，以确保盘式制动器的最佳制动性能。

7. 制动盘端面跳动量的测量

　　在测量制动盘端面跳动量前，需要拆卸制动盘，检查轮毂和制动盘的接合面，确保没有异物、锈蚀或碎屑等。拆下制动盘前，必须标记制动盘与车轮双头螺柱的相对位置，以保证装配的唯一性。

　　① 对准拆卸前所作的装配标记，将制动盘安装至轮毂，并在车轮双头螺柱上安装垫圈，再将车轮螺母按照合理顺序紧固至规定值，以正确固定制动盘，如图5-2-15 所示。

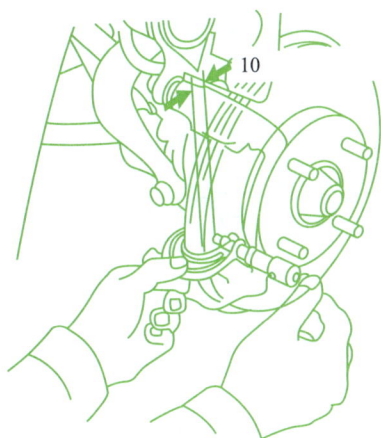

图 5-2-14　制动盘厚度偏差的测量　　　　图 5-2-15　固定制动盘

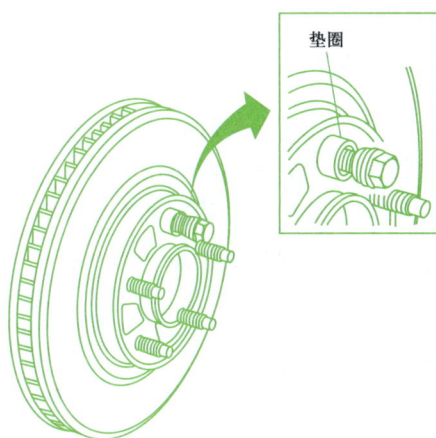

　　② 将百分表组件或同等工具安装至支柱，使百分表测量头与制动盘摩擦面以90°角接触，且距离制动盘外边缘约 13 mm，如图 5-2-16 所示。转动制动盘，直到百分表读数达到最小值，然后将百分表归零；再次转动制动盘，直到百分表读数达到最大值，并标记最大值对直的测量点的位置，该最大值就是制动盘端面跳动量。

　　③ 根据维修手册判断制动盘的端面跳动量是否符合规定。如果制动盘端面跳动量符合规定，则安装制动钳并踩几下制动踏板，以便使制动盘固定到位，然后再拆下垫圈。如果制动盘端面跳动量超出规定，则对制动盘进行表面修整或更换，并再次测量制动盘端面跳动量以确保盘式制动器的最佳制动性能。

8. 制动片的安装

　　① 更换制动片，将制动片卡进制动钳支架中。

　　② 安装制动钳，按规定力矩扭紧制动钳紧固螺栓，然后检查制动器有无制动拖滞。

　　③ 安装车轮并按规定力矩扭紧车轮紧固螺栓。

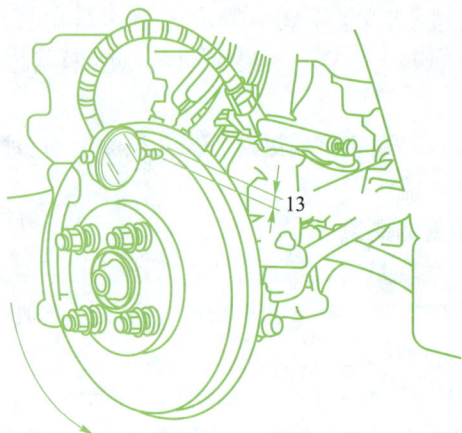

图 5-2-16 制动盘端面跳动量的测量

习题与思考

1. 浮钳盘式制动器的"浮"是指 _____。
2. 轮缸活塞密封圈的作用有 _____、_____、_____。
3. 简述钳盘式制动器间隙的调整过程。
4. 简述制动盘的检查项目。

任务3 制动液压系统的拆检

任务引入

制动主缸是汽车液压制动系统的核心，制动时驾驶员踩制动踏板的力通过制动主缸的作用转换成制动液的压力，主缸部件的损坏会引起制动管路中液体压力的异常变化，从而导致汽车的制动性能下降。制动主缸拆检在汽车检修中是经常出现的，本任务将介绍制动主缸及管路的组成和工作原理等知识以及制动主缸检查与更换方法。

知识链接

制动液压系统将驾驶员施加在制动踏板上的作用力转换成液压力并传递给各个车轮制动器。在这个过程中，它放大了制动踏板的作用力，并调节前后车轮制动力的大小。制动液压系统主要由制动主缸（简称"主缸"）、制动轮缸（简称"轮缸"）、液压阀、制动管路、制动液及相关的监测开关等组成，如图 5-3-1 所示。

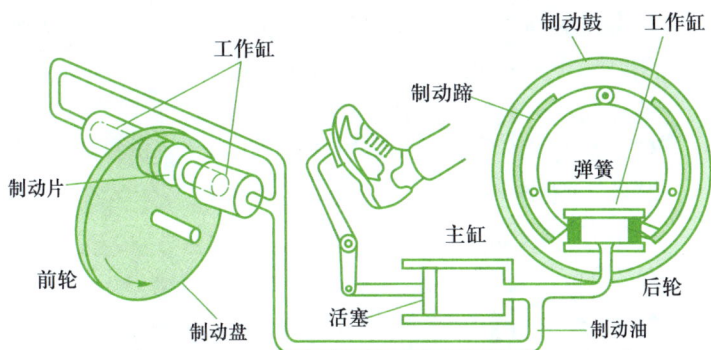

图 5-3-1　制动液压系统基本组成

现代汽车都使用双回路液压系统，当一条回路的管路出现泄漏后，汽车仍然能够获得部分制动力，这提高了汽车的安全性。双回路液压系统的管路有两种布置形式，即前后分布式和对角分布式，如图 5-3-2 所示。在前后分布式液压回路中，制动主缸的两出口分别通向前轮制动轮缸和后轮制动轮缸。在对角分布式液压回路中，制动主缸的一个出口同时连接左前轮制动轮缸和右后轮制动轮缸，另一出口分别连接右前轮制动轮缸和左后轮制动轮缸。

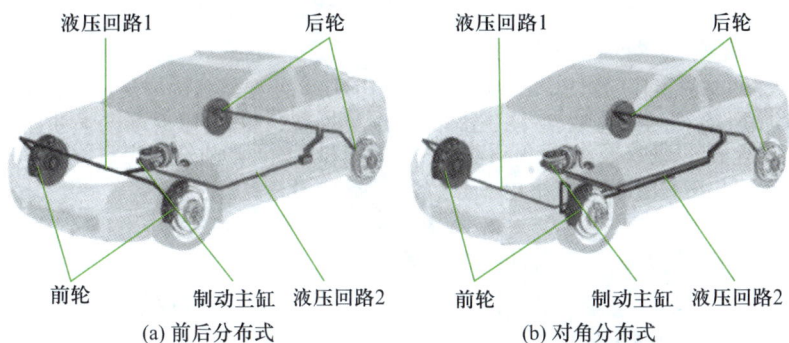

(a) 前后分布式　　　　　　　　(b) 对角分布式

图 5-3-2　双回路液压管路布置形式

汽车制动时，前轮提供大部分的制动力，后轮提供小部分的制动力。对于前后分布式液压回路，如果与前轮制动轮缸相连的制动管路出现泄漏，车辆不但会丧失大部分的制动力，而且紧急制动时还会出现侧滑、甩尾等危险。对于对角分布式液压回路，任一液压回路的管路出现泄漏，车辆都能获得 50% 的制动力。

5.3.1　制动管路

制动管路将各个制动轮缸连接到制动主缸，是液压回路的重要组成部件。制动管路由金属管（通常称为"制动管"）和软管（通常称为"制动软管"）组成，它们都是高压管。

1. 制动管

制动管固定在车身或车架上，用于相对位置固定的两部件间的连接。它一般是双壁金属管，且表面镀锌或镀锡，以防止生锈和被腐蚀。

为了承受液压系统的高压力，制动管端部加工成喇叭口接头。喇叭口接头有两种类型，即双重喇叭口接头和 ISO（国际标准化组织）喇叭口接头，如图 5-3-3 所示，它们之间不能互换。双重喇叭口接头用于美国标准的管道和接头上，其接头螺栓一般呈金色、银色或黄铜色。ISO 喇叭口接头也称为气泡喇叭口接头，用于米制管道和接头上，其接头螺栓一般呈绿色或蓝色。

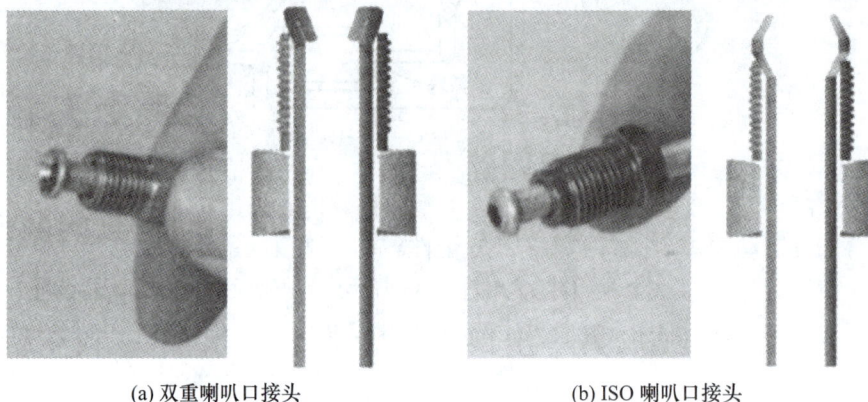

(a) 双重喇叭口接头   (b) ISO 喇叭口接头

图 5-3-3   喇叭口接头的类型

2. 制动软管

制动软管用于制动管和制动轮缸之间的连接，以适应制动轮缸相对于车身或车架的跳动。制动软管由多层复合材料制成，其两端设计有金属管接头。制动软管接头有多种形式，从螺纹上可将管接头分为内螺纹接头和外螺纹接头，从特点上可将管接头分为鼓形接头、内螺纹固定式接头和外螺纹转动式接头，如图 5-3-4 所示。拆卸这些接头时按以下顺序进行：拆卸其他类型的管接头之前，首先要拆卸鼓形接头；拆卸固定式接头之前，要先拆卸转动式接头；拆卸外螺纹接头之前，要先拆卸内螺纹接头。拆装制动软管时，应避免其扭曲和弯折。另外，每隔 6 个月（甚至更短时间）需要检查制动软管是否出现裂纹、鼓包、泄漏等故障，若出现故障应立即更换软管。

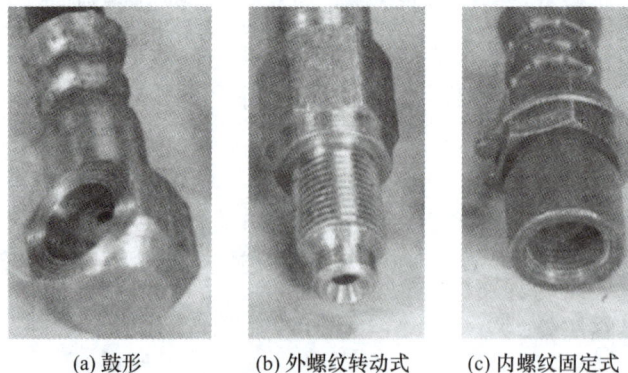

(a) 鼓形   (b) 外螺纹转动式   (c) 内螺纹固定式

图 5-3-4   制动软管管接头的类型

5.3.2　制动主缸

制动主缸也叫制动总泵，它是制动液压系统的核心。制动主缸安装在真空助力器上，它将真空助力器输出的推力转换成液压力，这个液压力通常称为制动压力。在制动压力的作用下，制动轮缸活塞将制动片（或制动蹄）压向制动盘（或制动鼓），并产生摩擦力使车轮制动，该摩擦力就是制动器制动力。当制动片（或制动蹄）产生足够的摩擦力后，制动主缸帮助产生平衡制动所需的压力。此外，制动主缸还有如下功能：在制动片或制动蹄磨损时保持系统充满制动液，防止空气中的水分等污染物进入系统。

制动主缸有单腔式和双腔式两种类型，分别用于单、双回路液压系统。早期的汽车使用单腔式制动主缸，这种系统如果发生泄漏（如管路破裂、皮碗撕裂等），则制动系统完全失效。因此，现代汽车都使用双腔式制动主缸，它能保证两条液压回路的工作互不影响，且各工作腔可按不同排量设计。

双腔式制动主缸有两个工作腔，它由储液罐、带密封膜片的储液罐盖、缸体、活塞及皮碗、回位弹簧等组成，如图 5-3-5 所示。

动画
制动主缸构造
与工作原理

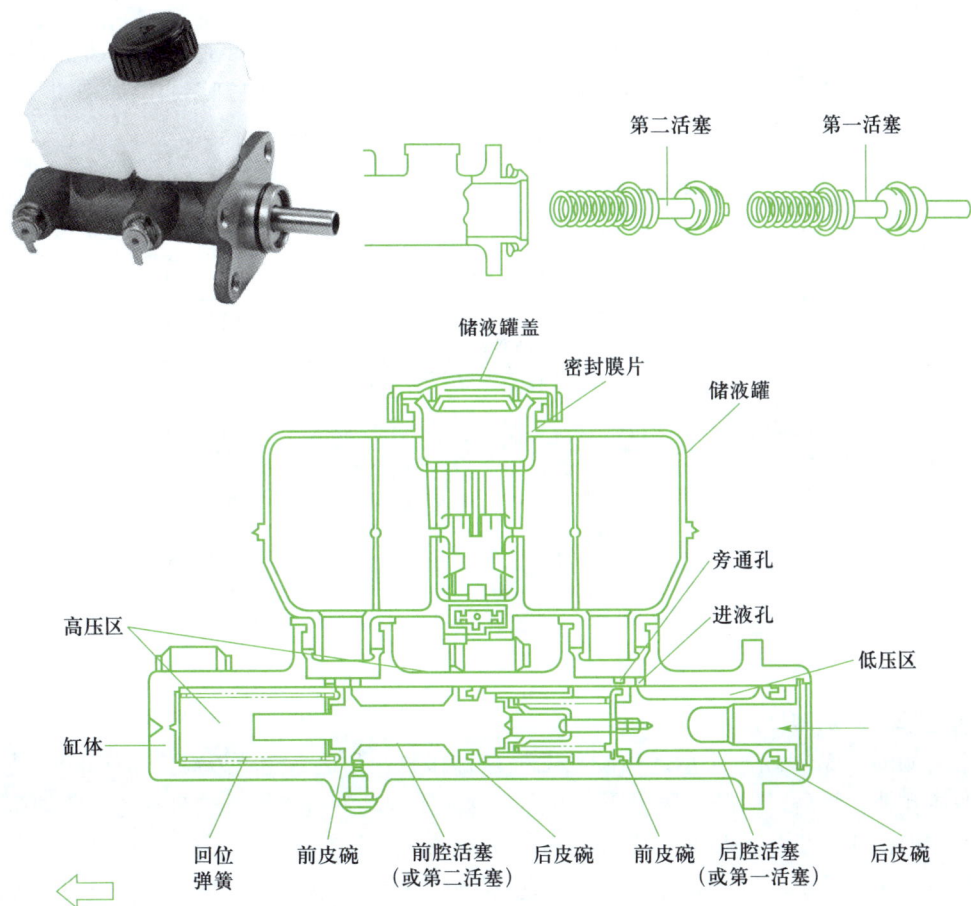

图 5-3-5　双腔式制动主缸的组成

　　储液罐位于制动主缸上部，其内装有一定量的制动液。储液罐内部用隔板隔开，以保证制动主缸的每一个工作腔有独立的储液腔。为了便于观察制动液液位，储液罐一般呈半透明状。储液罐顶部设计有盖子，在盖子与储液罐之间有密封膜片，以防止水分及污染物等进入制动液。储液罐盖和密封膜片上设计有通气孔，以防止储液罐因液位下降造成真空，影响制动液的流动。同时密封膜片可随着储液罐中液位的变化而上下移动。

　　制动主缸的缸体呈筒状，它与每一个储液腔之间加工有两个孔，分别为旁通孔和进液孔。回位弹簧、活塞及皮碗等都安装在制动主缸的缸筒内，且它们可以滑动。双腔式制动主缸有两个活塞，分别叫作前腔活塞（或第二活塞）和后腔活塞（或第一活塞），每个活塞上安装有前、后皮碗，前皮碗前方区域为高压区，前、后皮碗之间的区域为低压区。回位弹簧将两个活塞及皮碗保持在初始位置。有些制动主缸后工作腔的旁通孔和进液孔上方还安装快速充液阀，这种制动主缸叫作快速充液主缸，它与低阻力盘式制动器配合使用，以快速消除盘式制动器的间隙，提高制动响应性。

　　在一次完整的制动过程中，制动主缸的工作可分为三个阶段，即静止阶段、制动力施加阶段和释放阶段。

（1）静止阶段

　　当制动踏板未被踩压时，制动主缸活塞及皮碗处于静止状态，且各个活塞的前皮碗位于旁通孔与进液孔之间，储液罐通过这两个孔与制动主缸连通，如图 5-3-6 所示，制动液可以自由地进出制动主缸，以满足其热胀冷缩的需要。

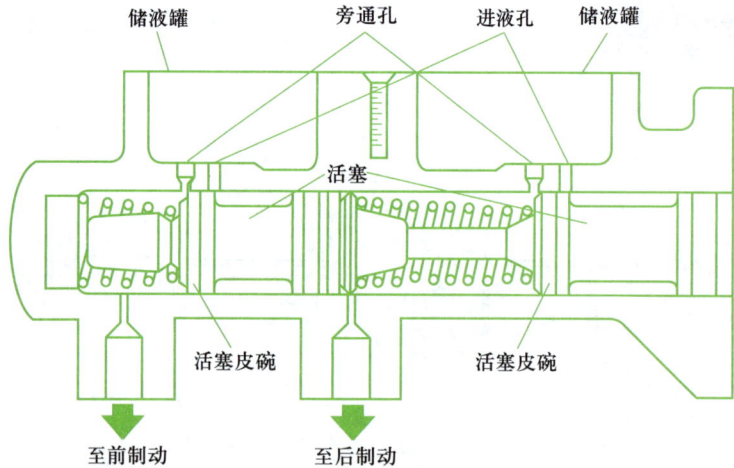

图 5-3-6　静止阶段的制动主缸

（2）制动力施加阶段

　　如图 5-3-7（a）所示，当制动踏板被踩压时，后腔活塞及皮碗向前移动，待旁通孔被关闭后，后腔高压区压力升高，且高压制动液进入制动轮缸，建立制动压力。但低压区的压力降低，制动液经进液孔进入该区域，防止其产生真空，如图 5-3-7（b）所示。与此同时，在后腔液压和回位弹簧的作用下，前腔活塞及皮碗也向前移动，前腔高压区的压力也随之升高。若继续踩压制动踏板，前、后腔的压力继续升高，使前、后制动器制动。

若与后腔连接的制动管路发生泄漏，后腔不能建立液压力，后腔活塞将直接顶触在前腔活塞上，并推动前腔活塞前移，前腔依然可以建立制动压力。若与前腔连接的制动管路发生泄漏，前腔不能建立制动压力，前腔活塞直接顶触到制动主缸缸体上，于是后腔仍然可以建立制动压力。

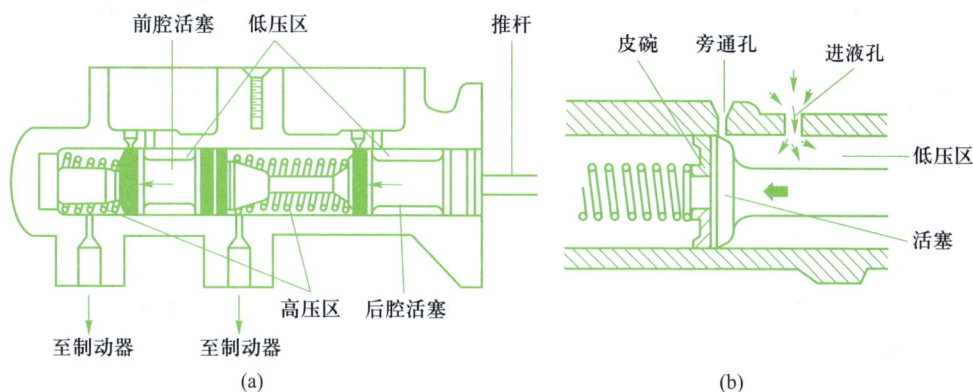

图 5-3-7 制动力施加阶段的制动主缸

（3）释放阶段

当制动踏板释放之后，制动主缸前、后活塞及皮碗、制动轮缸活塞在各自回位弹簧的作用下回位。但是，由于制动液的黏性和制动管路阻力的影响，制动液不能及时流回到制动主缸并填充因活塞后移而产生的空间，因此在旁通孔开启之前，制动主缸前、后腔高压区中都将产生一定的真空度，而此时低压区的压力大于高压区的压力，于是低压区的制动液便从皮碗与缸壁间的间隙进入高压区以填补真空，同时，储液罐中的制动液经进液孔进入低压区，如图 5-3-8（a）所示。当活塞完全回位后，旁通孔已经开启，由制动管路中回流而多余的制动液便经旁通孔进入储液罐，如图 5-3-8（b）所示。

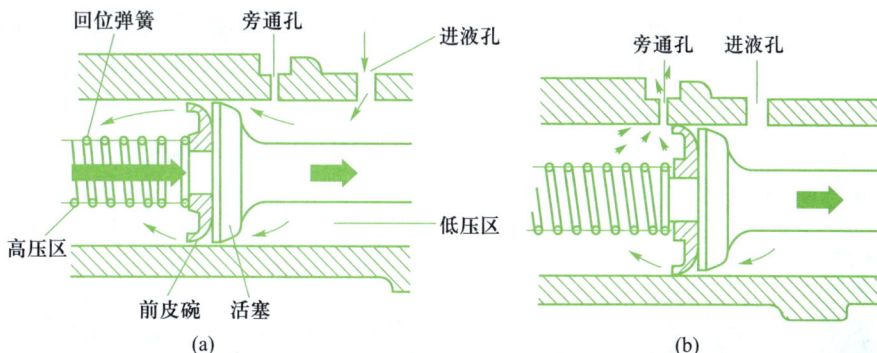

图 5-3-8 释放阶段的制动主缸

主缸上部的储液罐如图 5-3-9 所示，储液罐由透明材料制成，便于观察制动液位，制动液位应该在最高液位线与最低液位线之间。储液罐上装有制动液液位传感器，检测制动液位。当液位过低时，浮式传感器或磁性簧片开关接通仪表盘上的警告灯电路。

储液罐盖通过橡胶膜片来帮助密封，使空气不与制动液直接接触，一方面防止制动液吸入空气中的湿气，另一方面使制动液有热胀冷缩的空间。橡胶膜片与罐盖之间是通气的，罐盖上有通气孔，使橡胶膜片和盖子之间能够通气，制动液能在罐中自如的膨胀收缩。

制动时，制动主缸的油压经制动管路到制动轮缸中作用到制动器上，从而产生制动力。制动轮缸集成于制动器中，已在制动器检修任务中介绍。

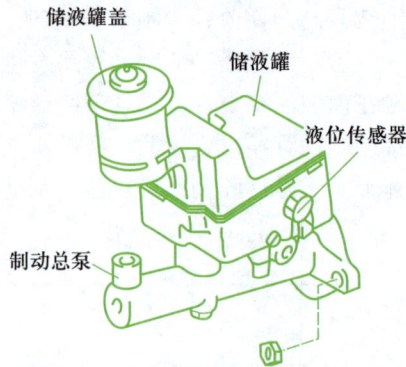

图 5-3-9　储液罐的结构

5.3.3　制动液

制动液填充在整个制动液压系统中，担负着液压系统传力和润滑的重任，其质量的好坏直接影响制动系统工作的可靠性。因此，制动液必须满足以下要求。

① 低温流动性良好，保证液压系统在严寒季节能正常工作。

② 高温下不易汽化，防止因制动器的高温使液压管路中产生气阻而导致制动系统失效。

③ 不会使液压系统的金属件腐蚀，不会使橡胶件老化、硬化或膨胀。

④ 能够良好地润滑液压系统中的运动部件。

⑤ 吸湿性差而溶水性良好。

现代汽车大多使用合成制动液，它由基础油和添加剂组成。合成制动液能在一个宽的温度范围内保持稳定，具有较高的沸点（通常在 204℃ 以上）和较低的凝点（通常达到 −45.56℃），且品质变化小，不会引起金属件和橡胶件损坏。制动液的沸点包括干沸点和湿沸点，干沸点也叫"平衡回流沸点"，指制动液未吸收湿气的沸点；湿沸点也叫"湿平衡回流沸点"，指制动液吸收了湿气后的沸点。如果制动液中混入过量水分，就会降低制动液的沸点，水分能够使制动液的抗气阻能力大大下降，直接影响制动液的低温流动性，在低温条件下容易造成制动失灵。

制动液的型号通常按照美国联邦机动车安全标准（FMVSS 116）命名，目前使用的制动液有 DOT3、DOT4、DOT5.1、DOT5，它们的干沸点和湿沸点见表 5-3-1。DOT 编号越大，制动液沸点越高；在理想条件下，DOT 编号越小，制动液寿命越长。

表 5-3-1　制动液的干沸点和湿沸点

制动液型号	DOT3	DOT4	DOT5.1	DOT5
干沸点／℃	205	230	260	260
湿沸点／℃	140	155	180	180

制动液有一定的毒性，特别是对眼睛和皮肤的刺激比较大，更换制动液或维修制动系统时，操作人员应该穿防护服、佩戴防护手套和安全防护眼镜。由于制动液会污染环境，所以不能随意排放，应该按环保部门的要求回收、储存及处理。另外，

为了确保制动液的工作性能，在进行与制动液相关的维修时还应该注意以下事项。

① 按厂商的要求使用规定型号的制动液，并定期更换。

② 制动液应该存储在原装储存瓶中并密封好，禁止使用其他容器存放制动液。

③ 开启制动液储存瓶瓶盖或制动主缸储液罐前，应该清理其周围的灰尘、水等。

④ 如果制动液储液罐干涸了，则需要清洗或更换储液罐。

⑤ 禁止用制动液储液罐存放制动液以外的任何物品。

⑥ 禁止使用回收的制动液（包括液压系统排空气时回收的制动液）或从其他车辆储液罐中吸取的制动液。

🍃 任务实施

制动系统的工作情况直接影响汽车的安全性，当制动系统功能异常（如制动指示灯点亮、制动踏板行程过大、制动距离变长等）时，必须对制动系统进行维修，而制动系统维修通常从液压系统开始。

1. 制动液检查

制动液是制动液压系统传递力的媒介，其数量和品质直接影响制动系统的功能，因此制动液的检查包括液位检查和品质检查。

（1）液位检查

如果制动指示灯点亮，就需要检查制动液液位。具体检查步骤如下。

① 观察制动液液面高度是否在最高刻度线和最低刻度线之间。

② 如果制动液液面低于最低刻度线，则应添加制动液，使液面高度正常。

③ 踩压制动踏板 5 ～ 10 次。

④ 检查制动主缸缸体是否存在渗漏或表面潮湿。

⑤ 如果制动主缸缸体没有损坏，那么在 10 min 后再检查制动液的液面高度。

⑥ 如果制动液液面高度已经降得很低了，则应检查制动液压系统是否存在外部泄漏。

（2）品质检查

如果制动液的水分含量超标，其沸点会降低；如果制动液中铜含量超标、混有矿物油或石油基液体（如机油、汽油、自动变速器油等），那么制动液压系统中的橡胶件将会膨胀，从而导致制动液压系统工作异常。因此，制动液品质主要从颜色、沸点、含铜量、是否含矿物油或石油基液体等方面进行检查或检测。

① 颜色检查。

正常的制动液颜色为琥珀色（DOT5 为紫色），且呈半透明状。如果制动液的颜色为黑色或咖啡色，如图 5-3-10 所示，则换制动液。

② 沸点检测。

制动液的沸点可用制动液沸点测试仪检测。操作时，将测试仪的探头插入制动液中，起动测试仪，测试仪将显示制动液的沸点。详细操作可参见制动液沸点测试仪使用说明书。

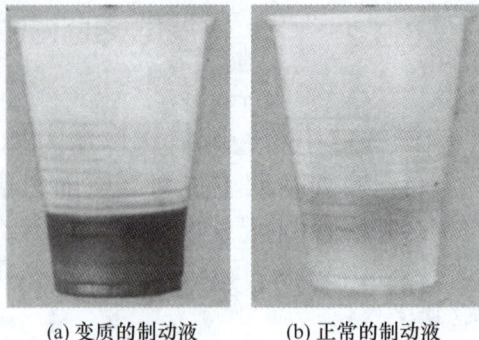

(a) 变质的制动液　　　(b) 正常的制动液

图 5-3-10　制动液的颜色

③ 含铜量检测。

制动液中的含铜量通常采用铜试纸检测。操作时，将铜试纸浸入制动液中
1 ~ 2 s，去除试纸上多余的水分，等待 30 s 左右，将试纸的颜色与色卡对比，判
断制动液的含铜量及是否需要更换。

④ 矿物油及石油基液体检测。

制动液（除 DOT5 外）溶于水，而矿物油和石油基液体不溶于水。这个特性
可以帮助检测制动液中是否含有矿物油和石油基液体。操作时，从储液罐中取少量
（约 1 mL）制动液添加到装有水的泡沫聚丙乙烯杯子中，若制动液完全溶于水，则
说明制动液未被矿物油或石油基液体污染；若水中出现油花，则说明制动液中含有
矿物油或石油基液体，同时可以看到液面附近的泡沫聚丙乙烯被石油基液体分解。

如果制动液被矿物油或石油基液体污染、含铜量超标，就需要将制动液排放干
净，彻底冲洗制动液压系统，并更换制动液压系统中所有的橡胶件或相关总成。

2. 目视检查

制动液压系统的目视检查主要包括以下内容。

① 检查制动主缸与真空助力器及储液罐之间是否出现渗漏。

② 检查制动管及管接头是否存在裂纹、弯折、扭曲、泄漏等情况。

③ 检查制动软管能否弯曲自如，是否有碎屑、杂物、裂纹、渗漏、切痕、鼓
包、挠性软点等。

④ 检查制动轮缸和卡钳是否有腐蚀痕迹、渗漏和损坏等。

3. 制动液压系统渗漏测试

为了确认制动液压系统是否存在渗漏，可以对其进行如下渗漏测试：

① 使发动机运行，变速器处于空挡位置，踩下制动踏板并保持至少 15 s。

② 测量制动踏板与地板之间的距离。制动踏板与地板之间的距离应该为
2.5 ~ 5 cm。

同时不应该感觉到踏板跌落，如果踏板跌落了，说明制动液压系统存在外部
或内部的渗漏。

4. 制动液是否混有空气测试

如果制动液压系统存在外部泄漏，空气可能混入制动液。另外，在进行制动液

压系统维修时，空气也可能混入制动液。混有空气的制动液会导致制动力变小，制动距离变长，并且踩下制动踏板时感觉很软。测试制动液是否混有空气的步骤如下。

① 给储液罐加满制动液，轻轻拧上储液罐盖子（不要拧紧）。

注意：带上安全防护眼镜，防止制动液伤害眼睛；给车辆盖上防护罩，防止损伤车辆油漆。

② 由另一位技师踩压制动踏板约 20 次，最后一次踩住踏板保持不动。

③ 取下储液罐盖子。

④ 快速地释放制动踏板。

⑤ 观察储液罐中的制动液是否出现喷涌现象。若出现喷涌现象，则表明制动液中混有空气，这就需要对制动液压系统进行排气操作。

5. 制动主缸的更换

更换制动主缸包括制动主缸拆卸及安装、储液罐拆卸及安装、制动主缸台架排气等操作。

（1）拆卸制动主缸

拆卸制动主缸是更换制动主缸的第一步，其操作步骤如下。

① 断开蓄电池负极，排空助力器的真空，清洁制动主缸。

② 断开相关线束插接器，并在制动主缸下方放置一个容器或能吸湿的毛巾，以收集渗漏的制动液。

③ 使用管扳手拆卸连接制动主缸的管接头螺栓，并封堵好开口，如图 5-3-11 所示。

注意：不要使制动液滴漏在油漆表面，防止损伤油漆表面。

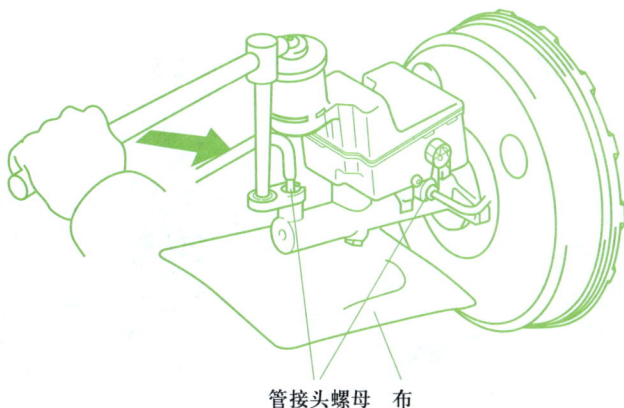

管接头螺母   布

图 5-3-11   松开制动管路

④ 拆卸制动主缸与真空助力器的连接螺栓，移走制动主缸及储液罐。

注意：有些车辆的真空助力器前部和制动主缸之间的橡胶 O 形密封圈需要一同拆卸。

⑤ 清理真空助力器和制动主缸上的油脂及杂屑。

（2）拆卸储液罐

大多数储液罐是可以从制动主缸上分离的，其操作步骤如下。

① 清空制动主缸及储液罐中的制动液。

② 将制动主缸缸体上的安装法兰盘夹紧在台虎钳上。

注意：绝对不要夹持在制动主缸腔体上。

③ 拆下储液罐的夹持器或定位销，如图 5-3-12 所示。

④ 用一根小撬杆把储液罐从制动主缸上分离下来，如图 5-3-13 所示。

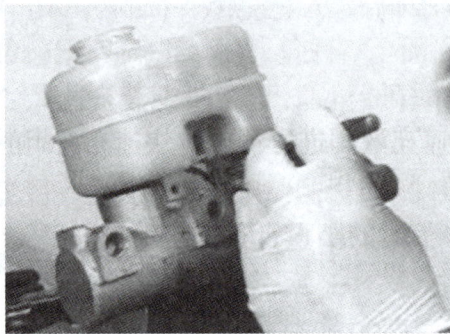

图 5-3-12　拆下储液罐定位销　　　　　　　　图 5-3-13　分离储液罐

⑤ 取下并废弃储液罐与制动主缸之间的密封垫圈。

⑥ 检查储液罐受损坏的情况。若储液罐可以继续使用，则用酒精清洗储液罐，去掉油脂和杂屑，并用压缩空气吹干；若储液罐存在损坏，则应更换储液罐。

（3）分解制动主缸

① 拆下储液罐。

② 在台虎钳上放置铝板，固定住主缸，用手将活塞向内推到底，拆下限位螺栓，如图 5-3-14 所示。

③ 用手将活塞向内推并用卡环钳拆下卡环，如图 5-3-15 所示。

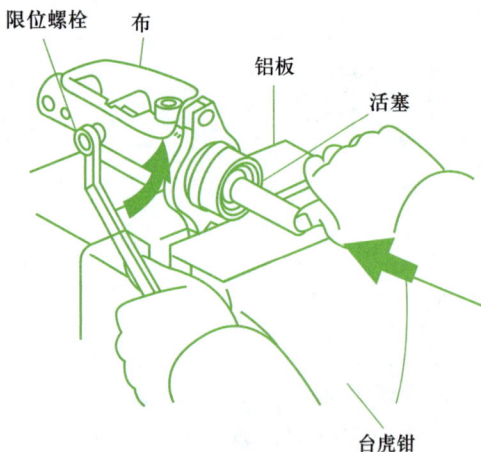

图 5-3-14　拆下限位螺栓　　　　　　　　图 5-3-15　拆下卡环

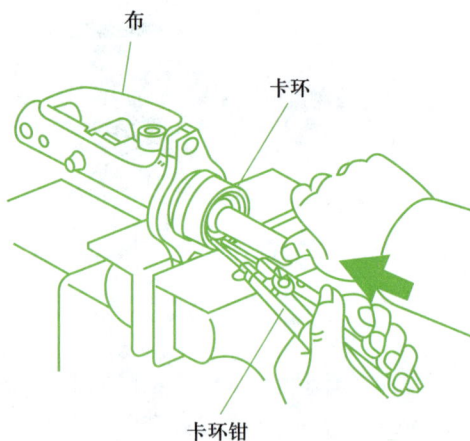

④ 水平拉出第一活塞，如图 5-3-16 所示。

⑤ 在工作台上放置两块等高的垫块，并在垫块上放一块布，然后对着木块轻

轻地敲击主缸凸缘，直到第二活塞竖直地滑出主缸，如图 5-3-17 所示。

图 5-3-16　拆卸第一活塞

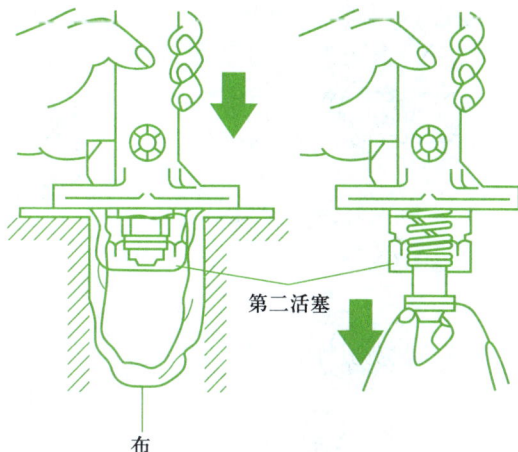

图 5-3-17　拆卸第二活塞

（4）检查制动主缸

① 用清洁的制动液清洁制动主缸，再用高压空气吹干净各零件，如图 5-3-18 所示。

② 检查制动总泵内壁是否生锈或有刮痕，检查皮碗是否有磨损或破裂，检查活塞弹簧是否有弯曲变形、生锈或断裂等现象，如图 5-3-19 所示。

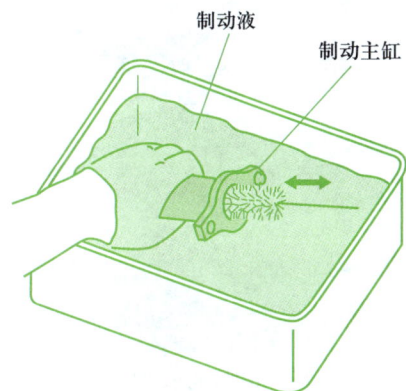

图 5-3-18　清洁制动主缸

图 5-3-19　检查制动总泵

（5）组装制动主缸

① 固定制动主缸，更换新的活塞皮碗并在图示位置涂抹橡胶润滑脂，如图 5-3-20 所示。

② 用手将活塞推到底，然后安装限位螺栓和卡环，如图 5-3-21 所示。

（6）安装储液罐

① 用新的制动液润滑储液罐卡口和新的密封垫圈，如图 5-3-22 所示。

② 把储液罐放在一个硬的表面上，按照一定的角度把制动主缸的卡口插入储液罐，如图 5-3-23 所示。

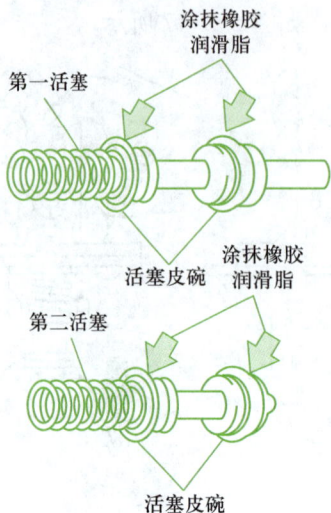

图 5-3-20   更换新的活塞皮碗
并涂抹橡胶润滑脂

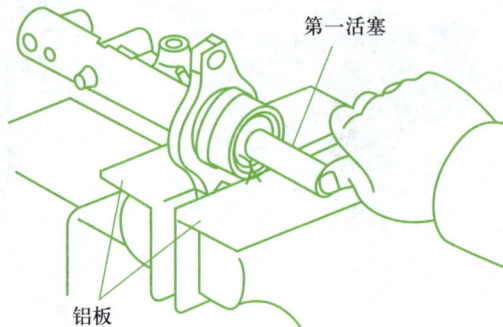

图 5-3-21   安装活塞

③ 使用摇动和推压的方法使制动主缸与储液罐配合完好。

④ 安装夹持器或定位销。

6. 制动主缸台架排气

为了不让空气进入制动管路，安装制动主缸之前使用专用工具对其进行台架排气。

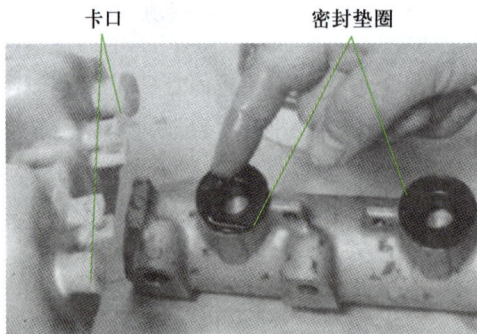

图 5-3-22   润滑储液罐卡口和新的密封垫圈

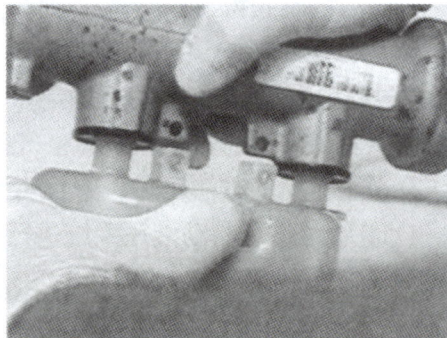

图 5-3-23   将制动主缸的卡口插入储液罐

7. 安装制动主缸

制动主缸排气完成后，应按照以下步骤将其安装到车辆上。

（1）把制动主缸安放在真空助力器的双头螺柱上，装上螺母并拧紧到规定转矩。

（2）去掉出口的封堵盖，用管扳手把制动管紧固在出口上，并连接好相关线束及蓄电池负极。

（3）再次对制动主缸进行排气。

① 反复踩压制动踏板，消除真空助力器中的真空。

② 在制动主缸下面放一个容器或者能吸湿的布垫，以收集渗漏出来的制动液。

③ 如果需要的话，向储液罐加注新的制动液，并拧紧储液罐盖。

④ 由另一位技师踩压制动踏板若干次，然后踩住不动。

⑤ 用管扳手拧松最高的或者最靠前的管接头，让空气排出，再把该管接头拧紧（制动踏板在该过程中保持被踩下的状态）。

⑥ 重复步骤④和⑤，直到没有空气排出。

⑦ 采用相同的方法对另一管接头进行排气。

（4）最后对整个制动液压系统进行排气操作。

8. 制动管的更换

不同位置使用的制动管是不同的，更换时必须保证所更换的新制动管是应用在该位置的。另外，新制动管的安装需一步到位，不能返工。制动管的更换应按照以下步骤拆卸和安装。

（1）拆卸制动管

① 在拆卸旧的制动管之前要记住原始管路的走向。

② 在管接头被固定的状态下将接头两侧清理干净。

③ 用管扳手松开管接头，并封堵好各个开口。如果制动管是连接在软管上的，使用另外一把管扳手固定软管的管接头，如图 5-3-24 所示。

④ 拆卸制动管夹紧座（图 5-3-25）和制动管，并检查夹紧座和螺栓是否被损坏或腐蚀，更换不能继续使用的部件。

⑤ 拆下制动管的保护套并保留，以供再次使用。

（2）安装制动管

图 5-3-24 拆卸制动管与制动软管之间的管接头

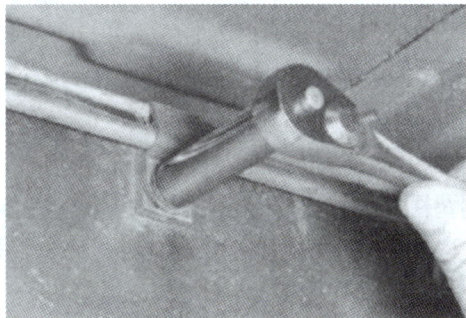

图 5-3-25 拆卸制动管夹紧座

① 将保护套安装到制动管上（如果需要）。

② 把制动管安放在车身或车架上，松松地套上固定用夹紧座。

③ 使用管扳手把制动管两端的管接头拧紧。

④ 拧紧夹紧座紧固螺栓。

⑤ 对制动液压系统进行排气操作。

9. 制动软管的更换

与制动管一样，应用在不同位置的制动软管也是不一样的，更换时必须保证所选择的制动软管是应用在该位置的，然后按下列步骤进行拆卸和安装。

（1）拆卸制动软管

① 清理管接头和周围的区域。

② 使用管扳手卡住管接头上的转动端，用另一把管扳手卡住管接头的另一半，防止损坏管接头，卸下转动端。

注意：如果需要使用加热的方法来拆卸卡死的管接头，加热时应该打开液压系统的排气螺栓，以防止制动软管爆裂。同时，要防止制动液接触明火，以免引起火灾。

③ 使用钳子从安装托架上取下弹簧卡箍，如图 5-3-26 所示。

图 5-3-26　取下弹簧卡箍

④ 把制动软管从托架和夹紧座上取下。

⑤ 把制动软管从制动卡钳或制动轮缸上取下。

⑥ 把制动液压系统的各个开口处封堵好。

（2）安装制动软管

① 把外螺纹固定式管接头或鼓形管接头装到卡钳或制动轮缸上。

注意：鼓形管接头必须先安装，但不要拧紧螺栓。另外，鼓形管接头需要安装铜垫圈。

② 沿着原管路路径把制动软管布置好，并保证制动软管在所有的悬架部件和车轮周围留出至少 1.9 ～ 2.5 cm 的间隙。

③ 使用两把管扳手安装并拧紧制动软管另一端的管接头。如果使用了鼓形的管接头，拧紧螺栓到规定的转矩值。

④ 检查制动软管是否被扭曲，并装上管接头弹簧卡箍和安装托架。

⑤ 对液压系统进行排气操作。

⑥ 检查制动软管和管接头的渗漏情况及间隙。如果间隙不合适，可以通过调整内螺纹管接头的位置重新定位。

10. 制动液压系统排气

如果制动液压系统中混有空气，制动系统就不能正常工作，典型的症状就是感觉制动踏板很软、制动距离变长。对制动液压系统进行维修之后，必须按照厂商的要求在车轮制动器处、制动主缸出口处等排气位置（图 5-3-27）进行排气。

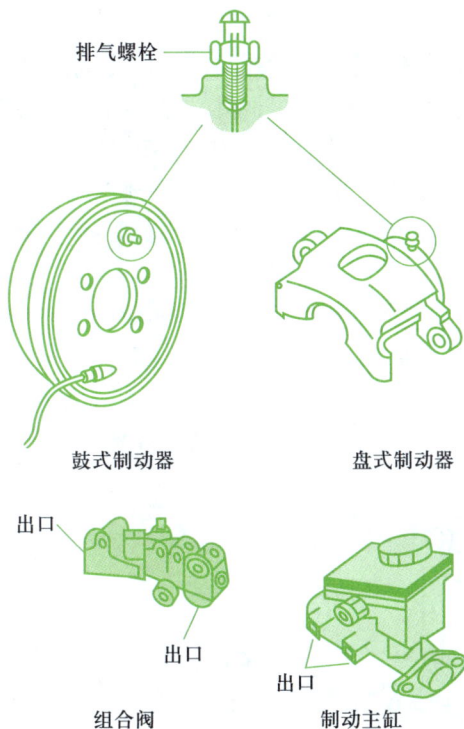

图 5-3-27　制动液压系统的排气位置

（1）人工法

　　人工法排气不需要使用专用工具，但需要两位维修技师共同操作。操作时，一位维修技师踩压制动踏板若干次，然后踩住不放；此时，另一位维修技师拧开相应的排气螺栓（或制动管接头螺栓），让系统中混有的空气排出，然后再拧紧排气螺栓，如图 5-3-28 所示。不断重复这个操作，直到排气口中不再有气泡冒出。

　　注意：如果踩压制动踏板用力过大，可能导致制动主缸损坏，因此踩压制动踏板时不要总是踩到底。

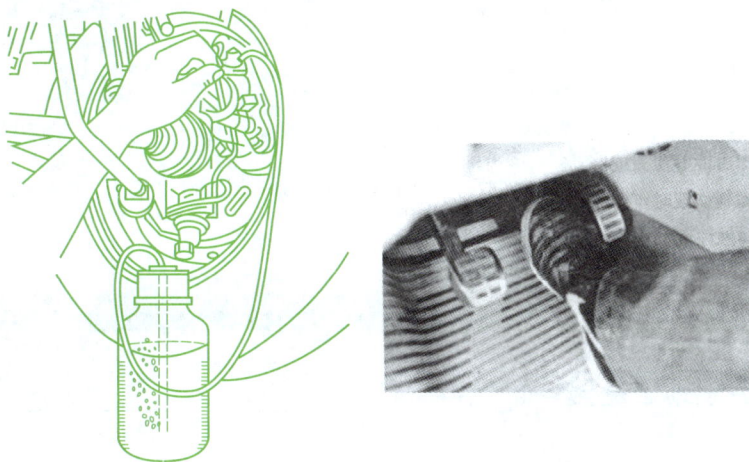

图 5-3-28　人工排气法

（2）真空法

真空法排气是利用真空泵将制动液压系统中的空气排出。操作时，先将真空泵接在排气螺栓上，然后抽真空，再把排气螺栓拧开，低压就会把制动液和空气一起抽出，如图 5-3-29 所示。重复这个操作，直到排气口中不再有气泡冒出。与此同时，不断给储液罐添加制动液，保证其液面高度正常。在排气过程中，制动液压系统内部产生真空，这可能导致密封件损坏。因此，有一些制造厂家不建议使用真空法排气。

（3）重力法

重力法排气是指制动液在重力作用下流动，从而推动制动液压系统中的空气排出。操作时，打开储液罐盖，拆下排气螺栓，让制动液从排气口流出，如图 5-3-30 所示。重力法排气可在大多数车上有效使用，但不能在装有组合阀或比例阀的车上使用。另外，重力法排气需要很长时间才能完成。

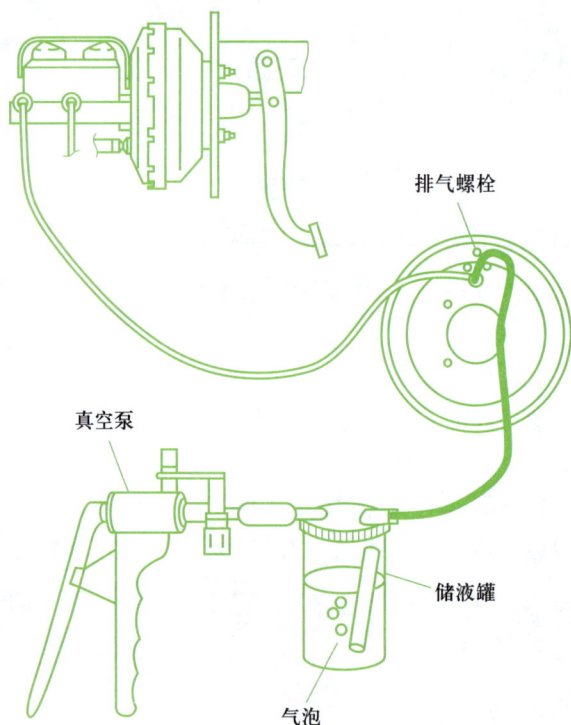

图 5-3-29　真空法排气

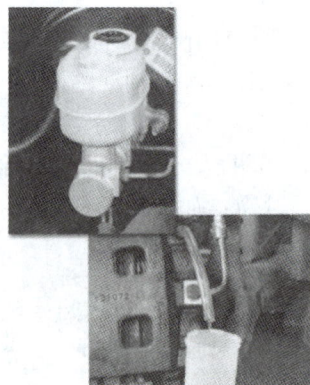

图 5-3-30　重力法排气

在实际维修中，为规范操作、提高效率，某些厂商推荐使用专用工具采用压力法排气。

习题与思考

1.液压制动系统主要由 _____、_____、_____、_____ 等组成。

2.双腔式制动主缸有两个工作腔，它由 _____、_____、_____、

_____、_____、_____等组成。

3.分析在一次完整的制动过程中，制动主缸工作三个阶段。

4.如何测试及排除制动系统中的空气？

任务 4　电动真空助力系统的拆检

任务引入

对于由传统车型改装成的纯电动车或燃料电池汽车，发动机被拆除后，制动系统由于没有真空动力源而丧失真空助力功能，仅有人力所产生的制动力无法满足行车制动的需要，因此需要对制动系统真空助力装置进行改造，而改进的核心问题是产生足够压力的真空源，这需要为制动系统增加电动真空泵及真空源。本任务将介绍电动真空助力系统的基本过程、真空助力器的工作过程和真空助力性能检查。

知识链接

制动力的大小决定了汽车的制动效能，要获得大的制动力，驾驶员施加在制动踏板上的作用力也必须足够大，这对驾驶员体力和体能的要求比较高。为了降低驾驶员的劳动强度，提高行车安全，现代汽车都设计有制动助力系统（以下简称"助力系统"）。制动助力系统是一种辅助系统，它失效以后，制动系统依然能够工作，但驾驶员需要对制动踏板施加更大的作用力才能进行有效制动。

常见的制动助力系统有真空助力式和电液助力式。真空助力系统利用发动机进气歧管或真空泵产生的真空及大气压力来增大制动踏板对制动主缸活塞的作用力，以提供助力功能；电液助力系统利用电动机驱动液压泵来提高制动主缸内的液压压力，以实现助力。电液助力系统的组成部件都集成在制动主缸上。

5.4.1　电动真空制动助力系统

电动汽车上广泛采用的电动真空制动助力系统的基本结构如图 5-4-1 所示，控制原理如下。

① 接通汽车 12 V 电源，压力延时开关闭合，真空泵大约工作 30 s 后开关断开，此时真空罐内真空度约为 80 kPa。

② 当真空罐内真空度降至约 55 kPa 时，压力延时开关再次闭合。

③ 当真空罐内真空度降至约 34 kPa 时，压力报警器发出信号。

如果真空泵控制开关有很明显的短时间开启和关闭，说明真空系统发生了泄漏。为此，汽车上设置有间歇性真空发生系统。

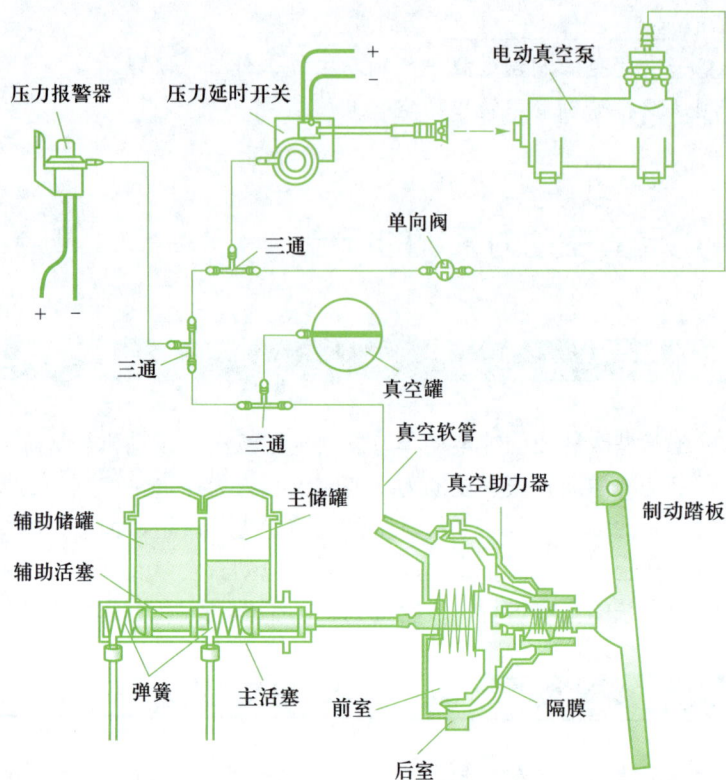

图 5-4-1　电动真空制动助力系统的基本结构

当驾驶员发动汽车时，12 V 电源接通，压力延时开关和压力报警器开始进行压力自检，如果真空罐内的真空度小于 55 kPa，压力膜片将会挤压触点，从而接通电源，真空泵开始工作；当真空度增加到 55 kPa 时，压力延时开关断开，然后通过延时继电器使真空泵继续工作大约 30 s 后停止；每次驾驶员有制动动作时，压力延时开关都会自检，从而判断电动真空泵是否应该工作；如果真空罐内的真空度低于 34 kPa，真空助力器不能提供有效的真空助力，此时压力报警器将会发出信号，提醒驾驶员注意行车速度。

在制动过程中，驾驶员踩下制动踏板，起动真空助力装置，这时候需要使用在储气罐中所储存的真空。当制动结束之后，检测到储气罐中的真空度不能满足要求的时候，起动真空泵，将储气罐中的气体抽出，加大真空度，以满足下一次的使用。

电动真空泵也可以采用电控单元控制，只要把压力开关换成绝对压力传感器，电动真空泵由控制单元控制继电器控制，国内的一些纯电动汽车里，采用了由真空助力器、真空度传感器、整车控制 VCU、电动真空泵工作继电器、真空泵电动机组成的一个闭环真空度控制系统，保证制动时真空助力器的正常工作，原理如图 5-4-2 所示。工作过程：当驾驶员发动汽车时，12 V 电源接通，电子控制模块开始自检，如果真空罐内的真空度小于设定值，真空压力传感器输出相应电压值至控制器，此时控制器控制电动真空泵工作，当真空度达到设定值后，真空压力传感器相应电压值至控制器，此时控制器控制真空泵停止工作，当真空罐内真空度因制动消耗，真空度小于设定值时，电动真空泵再次开始工作，如此循环。

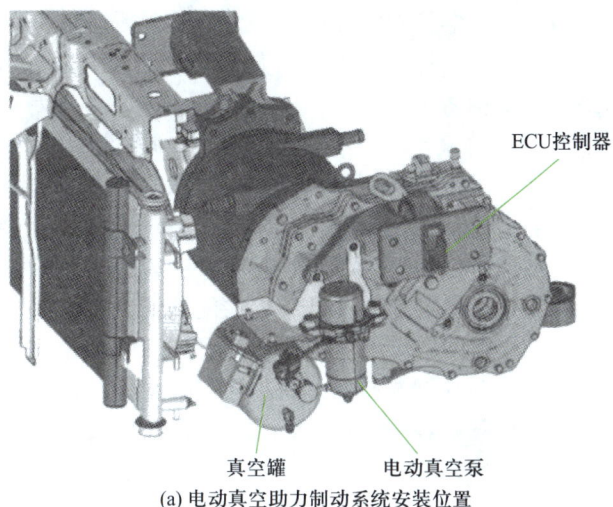

(a) 电动真空助力制动系统安装位置

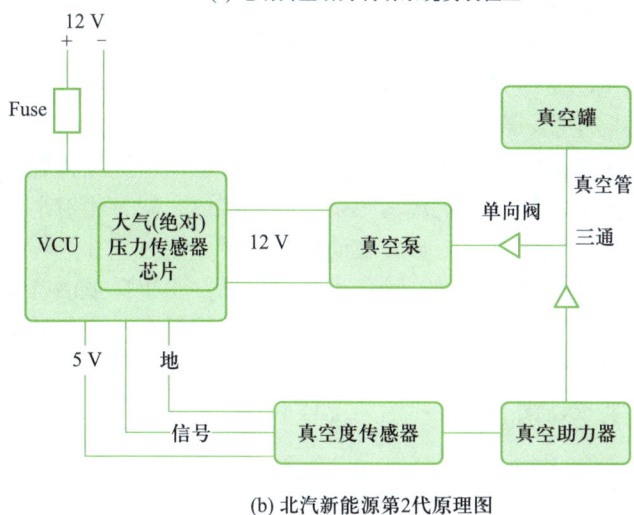

(b) 北汽新能源第2代原理图

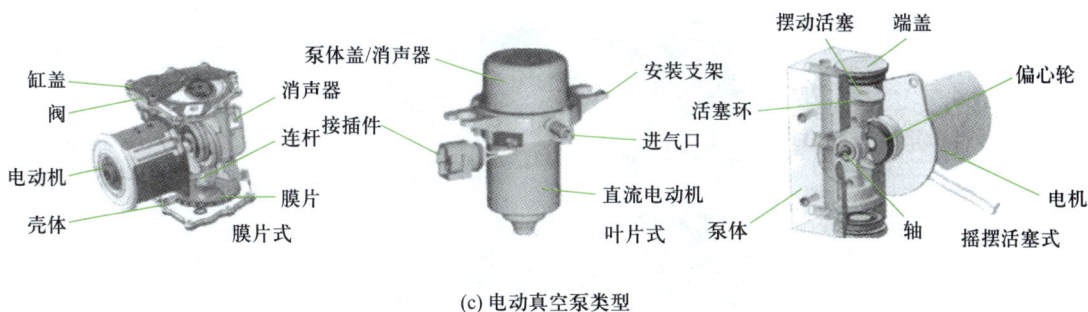

(c) 电动真空泵类型

图 5-4-2 北汽新能源第二代电动真空助力系统原理图

　　目前，北汽新能源汽车的电动真空助力系统已发展到第二代，主要有以下改进：一是增加了一个大气压力传感器，集成在控制器内部，使真空泵能够在不同海拔下正常工作；二是将真空度传感器集成在真空助力器的单向阀上，减少了线束长度；三是采用了塑性材质的真空罐，减轻了质量。根据真空压力传感器特性（输出电压与真空度线性减小）可知，随着管路中真空度的变化，传感器输出电压也成比例地发生变化，整车控制器将根据此电压变化情况判断真空源是否符合系统要求。

依据结构方面的差异，电动真空泵可以分为膜片式、叶片式和摇摆活塞式三种。

膜片式电动真空泵如图 5-4-2（c）最左图所示，它包含两个 180° 对置的工作腔，膜片由一个曲柄机构驱动，曲柄机构包括一个偏心机构，上面装有两个偏心轴承，推动作用在膜片上的连杆，使膜片受到推力和拉力的作用引起变形，膜片的变形使工作腔容积变化，产生进气和排气的效果。由于膜片与腔体之间无相对运动，摩擦较小，温度升高速度低，可以使电动真空泵有较长的寿命且噪声较小。

叶片式电动真空泵由偏心地装在定子腔内的转子、转子槽内的叶片和外壳定子组成，如图 5-4-2（c）中间图所示。叶片放置在真空泵工作腔中转子的偏心槽内。转子带动叶片旋转时，叶片借离心力（有的还有弹簧力）紧贴定子内壁，把进、排气口分割开来，并使进气腔容积周期性扩大而吸气，排气腔容积则周期性缩小而压缩气体，借气体的压力推开排气阀排气，获得真空。在转子转动过程中，叶片与缸体之间贴紧并相对转动，所以叶片泵温度升高很快，易磨损，易产生较大的噪声。叶片式真空泵对叶片的材料性能、耐温性、耐磨性等要求极高。

摇摆活塞式电动真空泵如图 5-4-2（c）最右图所示，包含两个 180° 对置的工作腔。电动机主轴连接一个偏心机构，偏心机构驱动连杆及活塞做往复运动，在往复运动过程中，活塞会发生偏转摇摆。活塞的往复运动引起工作腔容积的变化，产生进气和排气的效果。摇摆活塞式真空泵活塞和缸体之间有相对滑动，工作时真空泵温度会升高，活塞上活塞环与缸体之间过盈量可以通过设计进行调整，其温度升高比叶片式真空泵低，磨损较慢，噪声也相对较低。由于摇摆活塞式电动真空泵采用双腔对置结构，当一腔实效时，摇摆活塞式真空泵仍有一定的抽取真空能力。

对于混合动力车辆，可同时安装机械真空泵和电动真空泵，在不同的驱动模式下，满足制动的要求，图 5-4-3 所示为宝马 X6 混合动力汽车制动系统的组成。

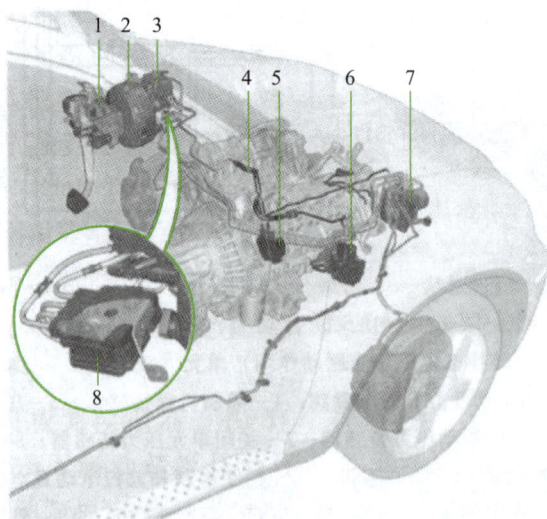

1—制动踏板；2—主动式制动助力器；3—制动液储液罐；4—真空管路；5—机械真空泵；6—电动真空泵；

7—动态稳定控制系统；8—混合动力制动作用转换（电子感应制动作用）单元（SBA）

图 5-4-3　宝马 X6 混合动力汽车制动系统的组成

普锐斯混合动力汽车包括制动输入、电源和液压控制部分，取消了传统的制动助力器。正常制动时，总泵产生的液压不直接作用在轮缸上，而是转换为液压信号，通过调整作用于轮缸执行器上液压源的液压获得实际控制压力。

5.4.2 真空助力器

真空助力系统的核心部件是真空助力器，它利用进气歧管或真空泵产生的真空与大气压力的差值来增大推杆对制动主缸活塞的作用力，从而增大制动主缸内的液压压力，以实现助力作用。

真空助力器位于制动踏板和制动主缸之间，它有单膜片式和双膜片式两种结构，它们的工作原理是相似的。真空助力器的所有部件都集成在一个总成里，它主要由动力腔、控制阀及单向阀组成。动力腔向制动主缸活塞施加作用力，它由前壳、后壳、膜片毂、膜片、膜片回位弹簧、橡胶反作用盘、推杆等组成，其中膜片将真空助力器分为前后两个腔，分别为真空腔和空气腔。控制阀控制动力腔施加给制动主缸活塞作用力的大小，它主要由柱塞、真空阀、空气阀、阀杆等组成，这些部件都集成在膜片毂上。单向阀安装在真空助力器前壳上或真空软管中，它允许真空助力器中的空气单向进入进气歧管。当进气歧管的真空丧失时，单向阀可以保持真空助力器内有足够的真空，以提供两次以上的制动助力。图 5-4-4 所示为单膜片式真空助力器的结构示意图。

真空助力器工作过程如下。

① 释放模式。

释放模式是指真空助力器在制动踏板松开状态下的工作模式，如图 5-4-5 所示。在此模式下，制动踏板松开，阀杆处于释放位置，柱塞被固定在后方位置，真空阀开启，空气阀关闭，真空腔和空气腔连通，且与大气隔开。真空腔和空气腔的空气经单向阀被进气歧管真空抽出，两者都处于真空状态，膜片两侧的压力相等，膜片回位弹簧将膜片保持在靠后位置，推杆对制动主缸活塞不施加作用力。

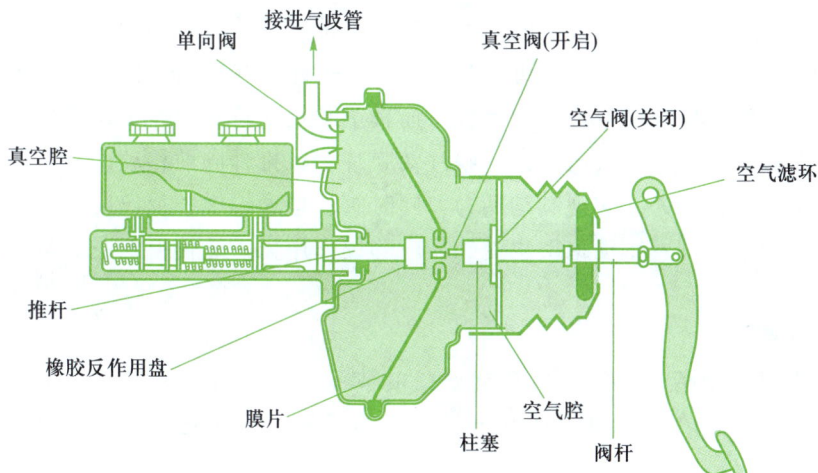

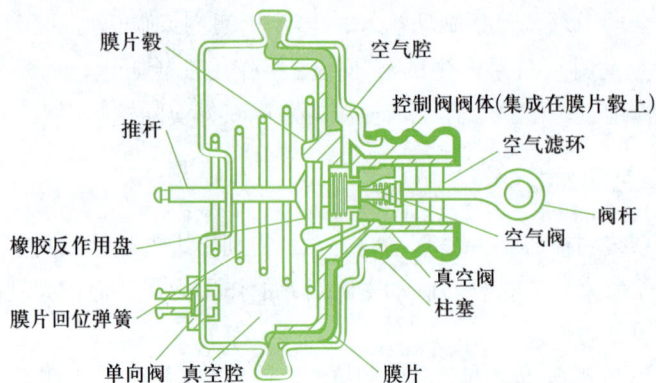

图 5-4-4 单膜片式真空助力器结构示意图

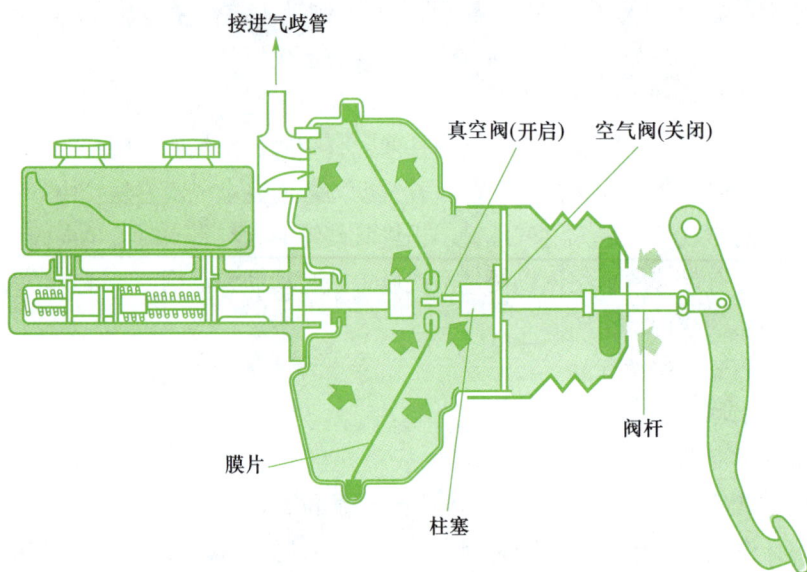

图 5-4-5 真空助力器的释放模式

② 施加作用力模式。

施加作用力模式是指真空助力器在制动踏板被踩压过程中的工作模式，如图 5-4-6 所示。在此模式下，制动踏板被踩压，阀杆及柱塞向前移动，关闭真空阀并开启空气阀，外界空气进入空气腔，而真空腔仍保持真空。于是膜片两侧产生压力差，膜片后方的大气压力推动膜片及膜片毂、推杆向前移动，这就给制动主缸活塞施加了作用力，实现制动助力。同时阀杆也通过橡胶反作用盘对推杆施加一个作用力，阀杆及制动踏板也受到相应的反作用力，这使得驾驶员有一定的踏板感。

③ 保持模式。

保持模式是指真空助力器在制动踏板被踩下且保持状态下的工作模式，如图 5-4-7 所示。在制动踏板被踩下且保持的瞬间，柱塞立即停止移动，而膜片及膜片毂、控制阀阀座仍继续前移，直到空气阀关闭、膜片及膜片毂达到平衡状态为止。控制阀的这种作用可以调节膜片前后的压力。若继续往下踩压制动踏板，则空气阀将重新打开，真空阀关闭，空气腔的大气压力继续通过膜片及膜片毂、推杆对制动主缸活塞施加作用力；若松开制动踏板，则空气阀将关闭，真空阀打开，膜片及膜片毂在回位弹簧的作用下回到释放位置。

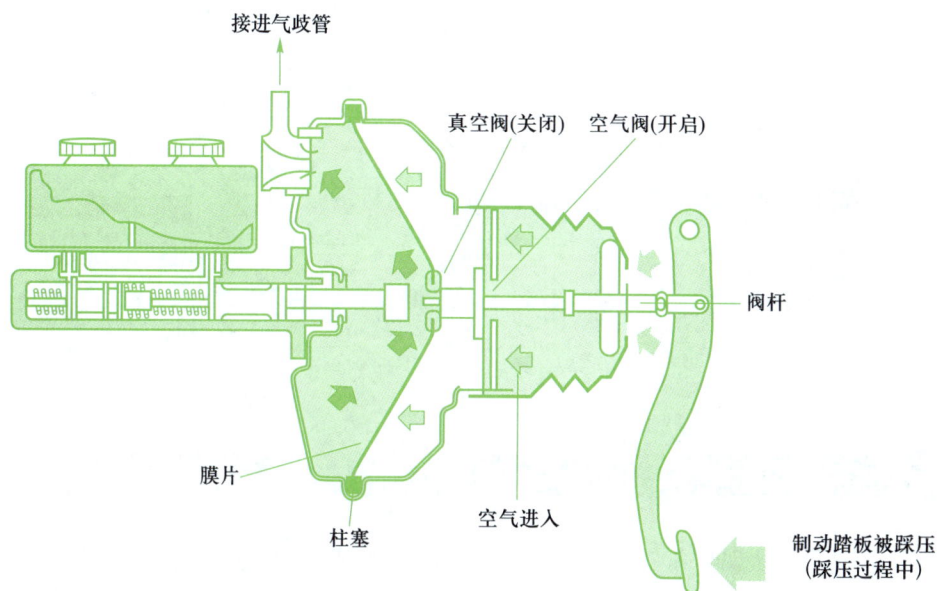

图 5-4-6　真空助力器的施加作用力模式

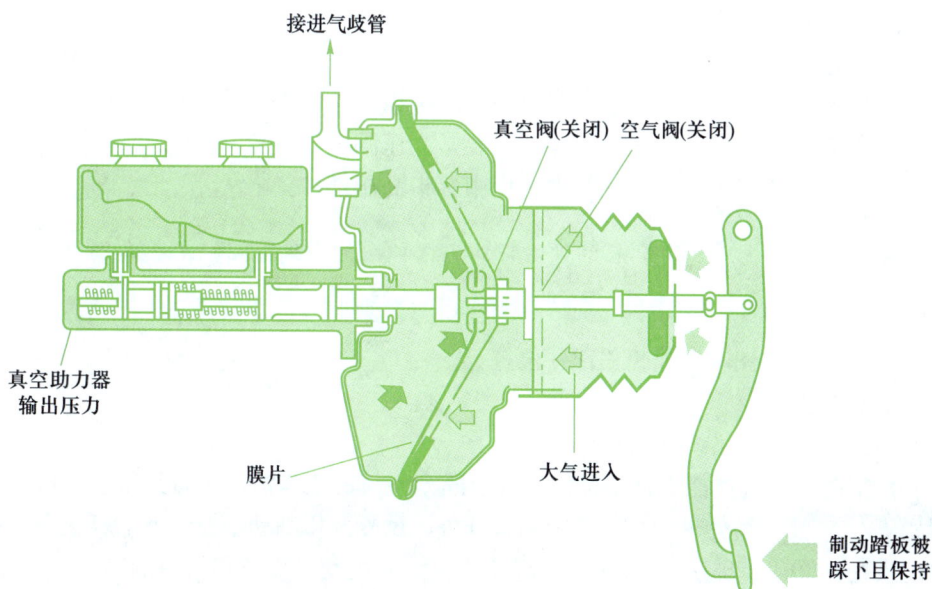

图 5-4-7　真空助力器的保持模式

综合上述，真空助力器连续工作示意图如图 5-4-8 所示。

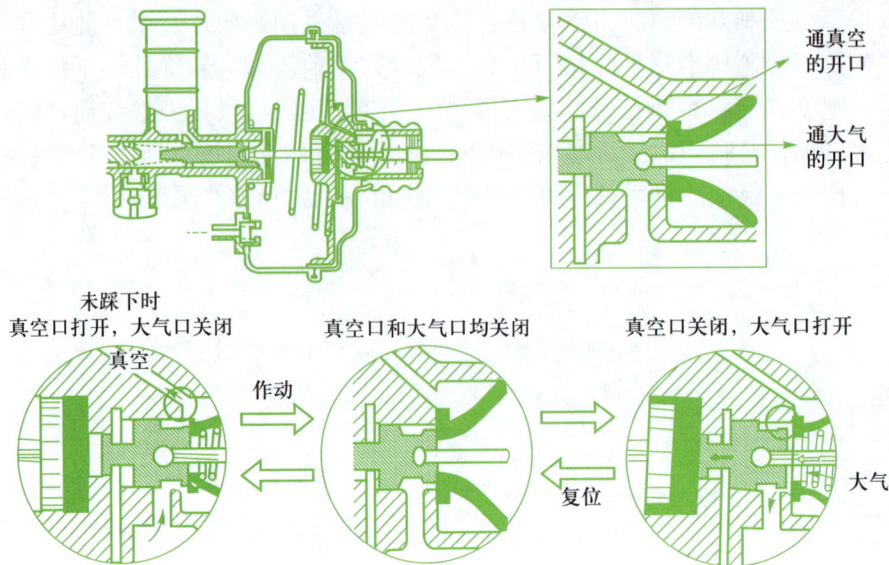

图 5-4-8 真空助力器连续工作示意图

通真空的开口
通大气的开口

未踩下时
真空口打开,大气口关闭
真空

作动

复位

真空口和大气口均关闭

真空口关闭,大气口打开
大气

任务实施

当制动系统出现与真空助力系统相关的故障时,首先应进行真空助力系统性能检查,然后根据需要对真空助力系统及相关附件进行测试(或检测)。这些测试主要包括真空供给测试、单向阀测试、助力器空气阀测试、制动踏板行程检测、制动踏板自由行程检测、电子真空泵测试。

1. 实施任务前的准备

① 对高电压车辆周围布置好明显的警示标识。

② 检查车辆,确保车辆无故障,主要是高压漏电类故障。

③ 制作高压标识,用于在实训过程中标识高压部件。

> **警示:**未经教师允许,不得随意触动车辆!举升车辆期间,禁止车辆周围站立人员!

④ 识读电路图,查找相关部件位置。

2. 实施步骤

(1)真空助力系统性能检查

真空助力系统性能检查是指检查真空助力系统的工作情况是否正常,其操作步骤如下。① 使车辆处于静止,关闭钥匙开关,反复踩压制动踏板,消除真空助力器中的真空。② 保持制动踏板踩下,起动车辆,若制动踏板下移很短的距离后停止,且不需要很大的力就能保持,则表明真空助力系统工作正常;若制动踏板不移动,则表明真空助力系统工作异常,需要进行真空助力系统及相关附件测试(或检测)。

(2)真空泵和控制器的功能检查

微课
真空助力器的
就车检查

车辆静止状态下打开钥匙开关，踩制动踏板 1 ～ 3 次后观察真空泵状态，并判断制动系统的工作状态是否正常。

制动系统正常工作时，真空泵会保持真空压力在 50 ～ 70 kPa 之间，由于制动踏板踩下后会造成真空管路的真空下降（绝对压力提高），当接收到真空压力传感器信号时，系统判断此压力不在保持压力范围内，会自动起动真空泵运转，此时可以听到真空泵运转的"嗡嗡"声，并在 3 s 左右后真空度达到设定值时停止运转；如若不然，则可初步判断系统工作不正常，制动真空泵运转 5 min 后（反复踩制动踏板至真空泵连续运转几次），检查真空泵有无异味和异响，并检查真空泵控制器及连线是否变形发热。如果真空泵出现异响或异味，有可能是真空泵内严重磨损造成的。

（3）单向阀测试

如果单向阀的功能不正常，在突然熄火时，真空助力器会因为没有足够的真空而不能提供有效的制动助力。单向阀的测试步骤如下。

① 关闭钥匙，让车辆静止 5 min 以上，踩压制动踏板，真空助力器中应该保留足够的真空来进行至少三次制动助力。

② 若真空助力器不能提供有效的制动助力，则将单向阀从真空助力器和真空软管上拆下。

③ 在单向阀与进气歧管连接的一端使用空气喷枪吹气，气流应不能通过单向阀，反向吹气，气流应该可以通过单向阀；在单向阀与助力器连接的一端使用手动真空泵抽真空，应该能够建立起真空。如果测试结果不满足以上要求，则单向阀失效，应该更换。

（4）真空管路密封性检查

在真空泵工作时，检查连接软管有无漏气现象，检查各气管连接处有无破损或泄漏。制动软管不能扭曲，在最大转向角度时，制动软管不能接触到汽车零件。

（5）连接诊断仪，读取故障码及数据流

通过故障诊断仪读取故障码和系统的数据流，根据具体数值判断系统可能出现的故障原因。如真空泵的使能状态、真空泵的工作电流或真空系统压力值等。

（6）相关线路检查

查找真空助力系统工作电路及原理图，分析工作原理，如电源、搭铁、控制单元、传感器及真空泵电路，根据电路图 5-4-9 所示检查驾驶舱内熔丝 SB06（30A），它是真空泵的主供电熔丝。

测量真空压力传感器电源端子，判断供电情况；测量信号端子，判断信号线的导通和搭铁是否正常；测量电动真空泵的接线端子，判断真空泵的供电及搭铁是否正常，并检查真空泵搭铁点的搭铁性能。需特注意的是，真空泵电动机的电源电压为 14 V 左右，而不是传统的 12 V。

（7）完工后的常规检查

故障排除后，一定要对制动系统进行常规检查，除对制动片等检查外，新能源汽车还需要重点检查真空助力制动管路及相关插接器，仪表板显示 READY 指示灯表示车辆完全恢复正常。

微课
制动助力系统
传感器故障
检修

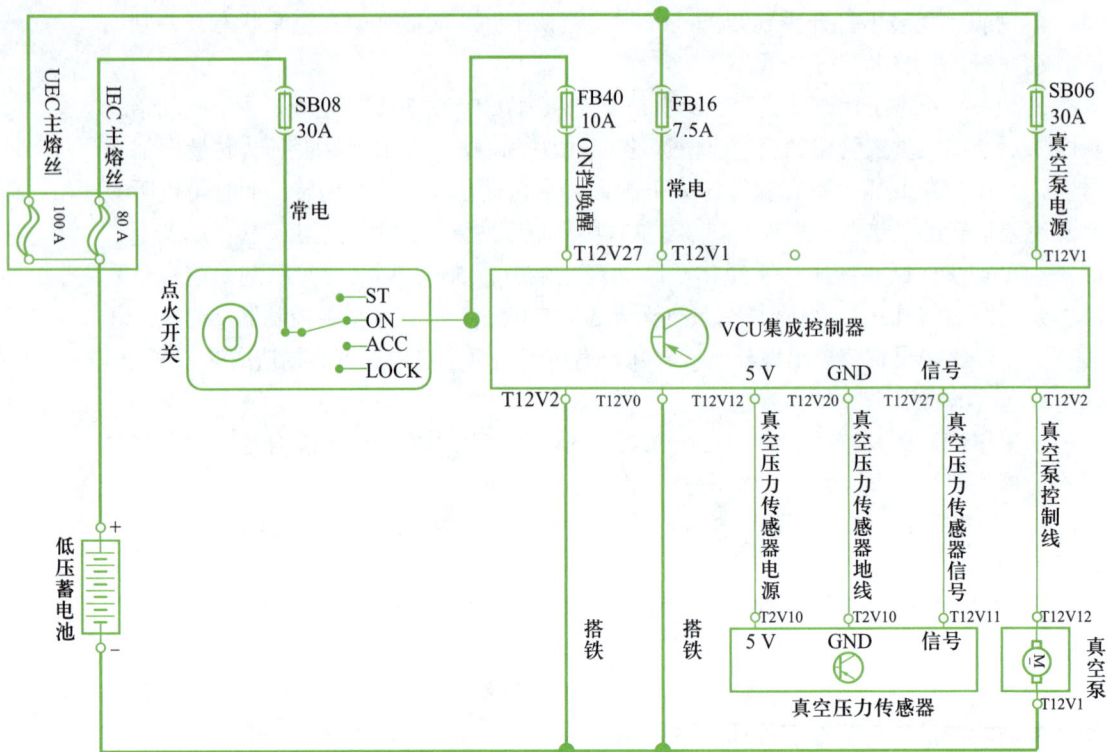

图 5-4-9　北汽纯电动汽车制动系统工作电路图

（8）制动踏板行程检测

制动踏板行程是指制动踏板被踩压后相对于地板或转向盘移动的距离。真空助力器的阀杆或推杆的长度调节不当会导致制动踏板行程异常。此外，制动片或者制动蹄过度磨损、驻车制动器调节不当、鼓式制动器调节不当、制动液渗漏、液压系统中存在空气等也会导致制动踏板行程异常。制动踏板行程检测的步骤如下。

① 关闭钥匙，反复踩压制动踏板，消除真空助力器中的真空。

② 在踏板上安装踩力测量器，如图 5-4-10（a）所示。

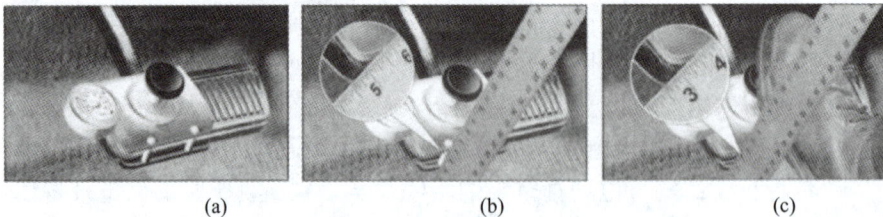

(a)　　　　　　　(b)　　　　　　　(c)

图 5-4-10　制动踏板行程检测

③ 测量和记录不踩制动踏板时制动踏板与地板之间的距离，如图 5-4-10（b）所示。

④ 参考维修手册，在踩力测量器上施加规定的作用力踩压制动踏板，并测量和记录制动踏板与地板之间的距离，如图 5-4-10（c）所示。

⑤ 两次测量距离的差值即为制动踏板行程，参考维修手册，判断制动踏板行程

是否正常。

前移动的距离太大，制动效能变差。制动踏板自由行程检测的方法与制动踏板行程检测的方法相似。操作时，在制动踏板旁放一把直尺，用手轻压制动踏板直到有轻微阻力感为止，测量此过程中制动踏板移动的距离，如图 5-4-11 所示，该距离就是制动踏板的自由行程。若制动踏板自由行程异常，应检查真空助力器阀杆、制动踏板枢轴、真空助力器阀杆衬套等的磨损情况。

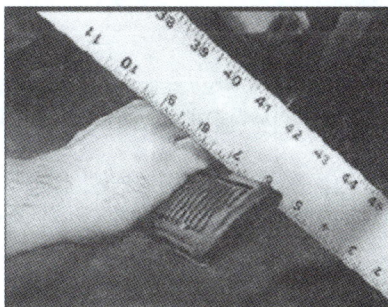

图 5-4-11　制动踏板自由行程的检测

（9）真空助力器的拆装

拆卸真空助力器时，首先应该拆卸蓄电池负极电缆、真空软管及单向阀等部件。接着，拆卸制动主缸与真空助力器之间的紧固件，并移走制动主缸。进行此操作时不要损坏制动管道，如果制动管道没有足够的空间，就拆下制动管道并封堵所有开口。然后，将助力器阀杆从制动踏板上松开，并从车辆内侧拆卸真空助力器紧固件。最后，从发动机舱中取出真空助力器。真空助力器的安装按照与拆卸相反的顺序进行。各车型真空助力器拆装的具体步骤可参见维修手册。

注意：禁止通过阀杆搬运真空助力器，以防止损坏真空助力器控制阀的密封件。

有些真空助力器的推杆或阀杆长度是可以调节的，安装时需要检查其长度并调节。如果推杆太长，制动主缸的操作就会不正常，可能造成制动器拖滞；如果推杆太短，制动时会产生噪声，并导致制动距离偏长。阀杆的长度主要影响制动踏板的高度和行程。

习题与思考

1. 电控式电动真空助力系统由 _____、_____、_____、_____、_____、_____ 等组成。

2. 真空助力器助力大小由 _____ 控制 _____ 阀和 _____ 阀。

3. 分析真空助力器作用过程。

4. 如何检查真空助力系统性能？

任务 5　驻车制动系统的拆检

任务引入

驻车时需要专门的制动控制，如果工作性能下降，将直接影响驻车的可靠性。

本任务将介绍驻车制动操纵机构和制动器的实现过程，学习驻车制动的检查和调整方法。

知识链接

驻车制动的功用是使停驶后的汽车驻留原地不动；便于坡道起步；当行车制动失效后临时使用或配合行车制动器进行紧急制动。

驻车制动系统包括驻车制动器和驻车驱动机构两部分。按在汽车上安装位置的不同，驻车制动装置分为中央驻车制动装置和车轮驻车制动装置两类。前者的制动器安装在传动轴上，称为中央制动器；后者和行车制动装置共用一套制动器，只是传动机构是相互独立的，结构简单紧凑，已在轿车上得到普遍应用。车轮驻车制动装置如图 5-5-1 所示。驻车制动按操作方式可以分为手刹、脚刹和电子驻车 3 种：手刹操纵手柄一般安装在换挡杆附近，其操纵方式也很简单，直接拉起即可；按住手柄端部的按钮稍微向上提，推回原位即可释放"手刹"；脚控驻车制动左脚一脚将踏板踩底即可起效；左脚再用力一踩，然后松开释放驻车；电子驻车（EPB，Electrical Park Brake）是由电子控制方式实现停车制动的技术，其工作原理与机械式驻车制动相同，均是通过制动盘与制动片产生的摩擦力来达到控制停车制动，只不过控制方式从之前的机械式驻车制动拉杆变成了电子按钮。

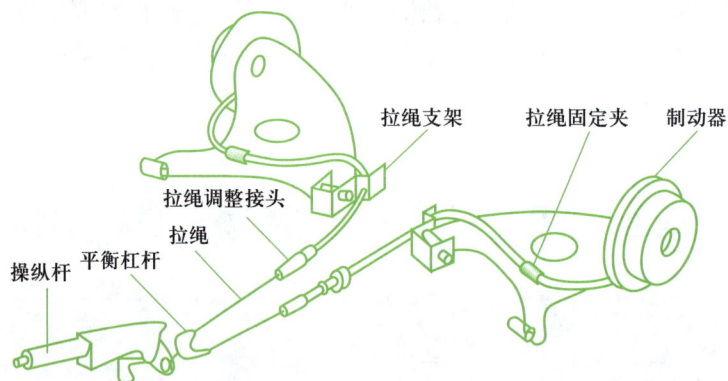

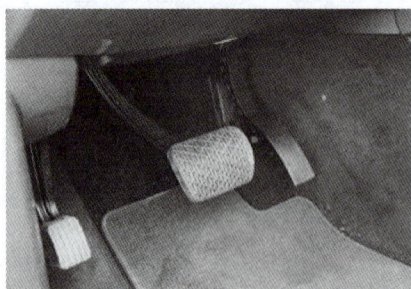

操纵杆   平衡杠杆   拉绳   拉绳调整接头   拉绳支架   拉绳固定夹   制动器

图 5-5-1   车轮驻车制动装置

无论是中央驻车制动器还是车轮驻车制动器都有两种类型：鼓式和盘式。本任务以车轮驻车制动器为例讲述驻车制动。

5.5.1　鼓式驻车制动器

桑塔纳轿车采用后轮鼓式驻车制动装置，如图 5-5-2 所示。

驻车制动时，将驻车制动拉杆拉到制动位置，制动钢索将制动杠杆下端向前拉，上端以平头销为支点，驻车制动杠杆向左移动，将前制动蹄与制动鼓压紧，推杆停止移动，则制动杠杆的中间支撑点为新支点，将驻车制动杠杆向右移动，使后制动蹄也与制动鼓压紧。松开驻车制动杆，在复位弹簧的作用下，制动蹄恢复原位。

5.5.2　盘式驻车制动器

盘式驻车制动系统根据形式不同分为带促动机构的钳式驻车制动和盘鼓结合式驻车制动两种形式。

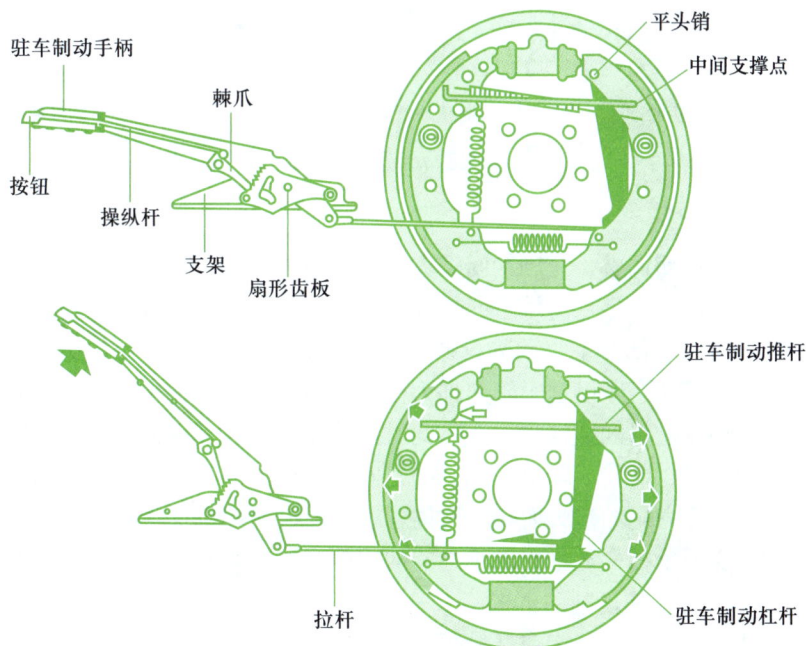

图 5-5-2　带驻车制动机构的鼓式制动器

1. 带促动机构的浮式制动钳

后轮制动钳里装有特殊机械机构驱动制动钳活塞，特殊机构由连接到操纵杠杆的驻车制动器拉索控制，操纵杠杆从制动钳里面伸出来。促动机构有凸轮促动式、钢球促动式、偏心轴和推杆促动式三种类型。

（1）凸轮促动式驻车制动机构

制动时，在驻车制动杠杆凸轮的推动下，自调螺杆连同自调螺母一直左移到螺母接触活塞底部。此时，由于扭簧的阻碍，自调螺母不可能倒转着相对于螺杆向右

移动。于是轴向推力通过活塞传到制动块上而实现制动。解除驻车制动时，自调螺杆在膜片弹簧的作用下，随着驻车制动杠杆复位，如图 5-5-3 所示。

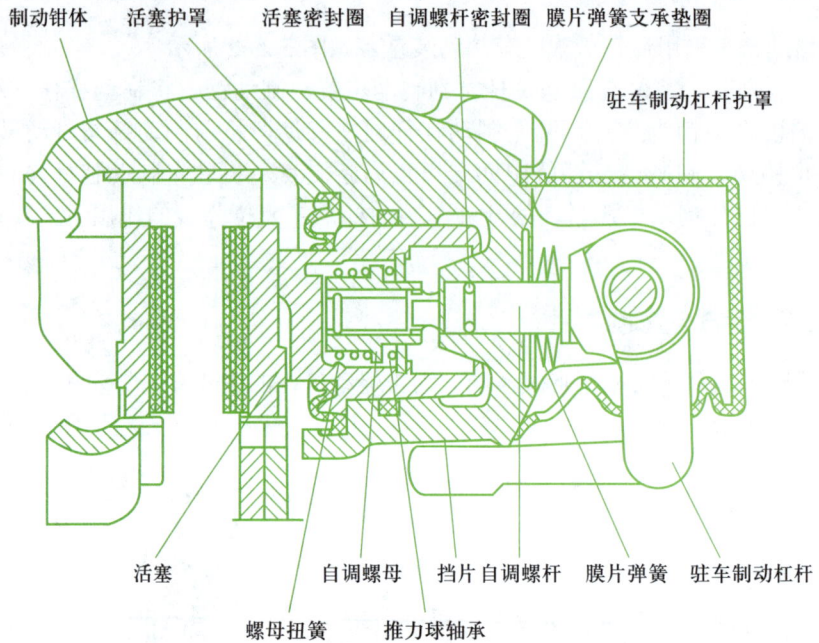

制动钳体　活塞护罩　　活塞密封圈　自调螺杆密封圈 膜片弹簧支承垫圈

驻车制动杠杆护罩

活塞　　　　　　自调螺母　挡片 自调螺杆　膜片弹簧　驻车制动杠杆

螺母扭簧　　　推力球轴承

图 5-5-3　凸轮促动式驻车制动机构

制动间隙的自动调整。在制动间隙大于标准值的情况下实行行车制动时，活塞在液压作用下左移。到挡片与轴承间的间隙消失后，活塞所受液压推力便通过推力轴承作用在自调螺母凸缘上。因为自调螺杆受凸轮斜面和膜片弹簧的限制，不能转动，也不能轴向移动，所以这一轴向推力便迫使自调螺母转动，并且随活塞相对于螺杆左移到制动器过量间隙消失为止。此时扭簧张开，且其螺圈直径略有增大。撤除液压后，活塞密封圈使活塞退回到制动器间隙等于标准值的位置，而扭簧的自由端则由于所受摩擦力矩的消失而转回原位。这样，自调螺母保持在制动前的轴向位置不动，从而保证了挡片与推力轴承之间的间隙为原值。

（2）钢球促动式驻车制动机构

驻车制动杠杆用螺栓固定在凸缘短轴上，凸缘短轴和凸缘螺杆的凸缘端面上各有 3 个倾斜凹坑，二者通过凹坑中的钢球传力，凸缘螺杆通过粗牙螺纹拧在活塞组件的螺母上。进行驻车制动时，拉绳拉动驻车制动杠杆摆动，凸缘短轴也随之转动，于是钢球在倾斜凹坑内滚动，同时推动凸缘螺杆带动活塞组件移动，压向制动盘实现制动，如图 5-5-4 所示。

（3）偏心轴和推杆促动式驻车制动机构

制动钳体右端装有杠杆轴壳体，杠杆轴插入杠杆轴壳体中。杠杆轴下端有一偏心孔，孔的中心线与杠杆轴中心线垂直但不相交，存在偏置。推杆的一端插在杠杆轴下端偏心孔中，另一端插在自调螺杆前端凹槽中。自调螺杆通过多头螺纹与活塞

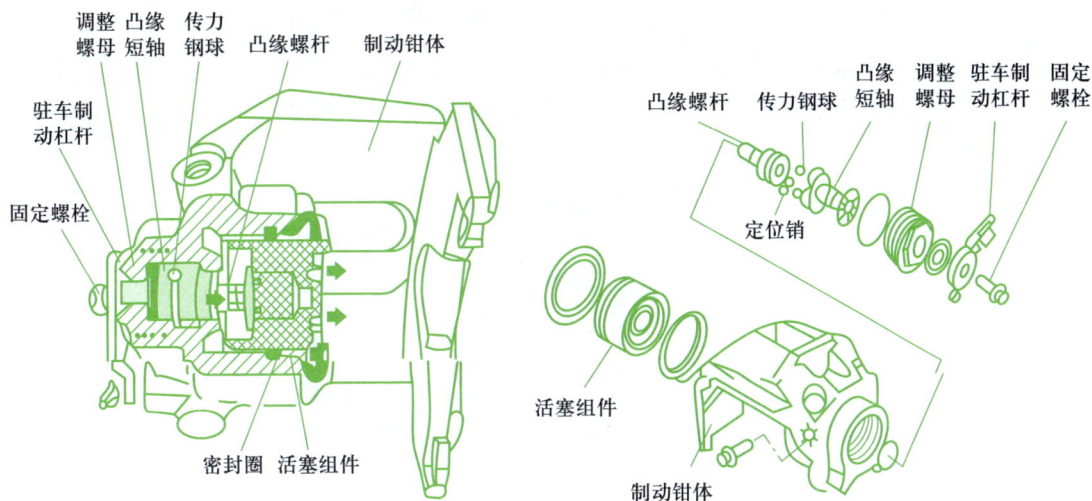

图 5-5-4　钢球促动式驻车制动机构

组件中的螺母相连。进行驻车制动时，拉绳通过驻车制动杠杆带动杠杆轴转动，从而通过推杆推动自调螺杆和活塞组件向左移动，实现制动，如图 5-5-5 所示。

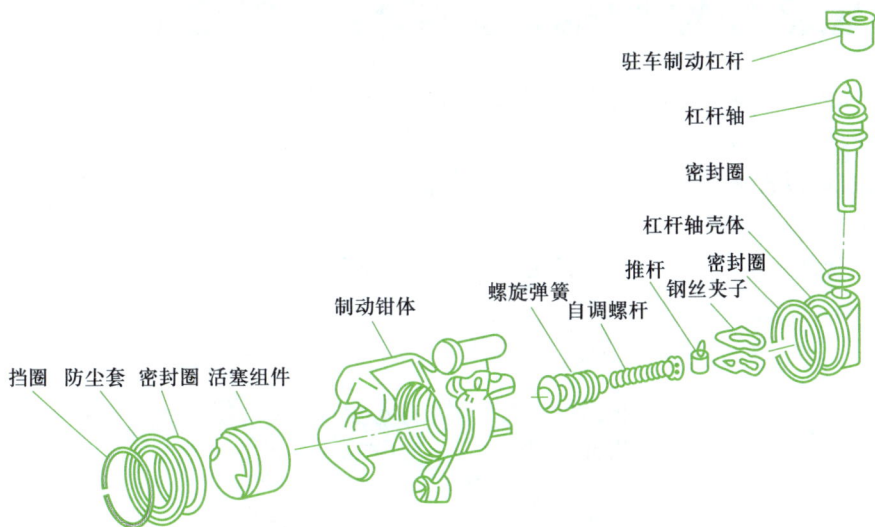

图 5-5-5　偏心轴和推杆促动式驻车制动机构

2. 盘鼓结合式

盘鼓结合式驻车制动装置比较复杂，在制动盘凹进去的毂部内安装一个驻车鼓式制动器。盘鼓结合式制动器将一个作行车制动器的盘式制动器和一个作驻车制动器的鼓式制动器组合在一起。双作用制动盘的外缘盘作盘式制动器的制动盘，中间的鼓部作鼓式制动器的制动鼓，如图 5-5-6 所示。

进行驻车制动时，将驾驶室中的手动驻车制动操纵杆拉到制动位置，经一系列杠杆和拉绳传动，将驻车制动杠杆的下端向前拉，使之绕平头销转动，其中间支点推动制动推杆左移，将前制动蹄推向制动鼓。待前制动蹄压靠到制动鼓上之后，推杆停止移动，此时制动杠杆绕中间支点继续转动。于是制动杠杆的上端向右移动，使后制动蹄压靠到制动鼓上，施以驻车制动。解除制动时，将驻车制动操纵杆推回到不制动的位置，制动杠杆在卷绕在拉绳回位弹簧的作用下回位，同时制动蹄回位弹簧将两制动蹄拉拢。

图 5-5-6　盘鼓结合型驻车制动装置

任务实施

1. 检查驻车制动警报灯工作情况，如图 5-5-7 所示。

点火开关打到 ON 位置，拉起驻车制动拉杆，观察驻车制动警报灯是否正常亮起，然后放下驻车制动拉杆，观察驻车制动警报灯是否正常熄灭。

2. 检查驻车制动拉杆的工作情况，如图 5-5-8 所示。

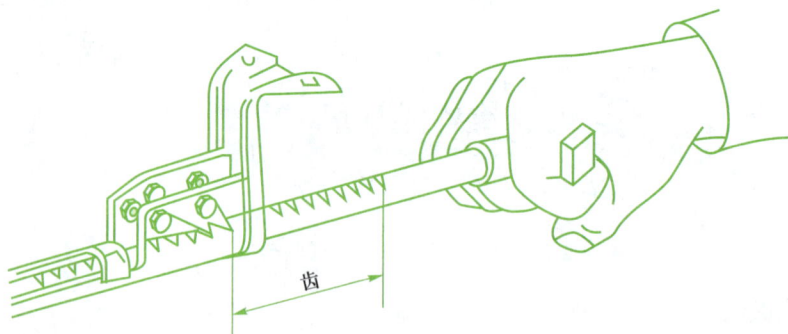

图 5-5-7　检查驻车制动警报灯工作情况

微课
驻车制动器的调整

齿

图 5-5-8　检查驻车制动拉杆的工作情况

拉起驻车制动拉杆，数"咔嗒"声音出现的次数，正常应该为 6～9 下。然后拉起和放下驻车制动拉杆数次，检查有无卡滞。

3. 检查驻车制动的效能，如图 5-5-9 所示。

拉起驻车拉杆，使汽车处于驻车制动状态，举升车辆，用手转动后轮，正常应该转不动。然后松开驻车拉杆，用手转动后轮，车轮应该能自由转动。

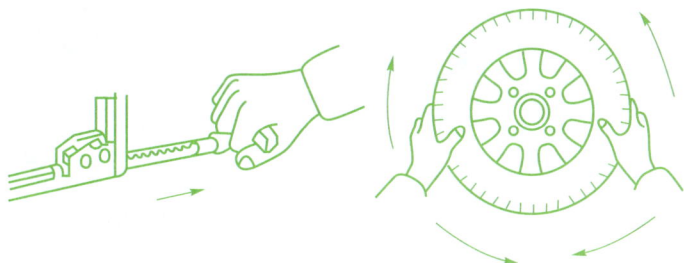

图 5-5-9   检查驻车制动的效能

4.检查驻车制动拉索及相关部件，如图 5-5-10 所示。

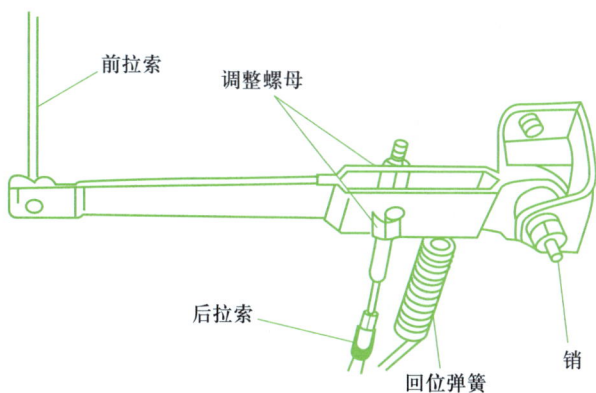

图 5-5-10   检查驻车制动的效能

① 举升汽车，检查驻车制动拉索及拉索套是否松弛或者损坏。

② 检查回位弹簧是否折断。

③ 检查支撑销是否锈蚀或者卡滞。

5.调整驻车制动拉杆行程，如图 5-5-11 所示。

① 调整后轮制动间隙。

② 通过调整螺母调整驻车制动拉杆行

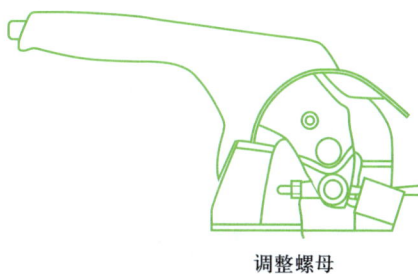

图 5-5-11   调整驻车制动拉杆行程

程，拉起驻车制动拉杆，数"咔嗒"声音出现的次数，正常应该为 6 ～ 9 下。

习题与思考

1.驻车制动系统的功用是 _____。

2.简述鼓式驻车制动器的工作过程。

3.分析凸轮促动盘式驻车制动器工作过程。

4.盘鼓结合式制动器是指 _____。

项目 6 ▶▶▶

电子控制制动系统

● 守正与创新 ●

　　制造企业的发展离不开技术的守正创新，只有坚持守正创新，方能行稳致远。当前汽车技术发展主要表现为电动化和智能化，传统燃油汽车和新能源汽车都有市场需求，企业既要守住传统燃油汽车的技术基础，掌握核心技术、解决卡脖子技术；又要转型发展新能源汽车，在电动汽车三电技术方面增强研发，争取赶超或引领技术发展。汽车智能化使得汽车不仅是代步工具，更是移动终端，企业既要守住汽车行驶的基本安全要求，也要创新满足客户更多更高的需求。汽车技术的发展对售后服务特别是售后维修水平提出了更高要求，企业维修技术人员要守着维修质量这一生命线，严格按照规程，积极改进维修方法，不断提高维修能力。

任务 1　电子控制制动系统的拆检

任务引入

ABS 是现代汽车制动系统的关键部件之一。在汽车制动过程中，ABS 能防止车轮完全抱死，提高汽车在制动过程中的方向稳定性和转向操纵能力。随着汽车电子技术的发展，现代汽车在 ABS 的基础上研发出越来越多的电子制动控制系统，如电子制动力分配（EBD）系统、牵引力控制系统（TCS）、电子稳定程序（ESP）控制系统等。

知识链接

6.1.1　制动基础

汽车制动依靠车轮上的制动器。在汽车制动防抱死装置出现之前，制动器制动力矩的大小仅与驾驶员的操纵力、制动力的分配调节以及制动器的尺寸和形式有关。这样在紧急制动时，不可避免地会出现车轮在地面上抱死拖滑的现象。当车轮抱死时，轮胎对地面的纵向及侧向附着性能很差，所能提供的纵向和侧向附着力很小。汽车受到干扰外力作用就会出现方向失稳和制动距离过长的问题，容易发生交通事故。在潮湿路面或冰雪路面上制动时，这些现象更容易发生。

当汽车需要制动时，驾驶员踩下制动踏板，使制动系统建立起制动液压。轮缸活塞在该制动液压的作用下向外移动，推动制动蹄张开或制动块加紧。在制动蹄与制动鼓之间或制动块与制动盘之间产生摩擦力。该摩擦力所产生的制动摩擦力矩使车轮转速降下来。车轮转速降低后，由于惯性作用，汽车车身仍要以原来的速度前进，于是在车轮和路面之间产生摩擦力。该摩擦使汽车车身速度（即车速）降低，直至停车。

由上述可知，汽车制动时车轮上所受到的力有制动器制动力（即在车轮周缘为克服制动摩擦力矩所需加的力）和地面制动力（地面与车轮间的摩擦力）。制动器制动力阻碍车轮的转动，使车轮转速降低。而地面制动力阻碍车轮在地面上的滑动，使汽车行驶速度降下来。由此可见，汽车制动的实现取决于两个方面的因素：一是制动器制动力；二是地面制动力。

在车辆的制动过程中车轮会产生三种运动状态，如图 6-1-1 所示。

一是车轮纯滚动状态。路面产生的印痕与胎面花纹基本一致，此时车速等于轮速。

二是车轮边滚边滑状态。通过路面产生的印痕可以辨认出轮胎花纹，但花纹逐渐模糊。此时车速大于轮速。

三是车轮抱死拖滑状态。路面产生的印痕粗黑，此时轮速等于零。

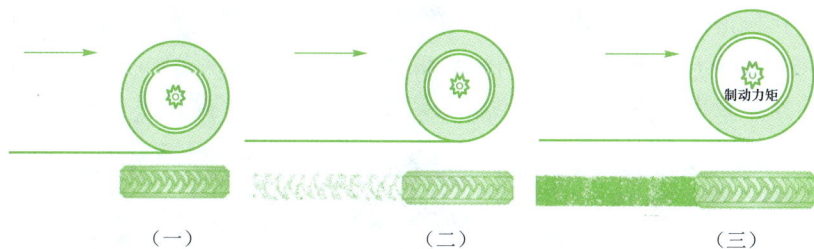

图 6-1-1　制动时车轮运动状态

汽车在制动时，车速与轮速之间产生速度差，车轮会发生滑动现象。通常用滑移率表示汽车车轮在地面上滑动的程度。所谓滑移率，就是汽车在制动过程中，车轮的滑动位移占总位移的比例。滑移率可表示为

$$S=\frac{v-r\omega}{v}\times 100\%$$

式中：S 为滑移率；v 为车轮中心速度；r 为没有制动时车轮半径；ω 为车轮角速度。

车轮纯滚动时，$v=r\omega$，滑移率 $S=0$；车轮纯滑动时，$\omega=0$，滑移率 $S=100\%$；车轮边滚边滑时，$v>r\omega$，滑移率 $0<S<100\%$。

下面以图 6-1-2 所示为例来分析车轮附着系数（摩擦因数）与车轮滑移率的关系。

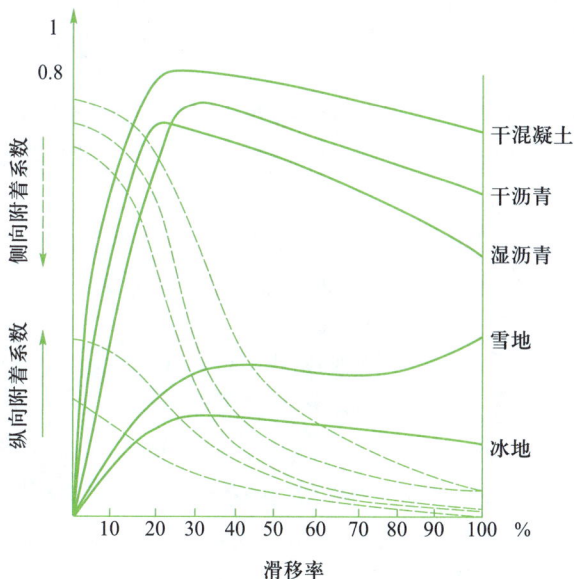

图 6-1-2　附着系数与滑移率的关系

由图可见，纵向附着系数在滑移率 0～10% 间迅速增大，在 10%～30% 间达到最大，当滑移率超过 30% 后，纵向附着系数逐渐减小。当滑移率达到 100%（车轮抱死）时，纵向附着系数仅为其最大值的 3/4。侧向附着系数随滑移率增大而急剧减小，当滑移率达到 100% 时，侧向附着系数几乎为 0。故滑移率控制在 20% 左右时，车轮与路面间的纵向附着系数最大，可获得最大地面制动力，能最大限度地缩短制动距离，获得最佳制动性能；同时，侧向附着系数也保持较大值，使车辆具

有良好的抗侧滑能力和制动时转向操纵能力，是最理想的控制效果。

通过分析可知，制动时，前后轴如制动力过大，车轮抱死，侧向附着系数为零，将分别导致失去转向和易甩尾现象发生，如图 6-1-3 所示。

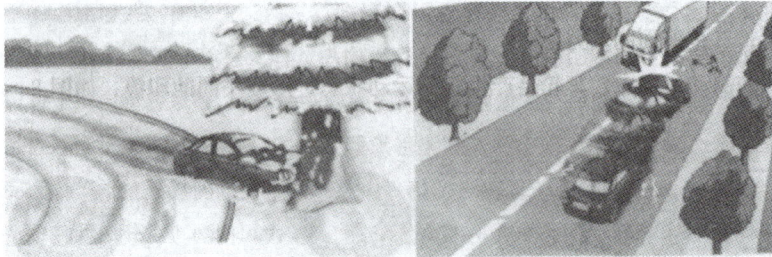

图 6-1-3　前、后轴抱死行驶工况

6.1.2　防抱死制动系统

汽车防抱死制动系统（antilock braking system，ABS）能根据路面状况，自动调节车轮的制动力，防止因车轮抱死而使其在路面上拖滑，使车轮处于边滚边滑的状态，以提高汽车制动过程的方向稳定性和转向控制能力，缩短制动距离。汽车防抱死制动系统是在传统制动系统的基础上采用电子控制技术，以实现制动力自动调节的一种电液一体化装置。ABS 可以精确控制四个车轮的滑移率保持在 20% 左右，使车辆制动效能最大化。

按照制动系统的传力介质不同，ABS 可分为气压式、液压式和气液组合式。气压式和气液组合式 ABS 主要用于大中型客车或货车，轿车、厢式汽车和轻型载货汽车则采用液压式 ABS。

按照系统部件安装位置不同，ABS 可分为整体式和分离式。制动主缸与液压控制单元制成一体的称为整体式，制动主缸与液压控制单元分离的称为分离式。目前轿车上采用的 ABS 通常是分离式的。

按照控制方案不同，ABS 可分为轮控式、轴控式和混合式。轮控式 ABS 的每个车轮的制动压力均根据各自的车轮转速传感器信号单独进行控制。轴控式 ABS 根据一个车轮转速传感器（或轴转速传感器）信号同时控制同一车轴上两个车轮的制动力。轴控式 ABS 又分为低选控制（由附着系数低的车轮来控制制动力）和高选控制（由附着系数高的车轮来控制制动力）。混合式 ABS 同时包含轮控式和轴控式两种控制方式。

按照控制通道（能够独立进行制动压力调节的制动管路称为控制通道）数目不同，ABS 可分为单通道式、双通道式、三通道式和四通道式四种形式，四通道式 ABS 的液压控制单元如图 6-1-4 所示。目前，单通道式和双通道式 ABS 在轿车上已被淘汰，四通道式 ABS 可以最大限度地利用每个车轮的附着力进行制动，其制动效能最好。

1. 系统组成

ABS 是在传统机械制动液压系统基础上建立的电子控制装置，除了传统的制动液压系统部件外，还包括电子制动控制模块（ABS ECU）、轮速传感器、液压控制单元、ABS 故障指示灯等，如图 6-1-5 所示。

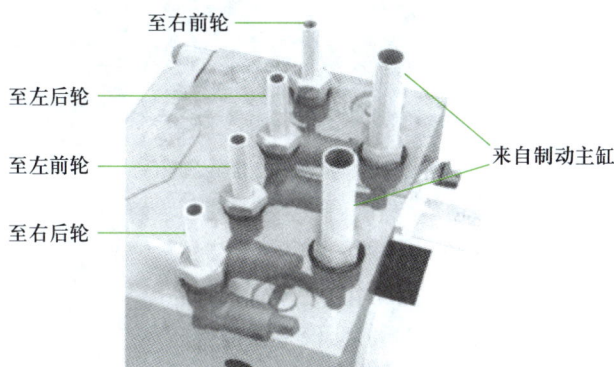

图 6-1-4　四通道式 ABS 液压控制单元

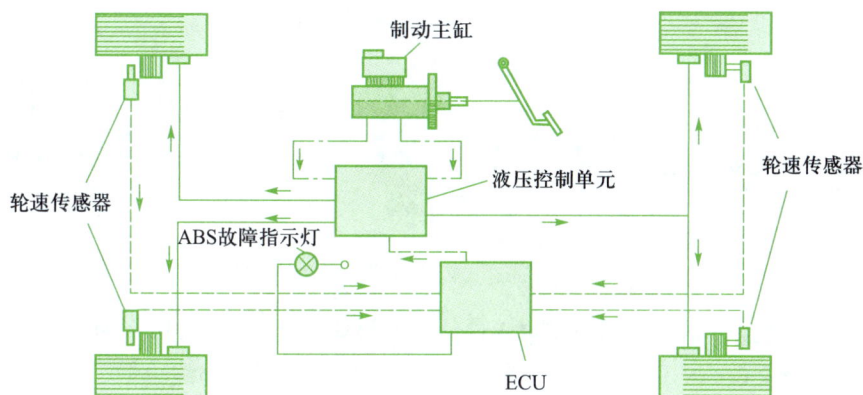

图 6-1-5　ABS 的组成

（1）电子制动控制模块

电子制动控制模块由输入电路、数字控制器、输出电路和警告电路组成，其主要功能是接收四个车轮轮速传感器的输入信号，并进行比较、分析和判别处理，计算出车轮的滑移率，一旦车轮滑移率超出理想范围，电控单元则向液压控制单元内的电磁阀和电动液压泵发出指令，通过控制电磁阀的通断来调节车轮制动轮缸的制动压力，防止车轮抱死。

（2）轮速传感器

轮速传感器（图 6-1-6）用于检测车轮的转速，并把转速信号输送给 ABS ECU。前轮轮速传感器一般安装于转向节上；后轮轮速传感器安装于后轮肘节上，传感器和信号齿轮都属于车轮轴承总成的一部分，不能单独维修和更换，传感器与信号齿轮之间的间隙也不可调节。

轮速传感器通常有磁电式、霍尔式及磁阻元件式等类型。磁电式轮速传感器与信号齿轮配合工作，基本原理是电磁感应效应，它产生一个幅值和频率与车轮转速成比例的交流信号电压，如图 6-1-7 所示。该信号电压被输送到 ABS ECU，ABS ECU 利用此信号计算车轮的转速。

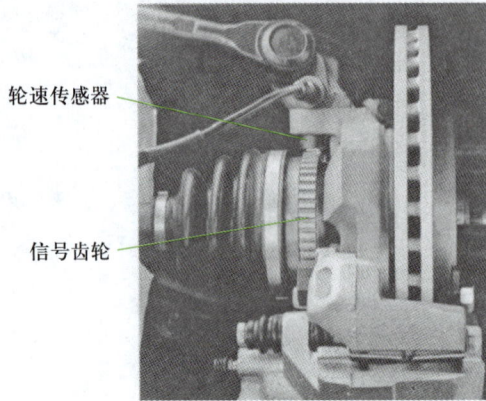

图 6-1-6　轮速传感器安装位置

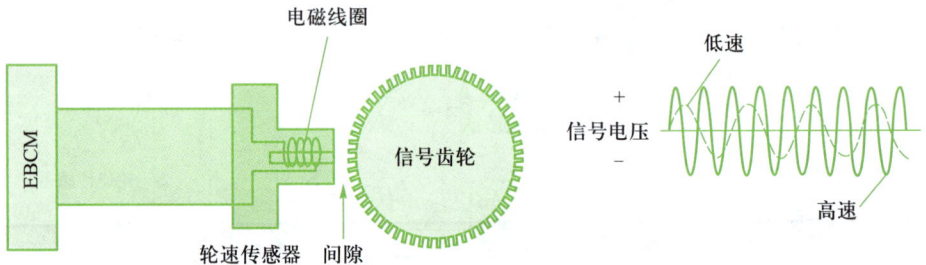

图 6-1-7　磁电式轮速传感器及信号传输

霍尔式轮速传感器是利用霍尔元件的霍尔效应，霍尔效应如图 6-1-8（a）所示。当齿轮位于图 6-1-8（b）左侧位置时，穿过霍尔元件的磁力线分散，磁场相对较弱。当齿轮位于图 6-1-8（b）右侧所示位置时，穿过霍尔元件的磁力线集中，磁场相对较强。齿轮转动时，使得穿过霍尔元件的磁力线密度发生变化，因此引起霍尔电压的变化，霍尔元件将输出一个 mV 级的正弦波电压。该电压经放大器放大成 V 级电压信号，输入施密特触发器，由触发器将正弦波信号转换成标准的脉冲信号再送至放大级放大后输出，如图 6-1-8（c）所示。

众所周知，汽车应用的传统霍尔传感器为三线制，其插头上有三个接线端子：电源、信号和搭铁。近年来，许多车型配套二线制（电源、信号）霍尔式轮速传感器。由传感器自身及磁性转子等两部分组成，传感器用一个螺钉固定在转向节上，磁性转子安装在前轮轴承的端面上，随轴承同步旋转。磁性转子由内置带磁性离子的橡胶制成的 N、S 极且按圆周方向均匀布置如图 6-1-9（a）。当前轮转动时，磁性转子同步旋转，使穿过霍尔传感器内的霍尔元件的磁力线密度发生变化，根据楞次定律，也会产生霍尔电压。

在某些车上采用可变磁阻式车速传感器，主要由磁阻元件、转子、印刷电路板和磁环等组成，如图 6-1-9（b）所示。其工作原理是，当齿轮带动传感器轴旋转时，与轴连在一起的多级磁环也同时旋转，磁环旋转引起磁通的变化，使集成电路内的磁阻元件的电阻值也发生变化。当流向磁阻元件 MRE 的电流方向与磁力线方向平行时，其电阻值最大；当电流方向与磁力线方向垂直时，其电阻值最小。在磁环上

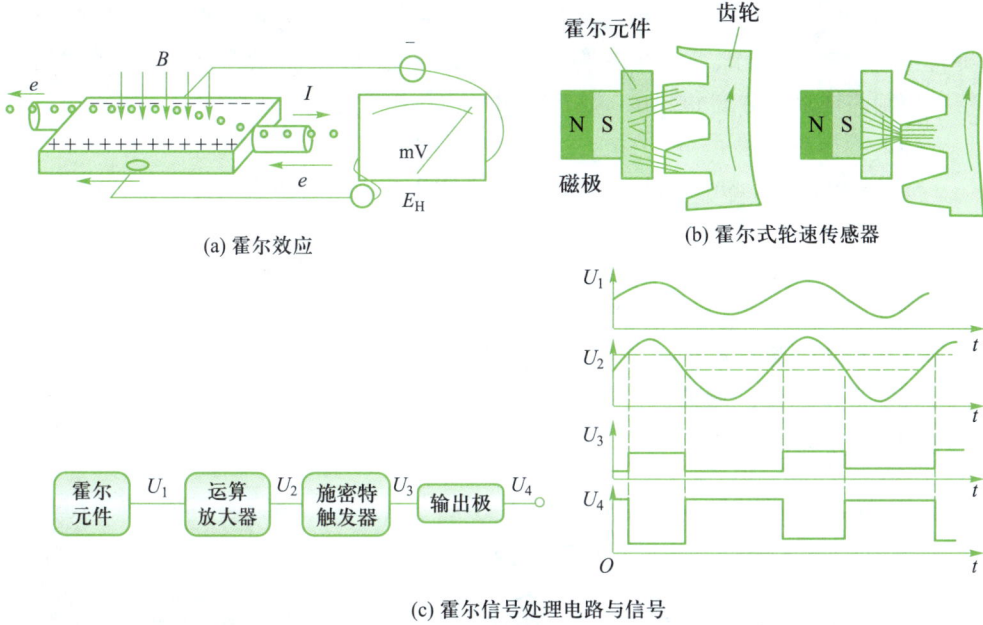

(a) 霍尔效应

(b) 霍尔式轮速传感器

(c) 霍尔信号处理电路与信号

图 6-1-8　霍尔效应及轮速传感器

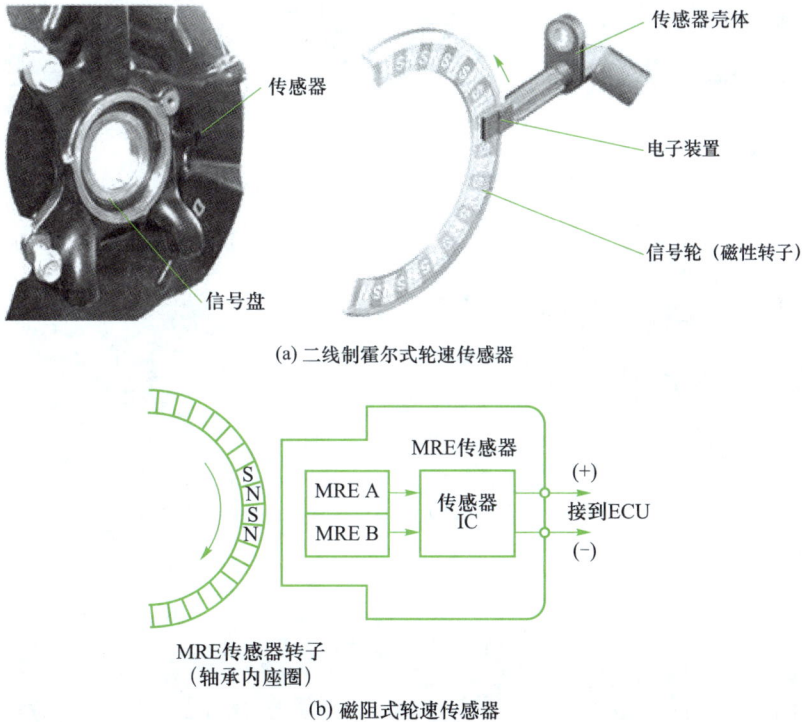

(a) 二线制霍尔式轮速传感器

(b) 磁阻式轮速传感器

图 6-1-9　新型轮速传感器

N 极与 S 极交替排列，随着磁环的回转使其磁力线方向不断变换，伴随每一回转，在内置磁阻元件（MRE）的集成电路（IC）中发出数个脉冲信号，该信号即轮速信号。

磁通量的变化与磁环转速成正比，这样可以利用磁阻元件电阻值的变化检测出磁环旋转引起的磁通变化，将电压的变化输入到比较器中进行比较，再由比较器输出的信号控制晶体管的导通和截止，这样就可以检测出轮速。

（3）液压控制单元

液压控制单元（hydraulic control unit，HCU）通常与 ABS ECU 集成在一起，如图 6-1-10 所示，它串接在制动主缸和制动轮缸之间，以调节制动轮缸的制动压力。液压控制单元的主要部件包括电动液压泵、蓄压器和电磁阀等。它内部的电磁阀有进油阀和出油阀两种，它们接收 ABS ECU 的指令，打开或关闭相关油路，控制制动液进入或排出制动轮缸。进油阀为常开阀，在断电状态下其内部通道打开，在通电状态下其内部通道关闭。出油阀为常闭阀，在断电状态下其内部通道关闭，在通电状态下其内部通道打开。

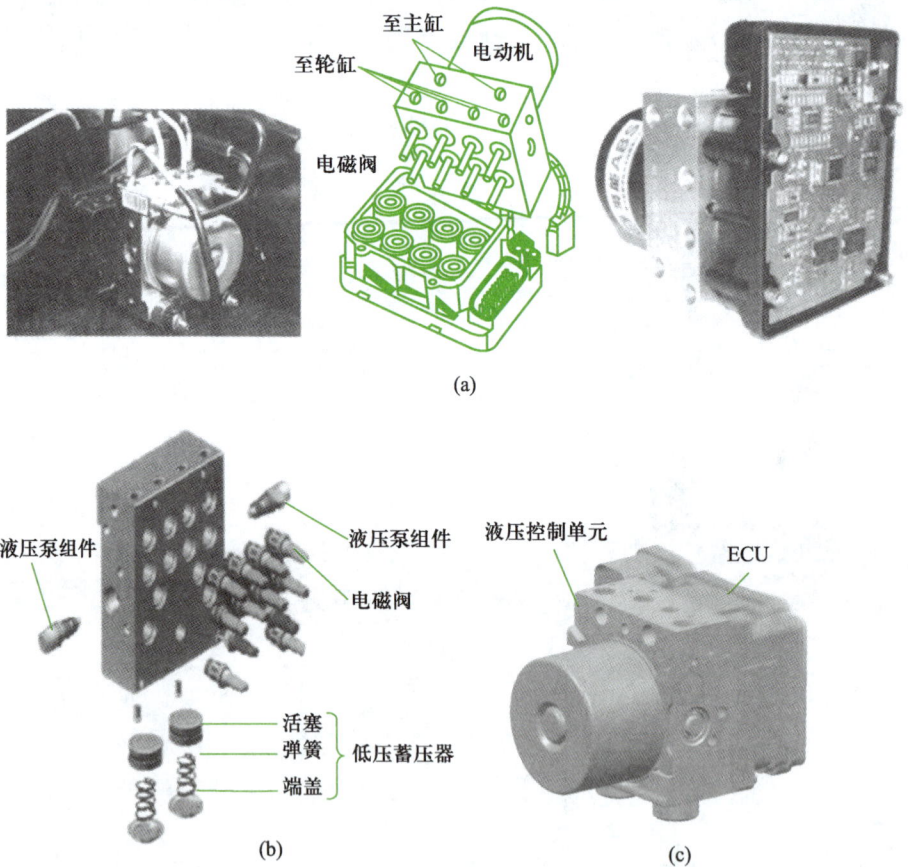

(a)

(b)

(c)

图 6-1-10　液压控制单元总成及组成

蓄压器分为低压蓄压器和高压蓄压器，低压蓄压器用于 ABS，高压蓄压器用于 TCS 和 ESP。

（4）ABS 故障指示灯

ABS 故障指示灯呈琥珀色，如图 6-1-11 所示。当 ABS 工作异常或出现故障时，ABS 故障指示灯将会点亮，以提示驾驶员进行维修。ABS 出现下列异常现象时，ABS ECU 将会点亮 ABS 故障指示灯。

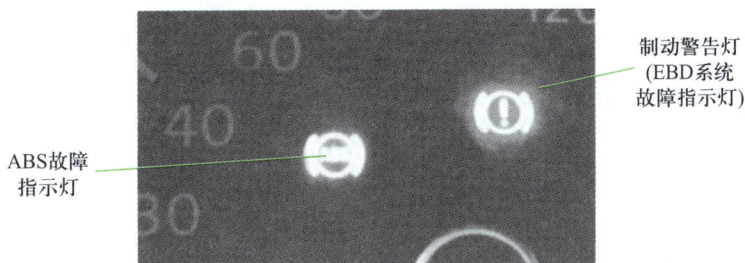

图 6-1-11　ABS 故障指示灯

① 电动液压泵工作超过一定的时间。

② 车辆行驶超过 30 s，驻车制动未释放。

③ 未收到四个车轮中任何一个车轮的轮速传感器信号。

④ 电磁阀工作超过一定的时间或是检测到电磁阀断路或短路。

点火开关刚被打开时，ABS 故障指示灯也会点亮，此时 ABS 处于自检状态。如果系统没有异常现象，发动机起动后 ABS 故障指示灯将熄灭，否则，ABS 故障指示灯将常亮。另外，制动指示灯（红色）也由 ABS ECU 控制，制动指示灯常亮，说明制动液不足或蓄压器中的压力不足，此时常规制动系统和 ABS 均不能正常工作，且也会点亮 ABS 故障指示灯。

2. 工作原理

ABS 的工作可以分为四个过程，即建压过程（常规制动过程）、保压过程、减压过程、增压过程。ABS 在工作之前需要对电动液压泵、电磁阀、轮速传感器等进行自检，自检通过之后，ABS 才能工作。ABS ECU 检测到制动踏板被踩下（通常通过制动踏板位置传感器采集该信号）且车速大于某一设定值时，才会启动 ABS。它通过轮速传感器信号计算车速和滑移率，控制电动液压泵和电磁阀的通、断电，进而控制制动轮缸制动液的进出，实现 ABS 工作的四个过程，完成车辆防抱死制动。

（1）建压过程

在制动的初始阶段，制动系统处于建压过程。此时，ABS 的执行元件不工作，进油阀开启，出油阀关闭，制动主缸的制动液经进油阀直接进入制动轮缸，来自制动主缸的制动压力全部施加在制动轮缸上，如图 6-1-12（a）所示。与此同时，ABS ECU 持续采集轮速传感器信号并计算车轮的滑移率。在建压过程中，车轮转速降低，车轮的滑移率不断增大。

（2）保压过程

当 ABS ECU 检测到车轮的滑移率处于理想范围时，ABS 将进入保压过程。此时，ABS ECU 给进油阀通电，使其关闭进油通道；出油阀保持断电，制动轮缸通向电动液压泵的油道关闭，制动轮缸的制动压力保持不变，如图 6-1-12（b）所示。保压过

动画
ABS 系统工作原理

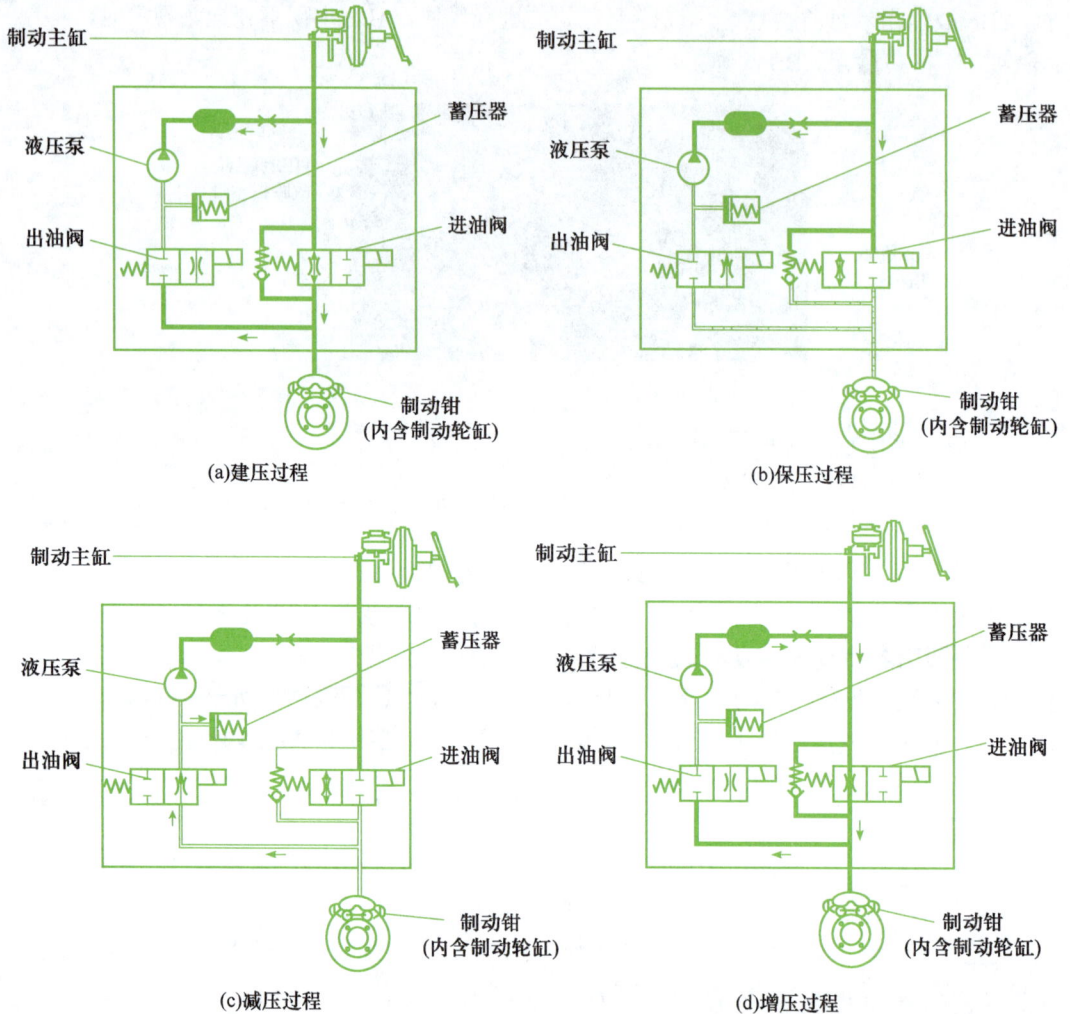

图 6-1-12　ABS 工作过程

程可出现在增压或建压过程之后，也可能出现在减压过程之后，以获得最大的制动力。在增压或建压之后的保压过程中，车轮转速下降，滑移率增大；在减压之后的保压过程中，车轮转速上升，滑移率减小。

（3）减压过程

当 ABS ECU 检测到车轮的滑移率超出理想范围时，ABS 将进入减压过程。此时，ABS ECU 同时给进油阀、出油阀及电动液压泵通电，进油阀关闭、出油阀开启，且电动液压泵工作。制动轮缸中的制动液经过蓄压器流向电动液压泵，电动液压泵再将制动液输送回制动主缸，如图 6-1-12（c）所示。在减压过程中，制动轮缸的制动压力减小，车轮转速升高，滑移率减小。

（4）增压过程

当 ABS ECU 检测到车轮的滑移率低于理想范围时，ABS 将进入增压过程。此时，进油阀和出油阀断电，进油阀开启，出油阀关闭，制动主缸和电动液压泵同时向制动轮缸补充制动液，如图 6-1-12（d）所示。在增压过程中，制动轮缸制动压力增大，车轮转速下降，滑移率增大。

在建压过程结束以后，ABS 不断地进行保压、减压、增压，直到车辆完全停稳或制动解除。ABS 的制动效能与其调节频率有关，调节频率越高，制动效能就越好。早期的 ABS 调节频率一般为每秒 5～8 次，目前 ABS 的调节频率已大大提高，有的可达每秒 100 次以上。在 ABS 工作的过程中，由于电动液压泵间断地将制动液输送回制动主缸，产生的脉动油压作用在制动踏板上，驾驶员往往会感觉到制动踏板在"颤动"。另外，ABS 的电动液压泵和电磁阀在工作过程中产生噪声也是正常的。

6.1.3　电子制动力分配

电子制动力分配（EBD，electric brake force distribution）系统集成在 ABS 控制总成中，取代了传统制动液压系统中的比例阀，它能够合理地分配前、后轮的制动力，防止车辆制动时甩尾，并且能使车辆在不同的路面上获得最佳的制动效果，缩短制动距离，提高制动灵敏度和协调性。

EBD 系统与 ABS 共用所有硬件，它只是在 ABS ECU 中添加了控制程序。车辆制动时，ABS ECU 通过轮速传感器信号来计算前、后轮的滑移率，当发现前、后轮滑移率差值达到界限值，而滑移率又未达到 ABS 开始工作的临界点时，ABS ECU 将控制液压控制单元内的电磁阀动作，对后轮制动轮缸的制动压力进行调节，但此时电动液压泵不工作。如果车轮在 EBD 系统控制下仍要抱死，ABS ECU 将自动转入 ABS 控制，并使 EBD 系统停止工作。

EBD 系统也有故障指示灯，某些汽车使用制动指示灯作为 EBD 系统故障指示灯，有些车辆有专用的 EBD 系统故障指示灯。当 EBD 系统出现故障时，其故障指示灯和 ABS 故障指示灯都会点亮。

6.1.4　牵引力控制系统

牵引力控制系统的英文缩写通常为 TCS（traction control system），也有些厂商将其缩写为 ASR、TRC 等。TCS 能够在车辆起步、加速或湿滑路面行驶时控制驱动轮滑移率，以维持车辆行驶的稳定性和最适当的驱动力。TCS 的防滑原理与 ABS 非常相似，它们都是通过控制液压控制单元来调节车轮的制动力，从而调节车轮滑移率，以保持车轮与地面的最佳附着力，但是它们之间存在以下不同之处。

① ABS 对所有车轮起作用，控制其滑移率；而 TCS 只对驱动轮起作用。

② ABS 的目的是防止制动时车轮抱死滑移，提高制动效率和安全性；而 TCS 的目的是防止驱动车轮原地滑转，改善车轮与路面的附着力，提高车辆牵引力。

③ ABS 只有在车辆行驶过程中驾驶员踩下制动踏板后才工作；而 TCS 则是在整个行驶过程中都处于警戒状态，一旦驱动轮出现滑转，便自动投入工作。

1. 系统组成

TCS 和 ABS 都属于汽车的主动安全系统。现代轿车大多将 ABS 与 TCS 整合在一起，共享电子组件和系统部件，并且通过车载网络与其他系统共享信息，以提高控制精度和灵敏度。TCS 部件包括 TCS 控制单元、传感器、TCS 开关、TCS 故障指示灯、液压控制单元等。

（1）TCS 控制单元

TCS 控制单元与 ABS ECU 集成在一起，共享 ABS 所有输入信号和液压控制单元。此外，TCS 还需要一些附加信号，例如发动机转矩信息、TCS 开关信号和节气门开度信号等，这些信息可通过专线或总线进行传输。TCS 对驱动轮进行防滑控制时，通过总线向发动机控制模块、仪表控制模块及车辆诊断接口（DLC）等输出相关请求信号或故障信息。TCS 信号传输框图如图 6-1-13 所示。

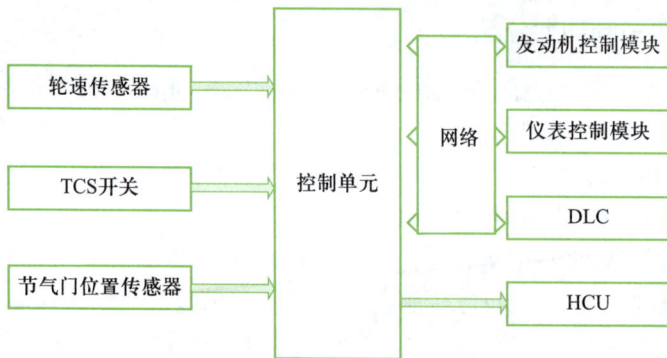

图 6-1-13　TCS 信号传输框图

（2）传感器及 TCS 开关

TCS 传感器主要有轮速传感器和节气门位置传感器。轮速传感器信号用于计算车轮滑移率，节气门位置传感器用于提供当前节气门开度信息。TCS 参考这两个信号来改善驱动车轮的加速性能。TCS 开关是一个瞬时接触开关，用于关闭牵引力控制功能。即使驾驶员通过该开关禁用了牵引力控制功能，系统也会在下一个点火循环重新启用该功能。

（3）TCS 故障指示灯

TCS 故障指示灯为棕黄色，位于仪表板上，如图 6-1-14 所示。当打开点火开关时，TCS 进行自检，该指示灯将点亮 3 ～ 4 s。如果系统发生故障或 TCS 被禁用，TCS 故障指示灯将持续点亮。在牵引力控制的过程中，该指示灯会不断地闪烁。

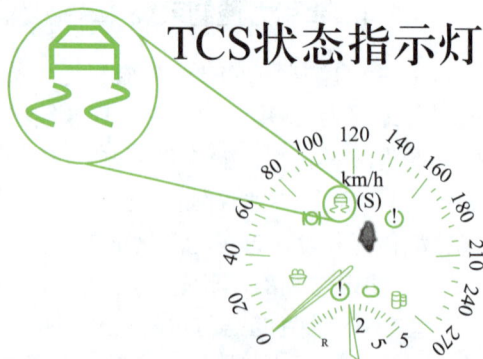

图 6-1-14　TCS 故障指示灯

（4）液压控制单元

TCS 液压控制单元是在原 ABS 液压控制单元的基础上增加了隔离阀和起动阀。隔离阀为常开式电磁阀，断电时打开，通电时关闭；起动阀为常闭式电磁阀，断电时关闭，通电时打开。TCS 液压控制单元的控制油路如图 6-1-15 所示。

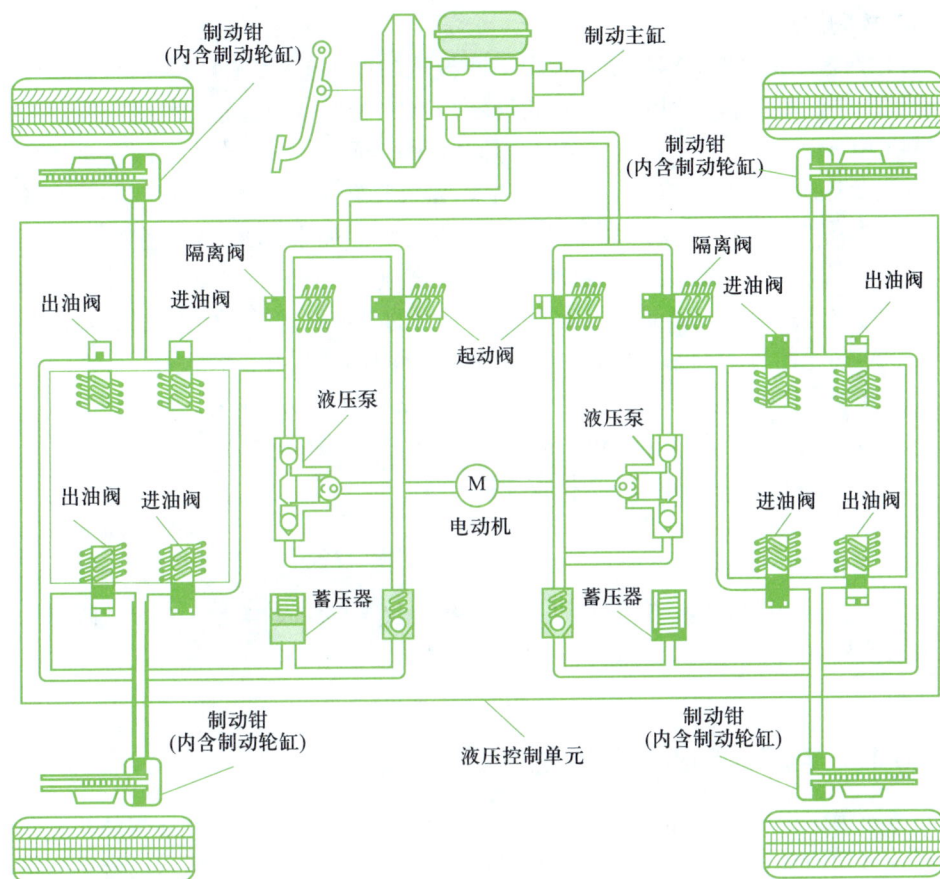

图 6-1-15　TCS 液压控制单元控制油路

当 TCS 不工作时，隔离阀和起动阀处于断电状态，隔离阀打开，起动阀关闭，制动主缸的油液经过隔离阀和进油阀进入驱动轮制动轮缸。此时，制动系统可以通过此油路进行常规制动和防抱死制动。

当对滑转的驱动轮进行制动时，TCS 给隔离阀和起动阀通电，同时驱动电动液压泵向驱动轮制动轮缸施加制动压力。起动阀打开，制动主缸的油液可以通过起动阀补充给电动液压泵；隔离阀关闭，可以阻止电动液压泵的泵油流回到制动主缸。与 ABS 的工作过程一样，TCS 也有增压、保压和减压三个过程。TCS 在工作过程中，电磁阀的状态见表 6-1-1。

表 6-1-1　TCS 工作过程中电磁阀的状态

电磁阀类别 工作过程	隔离阀	起动阀	进油阀	出油阀
增压过程	ON	ON	OFF	OFF
保压过程	ON	ON	ON	OFF
减压过程	ON	ON	ON	ON

2. 控制原理

TCS 控制单元在车辆行驶过程中不断检测轮速传感器等的输入信号。在车辆加速过程中，如果检测到驱动轮正向滑转，TCS 控制单元将通过总线向发动机控制模块 ECM 发出降低转矩请求信号。ECM 采取断缸、延迟点火、改变空燃比或升高变速器挡位等措施来降低输出转拒。如果车辆配置了电子节气门，ECM 还可以通过减小节气门开度来降低发动机输出转矩。如果 ECM 无法完全解决驱动车轮滑转现象，TCS 就会主动给滑转的驱动轮施加制动力，以阻止驱动轮滑转。此时动力将通过差速器传递给具有更大附着力的其他驱动轮。TCS 在工作过程中，所有非驱动轮的进油阀都关闭，以确保非驱动轮处于自由滚动状态。

TCS 工作需要具备一定的前提条件，这些条件包括以下内容。

① 发动机转速必须大于 450 r/min。

② 变速器必须置于 D 位、2 挡或 3 挡。

③ 制动踏板处于释放状态。

④ 车轮正向滑动超出限值。

当 TCS 出现故障时，TCS 通过车载网络向仪表模块发出点亮 TCS 故障指示灯的请求信号，同时把故障信息通过车载网络输送给诊断接口，以便维修人员诊断相关故障。

6.1.5　电子稳定程序控制系统

电子稳定程序（electronic stability program，ESP）控制系统能够主动纠正车辆在高速或湿滑路面上行驶时转向过度和转向不足，如图 6-1-16 所示，避免车辆偏航，同时它还集成了 ABS 和 TCS 的功能。当车辆有转向过度趋势时，系统将外侧的一个或全部车轮进行制动，当车辆有转向不足趋势时，系统将内侧的一个或全部车轮进行制动，从而矫正车辆的偏转特性。电子稳定程序能够提高驾驶安全性，优

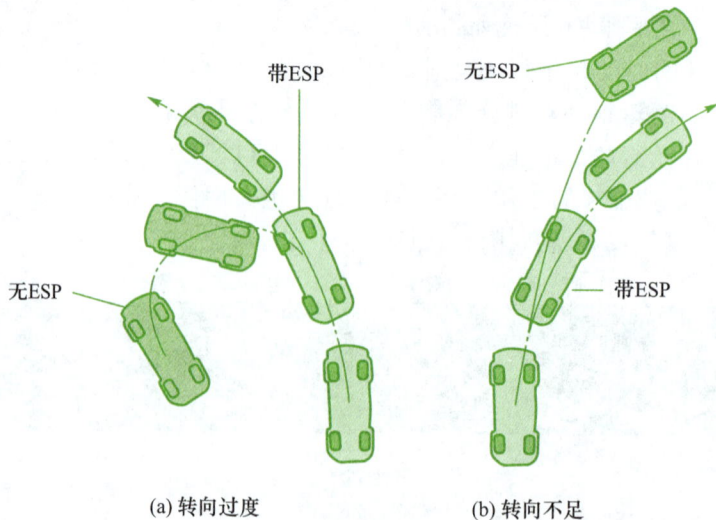

(a) 转向过度　　　　　　　(b) 转向不足

图 6-1-16　有、无 ESP 系统的车辆转向稳定性比较

化操控性及驾驶舒适性，并通过对车辆横向和纵向的动态控制，提高 ABS 和 TCS 的性能。

1. 系统组成

ESP 控制系统包括 ABS、TCS 所有的硬件，还包括 ESP 开关和制动压力传感器、转向盘转角传感器、多轴加速度传感器等，如图 6-1-17 所示。

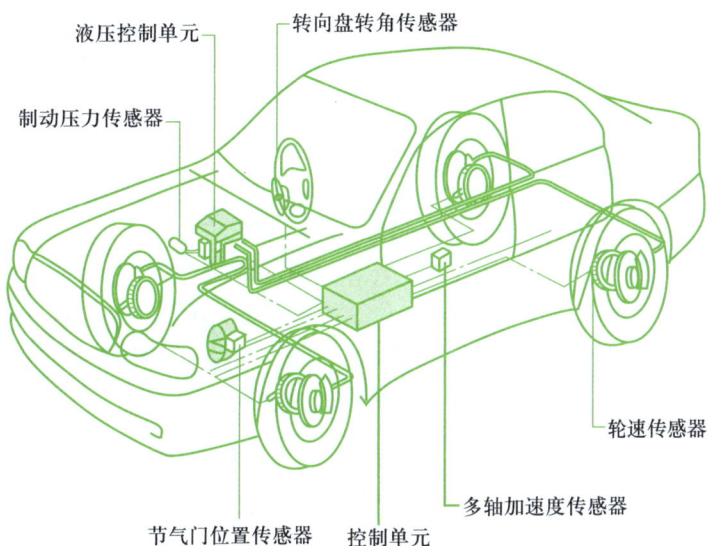

图 6-1-17　ESP 控制系统的组成

（1）制动压力传感器

制动压力传感器（图 6-1-18）内置或外置于液压控制单元上。ESP 控制系统利用此传感器测量制动压力变化的大小和速度，以调节作用于制动轮缸的制动压力。

（2）转向盘转角传感器

转向盘转角传感器（图 6-1-19）安装在转向柱上，它测定转向盘转动的方向和速度信息，并将这些信息通过总线输送给 ABS ECU，以供其识别驾驶员的转向意图。转向盘转角传感器一旦拆卸就需要标定，为避免标定错误，在拆下之前应标记它与转向柱之间的相对位置。

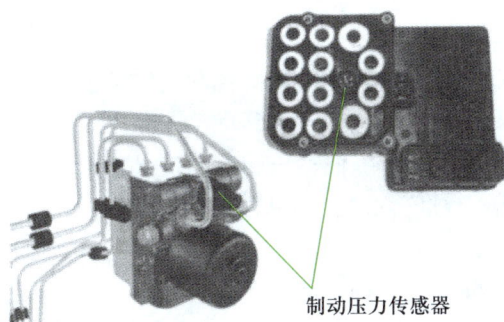

图 6-1-18　制动压力传感器

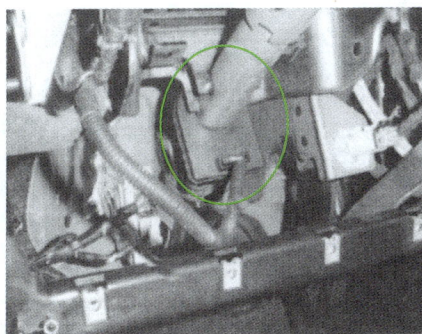

图 6-1-19　转向盘转角传感器

（3）多轴加速度传感器

多轴加速度传感器是横向加速度传感器、纵向加速度传感器和偏航率传感器的集合体，如图 6-1-20 所示，也称惯性测量单元（IMU）。它通常安装在中控台下方的车架上，也有的直接集成在安全气囊控制模块中，这些位置一般是车辆的质心。

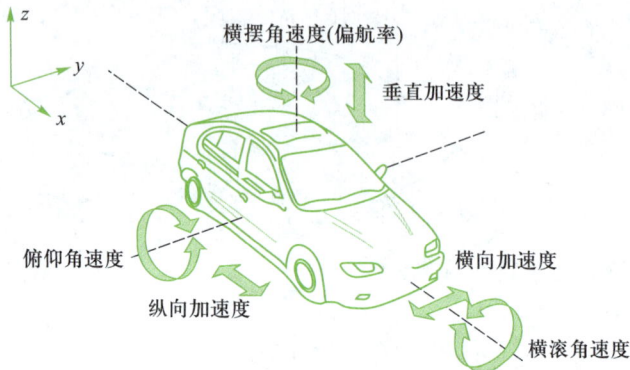

图 6-1-20　多轴加速度传感器的测量

横向加速度传感器和纵向加速度传感器用来检测车辆横向和纵向的运动加速度，ESP 控制系统根据该信号及转向盘转角传感器信号和车辆速度来计算车辆所需要的理想偏航率。

偏航率传感器用于计算车辆实际偏航率。ESP 控制系统将车辆实际偏航率与理想偏航率进行对比，确定是否需要对转向不足或转向过度加以修正。

2. 控制原理

ESP 控制系统控制车辆行驶稳定性是一个连续的过程，只要驾驶员未操作 ESP 开关禁止其工作，则 ESP 控制系统在车辆行驶的整个过程中都工作。它通过转向盘转角传感器确定驾驶员要求的行驶方向，同时通过轮速传感器和多轴加速度传感器来计算车辆的实际行驶方向。当 ESP 控制系统检测到车辆行驶轨迹与驾驶员的要求不符时，ESP 控制系统将向发动机控制模块发送一个串行数据通信信号，请求发动机减小输出转矩。如果车辆继续侧向滑移，则 ESP 控制系统将实行主动制动干预。

（1）转向过度的调整

ESP 控制系统通过转向盘转角传感器识别驾驶员的转向意图和转向角度，同时通过多轴加速度传感器等计算当前车辆实际行驶轨迹，然后两者进行比较。如果 ESP 控制系统判定车辆转向过度，则向 ECM 发出降低输出转矩的信号，然后对相关车轮实行制动。例如，车辆在左转弯道上过度向左转向时，车辆将会出现车头向弯道左侧快速移动、车尾向弯道右侧甩尾的趋势。此时，ESP 控制系统将通过制动车辆外侧的右前轮来纠正这种错误，如图 6-1-21（a）所示。右前轮被制动后，速度低于左侧车轮速度，车辆将会产生一个以右前车轮为支点向弯道右侧偏转的趋势，以此来抵消车辆过度向左转向。ESP 控制系统对车轮进行制动时也具有增压、

保压、减压三个过程。

（2）转向不足的调整

车辆行驶在弯道上，如果转向不足，车辆将会冲向弯道外侧，ESP 控制系统通过相关传感器检测车辆转向角度与车辆行驶轨迹是否一致，从而判断车辆是否处于转向合理范围。

如果车辆左转向不足，ESP 控制系统将控制液压控制单元内的电动液压泵及电磁阀动作，制动除右前车轮外其他三个车轮（其中左后车轮的制动力最大），使车辆回到正常行驶轨迹上，如图 6-1-21（b）所示。

综合对比，控制流程如图 6-1-21（c）所示。

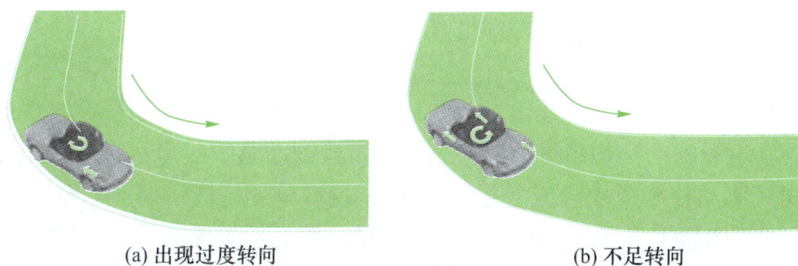

(a) 出现过度转向　　　　　　　　　　(b) 不足转向

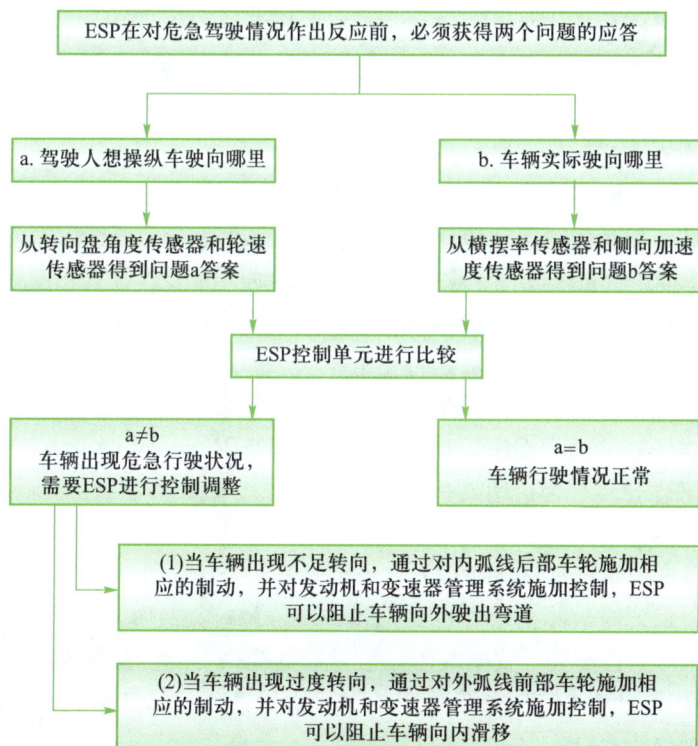

ESP 在对危急驾驶情况作出反应前，必须获得两个问题的应答

a. 驾驶人想操纵车驶向哪里　　　　b. 车辆实际驶向哪里

从转向盘角度传感器和轮速传感器得到问题a答案　　从横摆率传感器和侧向加速度传感器得到问题b答案

ESP控制单元进行比较

a≠b
车辆出现危急行驶状况，需要ESP进行控制调整　　　　a=b
车辆行驶情况正常

(1)当车辆出现不足转向，通过对内弧线后部车轮施加相应的制动，并对发动机和变速器管理系统施加控制，ESP可以阻止车辆向外驶出弯道

(2)当车辆出现过度转向，通过对外弧线前部车轮施加相应的制动，并对发动机和变速器管理系统施加控制，ESP可以阻止车辆向内滑移

(c) 控制流程

图 6-1-21　ESP 控制工作过程

任务实施

1. 实施任务前的准备
① 对高电压车辆周围布置好明显的警示标识。
② 检查车辆，确保车辆无故障，主要是高压漏电类故障。
③ 制作高压标识，用于在实训过程中标识高压部件。

> **警示：** 未经教师允许，不得随意触动车辆！举升车辆期间，禁止车辆周围站立人员！

④ 识读电路图，查找相关部件位置。

2. 注意以下事项
① 电子制动控制系统必须由专业的技师进行维修，并更换原厂零部件。
② 诊断电子制动控制系统前，必须排除常规制动系统故障。
③ 电子制动控制模块总成（指 ABS 电子控制单元与液压调节器总成，不包括制动管路、传感器等附属装置）只能整体更换，不能拆解或部分更换／互换。
④ 插电子制动系统传感器线束前，必须关闭点火开关。
⑤ 维修或更换制动管路时，应进行制动系统减压程序。
⑥ 连接液压控制单元管路时，必须确保正确连接，错误连接会导致严重事故。

3. 目视检查
① 检查制动液液位是否过低。
② 检查制动管路或管接头是否漏油或弯折。
③ 检查熔断器和保险丝（熔丝）是否完好。
④ 检查车辆轮胎和轮毂的型号是否一致，同轴轮胎的花纹样式和深度是否一样。
⑤ 检查蓄电池接线柱是否腐蚀或松动。
⑥ 检查轮速传感器线路连接是否正常。
⑦ 检查轮速传感器信号齿圈是否被污染或损坏。
⑧ 检查电子制动控制系统控制模块搭铁是否牢固。
⑨ 检查部件安装是否松动或是否存在加装件。

4. 测量
电子制动控制系统具有自检功能，当点火开关一接通时，控制模块会对其系统电路进行自检，此时故障指示灯点亮几秒钟，若系统无故障，则故障指示灯熄灭。如果故障指示灯一直不亮，说明故障指示灯及其线路可能存在故障；如果故障指示灯常亮，说明电子制动控制系统存在故障；如果制动指示灯常亮，说明制动液不足，应检查制动液液位。

当电子制动控制系统故障指示灯常亮时，需要使用故障诊断仪读取相关故障码，然后按照维修手册相关故障码的诊断流程进行诊断和排除。

电子制动控制系统出现故障往往是由于部件损坏或失效、线束连接中断或松动造成的。此时，应根据故障现象检查相关部件。检查内容主要包括传感器检查、液压控制单元检查、电源检查、搭铁检查、线路连接检查等。

轮速传感器是电子制动控制系统最重要的传感器之一，其存在故障会导致电子制动控制系统停止工作或工作异常。轮速传感器的故障多集中于电路故障，如传感器线束插接器接触不良、导线破损等，其次是传感器安装不当、脏污或信号受到电磁干扰等。常见的轮速传感器的检查方法包括电阻测量、信号检测及诊断仪检测等。

① 电阻测量。

大多数磁电式轮速传感器的电阻值范围通常为 $800 \sim 1\,400\,\Omega$，使用数字万用表的欧姆挡测量传感器线圈电阻是否在正常的范围，如图 6-1-22 所示。如果轮速传感器为磁阻式或霍尔式传感器，则只能借助示波器检测其信号是否正常来判断传感器的好坏。

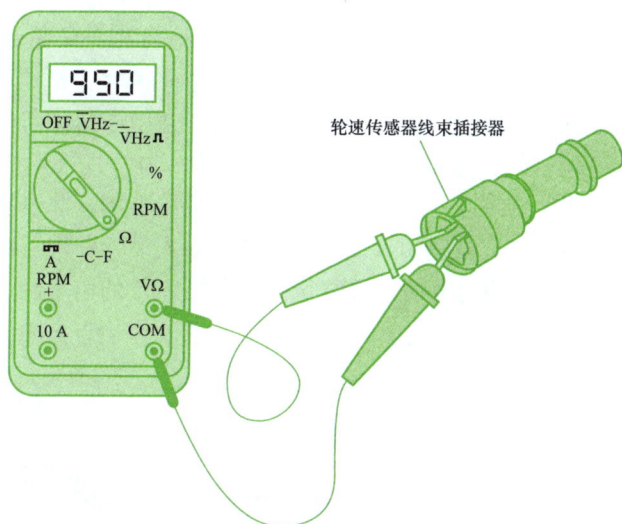

图 6-1-22 测量轮速传感器电阻

② 信号检测。

检测轮速传感器的输出信号是判断传感器好坏的最有效方法，根据传感器结构的不同，检测方法可以是用电压表测量信号电压，用电流表测量信号电流，也可以用示波器检测其信号波形。磁电式轮速传感器可以使用电压表直接测量其输出信号电压是否处于正常范围，而霍尔式和磁阻式轮速传感器则需要使用示波器来测量其信号波形。使用示波器检测轮速传感器信号时需要举升车辆，在保证轮速传感器线束连接正常的情况下，将示波器正、负表笔分别接入传感器的信号输出线路和搭铁线路。设置示波器相关功能后，打开点火开关，转动车轮，示波器应能显示该轮速传感器的波形，波形如图 6-1-23 所示。如果无波形，则需要进一步检查该轮速传感器的参考电压是否正常、传感器与信号齿轮之间的间隙是否过大或粘有金属杂物。如果波形不连续或波形不均匀，则说明该轮速传感器已损坏或信号齿圈上的齿出现缺损。另外，弯曲的车轴或轮毂也会导致传感器信号异常，信号的强度或占空比可能呈现与车轮转速相关的周期性变化。

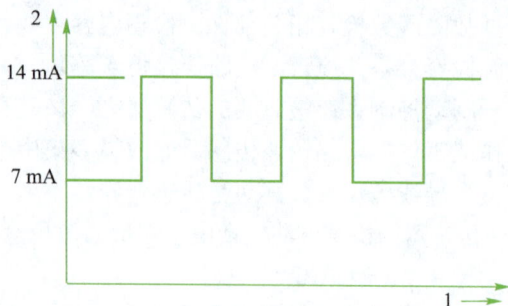

图 6-1-23 霍尔式、磁阻式轮速传感器波形

③ 诊断仪器检测。

在路试车辆过程中,使用诊断仪可以直观读取四个车轮的转速和信号波形。所有的轮速传感器都应该显示同样的速度,如果数据流中存在车轮速度差异,则说明轮速差异较大的轮速传感器工作异常,应仔细检查相关线路和传感器装配是否正常。

在检查液压控制单元时,一般要根据厂商建议,使用专用诊断仪对液压系统进行检测。检修内容包括液压系统排气和电磁阀测试。与常规液压系统排气不同的是,常规排气只能排除系统管路中存在的空气,而使用专用诊断仪排气则可以排出液压控制单元内部的空气。电磁阀测试可以帮助维修人员诊断液压控制单元内部电磁阀工作是否正常。测试电磁阀时,需要选择专用诊断仪的电子制动控制系统控制功能,按照诊断仪的提示进行操作。液压控制单元的具体检查方法和操作步骤可参考相关维修手册。

④ 控制系统学习。

在电子制动控制系统中,控制单元采集制动踏板位置传感器信号,通过计算制动踏板被踩下的速率来识别驾驶员的意图。因此,当更换制动踏板位置传感器后,需要对制动踏板位置进行重新学习。学习过程需要借助专用诊断仪,选择其功能菜单中的"配置/复位"功能,按照诊断仪的提示进行操作。具体操作步骤可参考相关维修手册。

控制单元采集偏航率传感器信号,用来识别车辆实际运行轨迹,在 ESP 控制系统中起着重要作用。当更换偏航率传感器后,控制单元需要重新学习偏航率传感器初始位置。按照诊断仪的提示进行操作即可完成学习。具体操作步骤可参考相关维修手册。

习题与思考

1. 滑移率定义及目的分别是指 _____ 、 _____ 。
2. ABS 主要由 _____ 、 _____ 、 _____ 、 _____ 组成。
3. 分析 ABS 作用过程。
4. 简述 ESP 系统的组成及工作原理。

任务 2　再生回馈制动系统的认识

任务引入

　　采用电机作为能源的车辆，在改变控制信号时，可使其处于发电状态，产生的电磁转矩可起到制动作用。将该状态的转换应用于车辆的制动，在一定条件下，可增加电池的电量，从而有助于增加车辆的行驶里程。本任务将简述再生制动与传统液压制动形成的混合制动的组成与工作过程，同时说明能量回馈控制策略与实现。

知识链接

　　电动汽车对能源的高效利用是发挥其节能和环保优势的关键。电动汽车的关键部件是动力电池，动力电池储存能量的多少是决定电动汽车续驶里程的重要因素。但是目前动力电池技术仍然是发展电动汽车的瓶颈，未能取得突破性进展，电动汽车的续驶里程还不能满足用户的需求。研究表明，在城市行驶工况大约有 50% 甚至更多的驱动能量在制动过程中损失掉，郊区工况也有至少20% 的驱动能量在制动过程中损失掉。因此，制动能量回收是提高汽车能量利用效率的有效措施，对汽车的节能和环保有着不可替代的作用。如果将车辆减速时的动能转化为电能，回收到动力电池，而不是摩擦浪费掉，这无疑相当于增加了蓄电池的容量。在现有的技术条件下，这样做对于提高电动汽车的续驶里程具有重要的意义。

6.2.1　再生液压制动

　　制动能量回收也称为再生制动，是利用电机处于发电状态，把一些动能转变为电能并存储起来，为汽车行驶提供必要的功率和能量，从而实现能量的循环利用，并且也提供一定的力矩用于制动。

　　再生制动是电动汽车所独有的。在减速制动（制动或者下坡）时将车辆的部分动能转化为电能，转化的电能储存在储存装置中，如各种蓄电池、超级电容和超高速飞轮，最终增加电动汽车的行驶里程。如果储能器已经被完全充满，再生制动就不能实现，所需的制动力就只能由常规的液压制动系统来提供。现在几乎所有的电动汽车部安装了再生液压制动系统，从而可实现节约制动动能、回收部分制动动能，并为驾驶员提供常规制动性能。图 6-2-1 所示为电动汽车能量转换图。

充电到驱动的过程

图 6-2-1　电动汽车能量转换图

　　一般而言，当电动汽车减速、在公路上放松加速踏板巡航或踩下制动踏板停车时，再生制动系统启动。正常减速时，再生制动的力矩通常保持在最大负荷状态；电动汽车高速巡航时，其驱动电机一般是在恒功率状态下运行，驱动力矩与驱动电机的转速或者车辆速度成反比。因此，恒功率下驱动电机的转速越高，再生制动的能力就越低。当踩下制动踏板时，驱动电机通常运行在低速状态。由于在低速时，电动汽车的动能不足以为驱动电机提供能量来产生最大的制动力矩，因而再生制动能力也就会随着车速降低而减小。图 6-2-2 所示为电动汽车的再生制动和液压制动曲线图。电动汽车的再生制动力矩通常不能像传统燃油车中的制动系统一样提供足够的制动减速度，所以，在电动汽车上再生制动和液压制动系统通常共同存在。

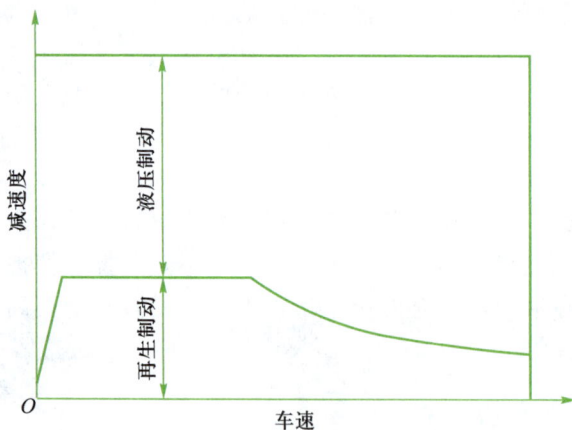

图 6-2-2　再生制动和液压制动曲线图

　　再生液压混合制动系统是电动汽车所独有的，燃油车没有。再生制动与液压制动之间的协调是问题的关键所往，而且应该考虑如下特殊要求：为了使驾驶员在制动时有一种平顺感，液压制动力矩应该可以根据再生制动力矩的变化进行控制，最终使驾驶员获得所希望的总力矩。同时，液压制动的控制不应引起制动踏板的冲击，不会给驾驶员一种不正常的感觉。

1. 结构和策略

　　一般可将能量回收的工况分为 2 种，一种是滑行工况，另一种是制动工况。前者没有机械制动的参与，依靠电机对车辆进行制动；后者当驾驶员踩下制动踏板时，电机制动与机械制动共同对汽车进行制动。两种工况对应的控制策略不同，约束条件也不相同。

　　根据液压制动力矩是否可控，可将电动汽车的液压制动力矩和电机再生制动力矩的分配方式分为液压制动力矩调节方式和电机力矩调节方式两种。前者通过调节液压制动力矩和电机制动力矩来满足整车制动需求，优先保证电机制动力矩达到最大值；后者液压制动力矩不做调整，在满足整车需求的范围内调节电机再生制动力矩。有如下 3 种制动能量回收方案：串联复合制动策略、并联复合制动策略及空行程制动策略。串联复合制动策略要求机械制动力矩可控，通过合理分配机械制动力矩和电机再生制动力矩的大小，以能量回收效率及制动的平顺性为控制目标。串联复合制动策略的控制策略较复杂，且需要改变传统汽车的制动系统结构，但能保证较高的能量回收效率。并联复合制动策略的液压制动过程不可控，电机再生制动过程可控，只需对电机制动力矩进行控制，控制参数少，易实现，在城市工况下能回收相当可观的制动能量。空行程制动策略中能量回收仅在空行程内起作用，此时 ABS 还未开始对液压制动力矩进行调节，空行程结束时能量回收开始退出，这种策略一般需要延长空行程的长度，以增加回收的能量，空行程制动策略的控制策略简单，易于实现，避免了电机制动对 ABS 控制的干扰，但回收的能量有限，且可能会改变驾驶员的驾驶习惯。

　　电动汽车上的总制动力矩是再生制动力矩与液压制动力矩之和，电动汽车通过对两种制动力矩的重新匹配实现制动功能。电动汽车制动时需要解决 2 个主要问题：一是如何在再生制动和液压机械摩擦制动之间分配所需的总制动力，以回收尽可能多的动能；二是如何在前后轮轴上分配总制动力，以达到稳定的制动效果。

　　典型的再生制动策略有理想制动力分配策略、最佳能量回收策略及并行能量回收策略三种。理想制动力分配策略的控制目标是使车辆按照理想制动力分配曲线分配前后轴的制动力，在此前提下尽可能多地回收制动能量。理想制动力分配控制策略的优点是能充分利用地面附着条件，保证制动的稳定性，且能量回收率较高；缺点是控制系统较复杂，但通过与 ABS 防抱死控制技术整合，该策略可以走向实用。最佳能量回收策略的控制目标为优先使用再生制动进行制动，使汽车获得最高的能量回收效率，同时保证一定的制动稳定性。其控制思想为当驱动轴电机再生制动力能满足制动需求时，仅通过再生制动力进行制动，否则通过机械制动力矩提供额外的制动力，同时为防止后轴先于前轴抱死，前后轴制动力分配曲线应在理想制动力分配曲线下方。最佳制动能量回收控制策略可以最大限度地回收制动能量，但控制系统复杂，需要同时对电机再生制动力和机械制动力进行精确控制，制动稳定性较差，当路面附着条件变化时，可能发生单个车轮先抱死的情况。并行能量回收策略，根据制动减速度需求将制动过程分为 3 个部分：① 当制动强度较小时，仅通过再生制动可满足制动需求，此时机械制动不起作用，电机制动单独提供制动力；② 当制动强度在一定范围，仅通过再生制动不足以满足制动需求，此时电机制动和机械制动同时起作用，电机制动力矩先逐渐增大，然后逐渐减小；③ 当制动强度较大时，认为此时是紧急制动，为避免电机力矩对 ABS 造成干扰，此时禁止再生制动。并行再生制动控制策略只需对电机制动力进行控制，控制参数少，控制系统易实现，可靠性较高，再生制动失效后，机械制动仍能提供安全有效的制动，在制动频繁的城市工况下能量回收效率高，因而技术可行，适合现阶段开发电动汽车时采用。

滑行能量回收的过程中，无制动踏板信号。一旦驾驶员踩下制动踏板，满足制动能量回收的条件时，则进行制动能量回收。此时，制动能量回收应满足以下要求：① 满足车辆的制动性能要求，尽量与常规汽车的制动踏板感觉相同；② 在保证制动安全性的基础上，尽可能多地回收制动能量；③ 再生制动不应干扰 ABS 而影响制动安全性。

图 6-2-3 所示为一种并行的再生液压制动系统结构，即在不改变原有液压机械摩擦制动系统的基础上，由电机提供一定的制动力矩于前驱动轮，在不影响制动过程的条件下完成制动能量回收。在汽车需要减速时，制动踏板提供制动信号，电动泵使制动液增压产生所需的制动力，并将信号传递到整车控制器。整车控制器根据汽车运行状况及其他控制模块的状态，确定电动汽车上的再生制动力矩和前后轮上的液压制动力，决定是否进行制动能量回馈，并分配能量回馈制动力矩的大小，电动机控制器再发出指令控制电能转换器中各功率开关的操作，实现电动机的再生制动。在能量回馈制动过程中，电动机控制器在对电动机实施能量回馈制动控制的同时，还要与能量管理系统实时进行双向信息交流，在保证蓄电池安全充电的同时，实现好的制动能量回馈效果。

图 6-2-4 所示为一种再生制动力矩和液压机械摩擦制动力矩之间的分配比例关系，目的是保持最大再生制动力矩的同时为驾驶员提供与燃油车相同的制动感觉。当制动踏板力较小时，只有再生制动力矩施加在驱动轮上，并且与制动踏板力成正比。而非驱动轮上的制动力由液压制动提供，液压制动力也与制动踏板力成正比。当制动踏板力超过一定值时，最大再生制动力矩全部加在驱动轮上。同时液压制动力矩也作用在驱动轮上以获得所需的制动力矩。因而最大再生制动力矩可以保持不变，以便能完全回收车辆的动能。

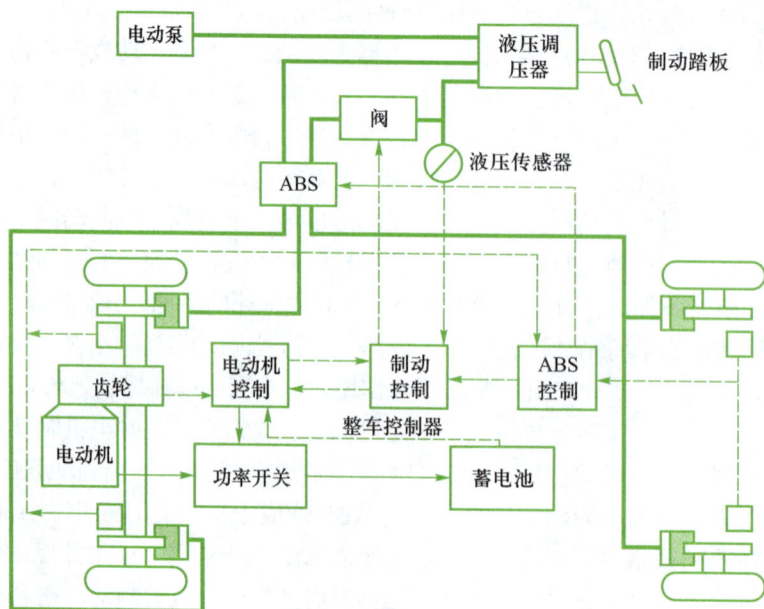

(a)结构

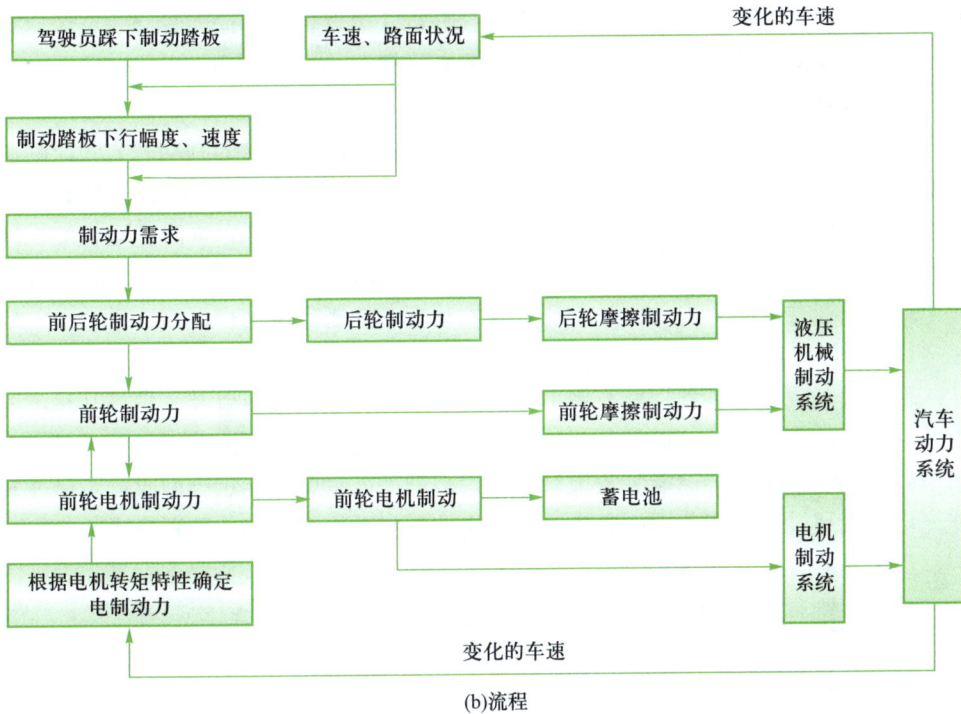

(b)流程

图 6-2-3　再生／液压制动系统

如果制动系统因制动造成的管路压力越高（或制动踏板踏下深度越深），说明经驾驶员判断需要的总制动力矩越大，非驱动轮的制动力矩一直增加，驱动轮的制动力矩总和也在增加。但摩擦力矩增加的多，再生制动力矩不增加，甚至要有减小，这就要求再生制动和 ABS 系统要协调工作。

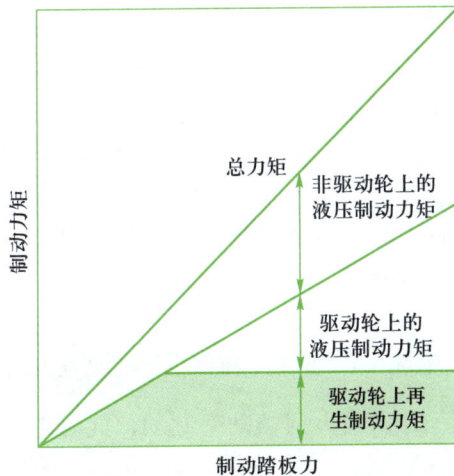

图 6-2-4　再生制动力矩与液压机械摩擦制动力矩的分配

2. 能量回馈影响因素

影响制动能量回收能力的因素有很多，主要有电动机、储能装置、行驶工况及速度以及控制策略等。对这些影响因素进行分析，可以优化制动能量回收系统，有效地提高系统的能量回收效率以及稳定性和安全性。

（1）电动机

电动机对制动能量的回收有着非常大的作用，若其可提供的制动能力强，则调配机械摩擦制动与再生制动时，加大再生制动的份额就能够增加能量的回馈量；若其发电能力强，即电动机的电功率高，则能量的回收能力就强；同时电动机的机械效率等也同样限制着能量的回收能力。所以在现阶段永磁无刷直流电动机、交流感应电动机以及开关磁阻电动机是最适合纯电动汽车的驱动电动机。

（2）储能装置

现阶段车载储能装置主要有蓄电池、燃料电池、超级电容以及飞轮等几种，其中使用较多的是蓄电池。储能装置的荷电状态（SOC）直接制约着能量回收量，是最主要的影响因素。若储能装置电量充足，则制动能量就不能进行回收；若储能装置充电电流超过其允许范围或者电动机输出的充电功率超过储能装置最大的充电功率，也无法回收制动能量。

（3）行驶工况及速度

制动频率较高的工况，如城市中车辆需频繁起步与停车，此时回收的制动能量较多；制动频率较低的工况，如高速公路中车辆很少进行减速制动，此时只有较少的能量回收。

（4）控制策略

当电动机和储能装置确定后，制动能量的回馈量由其控制策略决定。控制策略确定了机械摩擦制动与电动机制动之间的分配关系，确定了储能装置的充电和放电状态，同时也确定制动过程中能量的回馈量。

6.2.2　电机回馈制动控制

1. 策略

所谓回馈制动，即电机工作于再生制动模式，在制动过程中，控制驱动器使电流方向与正向运行时相反，便会产生制动性质的转矩。当产生的电压高于蓄电池时，可以将电流回馈至蓄电池，达到能量回馈的目的。

现阶段较常见的回馈控制策略有最大再生回馈功率控制、最大制动回馈效率控制和制动力矩再生制动控制等。

（1）最大再生回馈功率控制

不考虑储能装置充电能力，通过控制电机的电枢电流来控制再生制动时能量的回收量，当电流 $I=\dfrac{E}{2R}$ 时为最大回馈功率制动，此时电机的转速呈指数规律下降；由于这种方式要求在制动时回馈功率远小于储能装置的充电功率，回收效率很低，因此只适应于微型电动车。

（2）最大制动回馈效率控制

通过控制最大制动回馈效率时电机的电枢电流来控制能量的回收量，此时电机的转速以抛物线规律下降；虽然这种方式在制动时回馈效率是最高的，但是所消耗的时间比较长且制动效能也比较差。

（3）制动力矩再生制动控制

以所需制动力矩为基准，控制电机电枢电流随操作指令的变换而变化，从而调节电机制动力矩，此时电机转速呈线性下降。在这种方式下的制动近似传统的摩擦制动，故制动平顺性好且回收效率较高，比较容易实现控制。

2. 实现过程

能量回馈制动时会有两种情况：一是制动初期电机转速高，转速超过基速，产生的电动势高于蓄电池电压，通过驱动器直接向蓄电池回馈电能，同时提供制动的电磁转矩，比如下坡时。更多的时候则是出现在车速没有超过基速的减速过程中。在此过程中，电机处于发电状态，将电机减速过程中的部分动能回馈到蓄电池。驱动电机进入发电工作状态。其发电电压必须高于蓄电池电压才能输出电功率，所以需要对制动过程进行有效控制。基本控制原理为升压斩波。

① 升压斩波原理。

Boost 变换器电路结构如图 6-2-5 所示，通过对功率管 VT_1 的 PWM（脉宽调制）开关控制，达到控制输电压的目的，又称作升压斩波变换器。通过分析一个 PWM 周期的工作状态，来分析其工作原理。

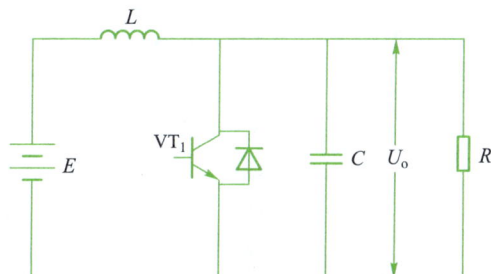

图 6-2-5　Boost 变换器电路结构

在 VT_1 导通期间，电源通过 VT_1 向电感 L 充电，电流逐渐升高，直到 VT_1 关断时刻达到最大值，VT_1 关断后直至该周期结束，电源与电感共同向负载供电，电流逐渐减小。在 VT_1 开通的时间周期内是电源 E 向电感存储能量的过程，而后一阶段电感处于释放能量的状态。把同一周期内的 VT_1 导通区间与关断区间的电流变化量比较，可以得到下式：

$$U_0 = \frac{E}{1-\alpha}$$

根据上式可知，通过调节 VT_1 的控制信号的 PWM 占空比 α 可以调节输出电压。因为 $\alpha < 1$，由上式可知输出电压 $U_0 > E$，即输出电压高于电源电压，所以称此种结构的电路为升压斩波电路。电感上的储能作用是产生泵升电压的主要原因。

有两种方法将这一原理在无刷直流电机能馈回馈控制中应用：一种是全桥驱动器和蓄电池之间加上升压 Boost 变换器；另一种则是利用驱动器本身的 PWM 调制产生类似 Boost 变换器的功能。第二种方式利用驱动器本身的 3 个负半桥 IGBT 达到这一目的，无需外加电路，所以电动汽车中多采用第二种方式。

②三相能量回馈控制。

在回馈控制阶段，将上桥臂的功率管关断，根据位置传感器信号对下桥臂的功率管的通断进行有规律的 PWM 控制，可以起到与 Boost 变换器相同的效果。与 Boost 变换器的工作过程类似，在一个 PWM 开关周期内，无刷直流电机的能量回馈控制过程也可以分为两个阶段。

a. 续流阶段。在续流阶段，无刷直流电机的电流流向如图 6-2-6 所示。VT_2 导通为电流提供续流通道。在此阶段，电能将存储于三相绕组的电感中。

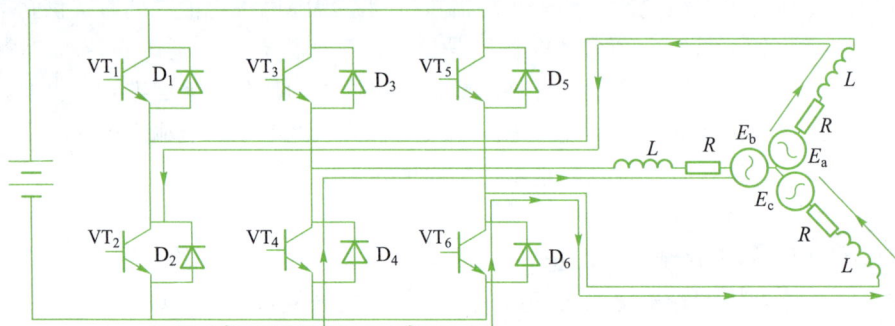

图 6-2-6　续流阶段电流流向示意图

b. 回馈阶段。在 VT_2 关断期间，在反电动势与三相绕组寄生电感的共同作用下，之前存储于三相绕组之内的能量与反电动势一起向蓄电池共同回馈能量。在此阶段的电流流向如图 6-2-7 所示。VT_2 关断，电流经 D_1 回馈至蓄电池，同样存在通过 D_4 和 D_6 流向 B 相和 C 相的电流通路。

忽略电机相电阻的影响，充电过程中产生的泵升电压随着 PWM 控制的占空比的增大而增大。

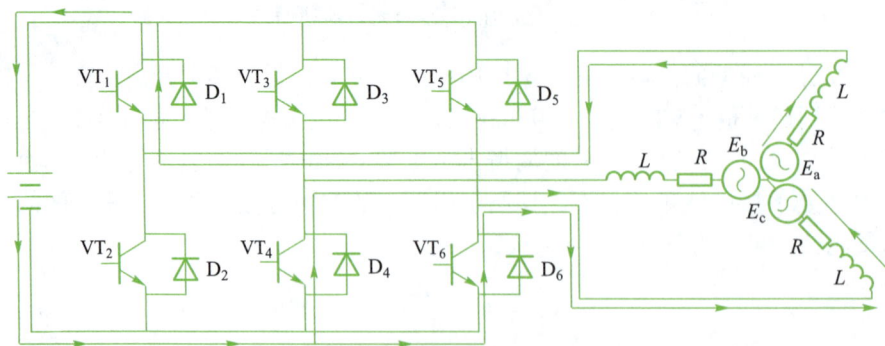

图 6-2-7　回馈阶段电流流向示意图

对于永磁无刷直流电机，电机的电磁转矩正比于电机的电流，因此可以通过控制回馈电流的大小来控制制动转矩的大小，实现对制动过程的控制。回馈制动的控制周期包含了续流阶段和能馈回馈两个阶段。在低速回馈状态下，根据位置传感器信号对功率管的通断进行有规律的 PWM 控制，可以起到与 Boost 变换器相同的效果。当产生的电压高于蓄电池时，可以将电流回馈至蓄电池，达到能量回馈的目的。在此过程中，也需要进行换相控制。采用单侧斩波的控制方式，即在回馈制动过程中，封锁上桥臂，只对功率桥的下桥臂进行 PWM 控制。在每一个控制周期内，只对其中的一个功率管进行 PWM 控制，保持对反电动势最大的相所对应桥臂的功率管进行 PWM 控制。

对于六个功率管，只对处于下桥臂的功率管进行了 PWM 控制，每个功率管持续 120° 电角度。在控制过程中，需要根据位置传感器的信号进行换相控制。在回馈制动原理阐述过程中已经将第一个控制区间的控制过程作了详细推导，其他控制区间可以得到类似的结论。通过控制占空比，可以对回馈电流进行调节，从而控制制动转矩的大小，实现对回馈制动过程的控制。

采用永磁同步电机或感应电机驱动的车辆，其回馈制动的驱动控制过程更多是对电压型 PWM 整流器控制来实现。

任务实施

1. 实施任务前的准备
① 对高电压车辆周围布置好明显的警示标识。
② 检查车辆，确保车辆无故障，主要是高压漏电类故障。
③ 制作高压标识，用于在实训过程中标识高压部件。

警示：未经教师允许，不得随意触动车辆！举升车辆期间，禁止车辆周围站立人员！

④ 识读电路图，查找相关部件位置。
2. 实施步骤
① 拆卸换挡旋钮及能量回收开关，检查相关端子和线路是否正常。
② 有条件的情况下，可行驶车辆，比较有无再生回馈制动的制动距离和用检测仪测量电池电荷状态。

习题与思考

1. 再生制动是指 _____。
2. 能量回馈控制策略有 _____、_____、_____。
3. 影响能量回馈的因素有哪些？
4. 减速制动过程中，发电电压高于蓄电池电压是如何实现的？

参考文献

[1]吴兴敏,崔辉.电动汽车结构原理与检修[M].北京:化学工业出版社,2017.

[2]宁德发.电动汽车结构·原理·检测·维修[M].北京:化学工业出版社,2017.

[3]吴文琳.电动汽车结构原理与使用维修[M].北京:化学工业出版社,2017.

[4]张金柱.混合动力汽车结构、原理与维修[M].3版.北京:化学工业出版社,2017.

[5]赵金国,李治国.新能源汽车高压安全与防护[M].北京:人民交通出版社,2017.

[6]中国汽车维修行业协会.汽车维修常用工量具使用[M].北京:人民交通出版社,2010.

[7]贾广辉.汽车行驶、转向和制动系检修[M].哈尔滨:哈尔滨工程大学出版社,2011.

[8]上海通用汽车有限公司.汽车手动变速器与驱动桥及检修[M].北京:高等教育出版社,2016.

[9]上海通用汽车有限公司.汽车转向与悬架系统及检修[M]北京:高等教育出版社,2016.

[10]上海通用汽车有限公司.汽车制动系统及检修[M].北京:高等教育出版社,2016.

[11]李伟,刘强,王军.新款电动汽车构造原理与故障检修[M].北京:化学工业出版社,2018.

[12]严朝勇.电动汽车电机控制与驱动技术[M].北京:机械工业出版社,2018.